# 比较

总第91辑

2017年第4辑

COMPARATIVE STUDIES

吴敬琏 主编

中信出版集团 · 北京

**比较**

COMPARATIVE STUDIES

**主管** 中信集团

**主办** 中信出版股份有限公司

**出版** 中信出版股份有限公司

**主编** 吴敬琏

**副主编** 肖梦 吴素萍

**编辑部主任** 孟凡玲

**编辑** 包敏丹 马媛媛

**封面设计** 李晓军 / **美编** 杨爱华

**经营部**

**总经理** 张翔

**副总经理** 傅继红

**华北总经理** 董光明

**发行总监** 周广宇

**设计总监** 石乐凯

**品牌传播部高级总监** 马玲

**独家代理**：财新传媒有限公司

**电话**：（8610）85905000 **传真**：（8610）85905288

**广告热线**：（8610）85905088 85905099 **传真**：（8610）85905101

**电邮**：ad@ caixin. com

**订阅及客服热线**：400-696-0110（8610）58103380 **传真**：（8610）85905190

**香港地区订阅热线**：（00852）21726522

**订阅电邮**：circ@ caixin. com **客服电邮**：service@ caixin. com

**地址**：北京市朝阳区工体北路 8 号院三里屯 SOHO 6 号楼 5 层（**邮编**：100027）

# 卷首语

18 世纪末 19 世纪初发生的工业革命，是一个走向现代经济增长的历史性突破。新技术逐步向全球传播，同时造成了区域之间收入水平的大分流，以及全球区域的大分工。一代代学者，尤其是经济学家，一直在探索与追求可检验且可预测的理论，来揭示“同富同穷”背后的原因和机制。在欧美世界出现反全球化潮流的时局下，我们又该如何从活跃在学术前沿的经济学家那里，从他们对经济发展问题的新思考和新洞见中获取智识呢？本辑《比较》开篇文章的作者说：“一个国家的体制活力四射的核心在于人们有创新的欲望或时不时的创新冲动。”

2006 年诺奖得主埃德蒙德·菲尔普斯认为繁荣来自于此。他尝试给出了一个有关现代经济发展的新理论——本土创新理论。所谓本土创新是指一国经济内生的新产品和新方法，它是吸纳外来发现和创新，并产生更多创新的基础。本土创新除了需要富有创造力、想象力和冒险精神的创新者外，还来源于一个不可或缺的根本要素，即国家的活力。由此，菲尔普斯提出了活力精神的概念。他认为，活力精神并非贯穿于整个历史，而是由文艺复兴晚期和巴洛克时代出现的现代伦理演化而来，其核心是包含了个人主义、生机论和自我表现的“三位一体式价值观”。以活力精神为根基的现代经济，不仅带来经济繁荣、财富增长和人民生活水平的空前提高，更重要的是，它还使普通大众从工作和事业中获得了成就感和充实感，为他们带来了美好生活。当前，主要发达经济体深陷困境，其根源在于，现代思想占据上风之前的社团主义卷土重来，致使活力精神逐渐丧失，进而导致本土创新受损。基于本土创新理论，菲尔普斯指出，经济学家高谈阔论“结构性改革”，无助于从根本上扭转目前的经济颓势。相反，“重新思考美好生活，以及美好生活要求广泛享有‘好的经济’，才是眼下向前迈进的大方向”。

康奈尔大学教授、国际经济学会（IEA）现任主席考希克·巴苏的文章讨论了经济发展的道德基础。主流经济学理论在分析经济发展时，大多建立在个人自利的公理之上，认为正是自利个人的行为推动了发展和增长。巴苏却认为，这往往掩盖了一个事实，即高速增长和迅猛发展可能也需要个人正直诚实的品性和利他性，以及个人愿意为社会利益而放弃某些个人利益。因此，他将“个人合作精神’作为研究的起点，在囚徒困境博弈这一分析框架中，引入普遍利他主义或群体内利他主义，通过分析同质社会和异质社会中人们的合作行为，说明人们追逐自利的合理行为如何与先天固有的合作意识相互影响，合作精神在什么条件下会促成相互之间的合作，在什么条件下导致一个群体对另一个群体的压制。正如他的分析所揭示的，人类并不是在残酷无情地追逐私利，“如果我们希望社会大步向前，经济发展日新月异，就需要培育我们的内在社会价值观，如利他性、正直和公平性”。

我们开设了《改革回顾》的专栏，希望回顾自改革、转型以来的历史，有助于汲取经验和教训。已故经济学大师肯尼斯·阿罗的《经济转轨的速度和范围》一文最初发表于 1993 年，当时苏东国家正面临经济艰难转轨，而中国则处于十四届三中全会前夕全面重启社会主义市场经济改革的关键时刻。阿罗聚焦于经济转轨中预期的作用。他强调历史上成功的发展都需要至少数十年时间，并需要政府发挥良好的引导作用。苏东国家在转轨初期产出显著下滑，正是因为整个经济体的预期被快速改变，而原有资本装备和市场环境的调整尚待时日，企业家们还需要理解制度的含义，制度本身也需要学会如何运转。此时，采用休克疗法会面临三方面困难：缺乏私有化所需的充足储蓄；缺乏恰当评估企业价值的市场机制；大量垄断性质的企业缺乏生产效率。渐进式转轨则面临树立改革信心，安抚利益受损者的难题。阿罗推荐的策略是让私人企业先进入商业和轻工业，以后再对资本密集度高的产业私有化，同时政府也需要改革法律和金融体制，并妥善处理衰落产业。推而广之，阿罗认为各类社会和经济弊病都不宜采取休克疗法。政府只是社会中一个有限的组成部分，现实中还有许多中间制度形成了人与人之间交易的基础。政府的行动、法规的改变应注意同社会主流习惯和预期保持一致，因为制度变革既是路径依赖的，也是预期依赖的。

中国改革开放的进程伴随着与世界银行、国际货币基金组织等多边机构的合作。世行前首席代表鲍泰利的文章着重叙述了世行与中国合作的一些重要事件：1980 年和 1985 年由林重庚等人领导的世行专家团队与国内专家组共同开展对中国经济的研究，形成了两份产生广泛影响的研究报告；1993 年由世行和财政部、国家经济体制改革委员会共同举办的“大连会议”讨论改革议程和经济过热的形势，为随后的宏观调控16条奠定了理论基础。此外，世行还通过优先项目支持，推动中国在项目管理领域的制度建设；通过培训项目，在制定若干关键决策和新机构的人员培训方面，发挥支持作用。90年代中期以后，世行的角色虽不如前，但继续以项目形式，在养老金改革、城市住房改革、能源市场改革、环境保护、劳动力市场开发、社会保障体系发展等方面提供技术援助。这段合作关系展示了中国政府推动改革和发展的决心，求真务实、开放包容的态度，以及灵活应变的能力。

斯坦福大学教授拉贾·切蒂的文章探讨行为经济学在改进经验预测与政策制定方面的价值。他以行为经济学在养老储蓄、劳动供给与社区选择问题上的应用为例，阐明了行为经济学对公共政策的三个贡献。具体来说就是：提供新的政策工具，来改变行为，如储蓄率；提供新的反事实理论，来改进对现有政策效果的评估，如所得税政策对劳动供给的影响；衍生出新的福利含义，为最优政策制定提供更加精准的指引，例如在居住选择，考虑体验效用的福利分析显示，最优政策应当遵循行为模型提供的解决方法。因此，从这个实用的角度来看，在无法确定适用新古典模型还是行为模型的情况中，不应该固守新古典模型，相反，这可能恰好为采用“行为助推”政策（behavioral nudges）提供了新的依据。切蒂继而认为，经济学家应当将行为经济学视为研究问题的工具之一，把行为特征纳入考虑，以帮助解答经济学的核心问题。这样做可能比将行为经济学视为挑战新古典模型假设的独立研究领域，能产生更多的成果。

萨缪尔森的文章讨论自由贸易。他以中美两国为例，运用李嘉图、穆勒等古典经济学家的比较优势理论，分析了自由贸易的全球化如何把来自国外的技术变化转变成两国都获益。但是，他的进一步分析表明，有时一国生产率的提升可能仅对该国有帮助，这降低了两国之间的潜在贸易收益，从而持久地伤害另外一个国家。这种伤害不同于因短期成本调整、暂时的专利租金，以及知识垄断弱化而带来的短期伤害。不过，萨缪尔森强调，他的这些纠正和修订并不意味着国家应该或不应该引入选择性的保护主义措施。即使自由贸易世界中随机演化的比较优势会带来真正的伤害，民主国家为自卫而想方设法采取的行动常常也是搬起石头砸自己的脚。相比于政治游说产生的关税和配额这种民主的堕落和显而易见的无谓扭曲，自由贸易实际上可能是对每个国家最好的选择。

孙国峰的文章讨论货币政策操作问题。他从流动性管理的视角，重新审视了央行准备金制度和央行的流动性操作方式。他认为，中央银行采用法定准备金率的制度安排来制造结构性的流动性短缺，增强了中央银行对利率的调控能力。这种结构性的流动性短缺是指在供求平衡的情况下，央行处于借贷双方中的贷方，并非指流动性供小于求，因此不影响实体经济的运行。在制造结构性流动性短缺的货币政策操作框架下，需要从央行资产负债表的角度来合理确定流动性的投放和回收方式。在流动性投放方面，货币政策操作主要通过利率渠道影响商业银行的资产负债结构调整，从便于调控利率的角度出发，中央银行倾向于扩张而不是降低法定准备金率。至于买入国债还是向银行提供融资，取决于金融体系是以商业银行为主导还是以金融市场为主导。在流动性回收方面，作者引入了中央银行负债频谱的概念，据此比较了法定准备金率和央行债券。这两种工具各有其优缺点，总的来看，中央银行在负债方回收流动性可以采取发行央行债券和提高法定准备金率的组合，在这两种方式之间的选择应当主要视中央银行债券的利率而定。此外，作者还简要论述了中国的结构性流动性短缺货币政策操作框架的形成，并对未来的发展提出了建议。

数字货币正在引发越来越多的关注，各国央行也在积极研究数字货币的发展趋势。姚前的文章主要讨论时下备受关注的问题。作者基于历史视角，回顾了货币演化中技术的深刻影响，论证了数字货币的技术逻辑以及数字货币作为央行货币发行创新的历史必然。在此基础上，跳出货币“非国家化”论与货币法定论的传统分析框架，从货币价值稳定性、公共经济学、交易费用理论三个经济学视角审视和讨论数字货币发行权的归属问题，论证了央行发行法定数字货币的经济理论逻辑。作者还结合数字货币发行的技术逻辑和经济理论逻辑，提出了我国法定数字货币的构建思路与技术架构，包括法定数字货币的理想特性、构建思路、体系要素、相关技术和关键考量等。

经过近四十年的市场化改革，我国经济中的竞争主体得以培育，竞争环境也得以发展。但与此同时也必须看到，市场中依然存在着由体制和政策问题造成的各种扭曲，由此带来的资源错配不容忽视。陈永伟和叶逸群的文章分析了造成市场扭曲的三类问题——市场分隔、行业垄断和产业政策，并测算了它们造成的效率和福利损失。测算结果表明，市场分隔造成的损失占到了每年 GDP 的 6.42%，而行业垄断造成的损失则占到了每年 GDP 的 18%，无论是市场分隔还是行业垄断，其背后都受到了产业政策的影响。真正建立十八届三中全会提出的“统一开放、竞争有序”的市场体系，就必须纠正以上这些扭曲。这不仅需要改变大量现行的政策，更要对一些根本性的体制进行变革。

# 目　录

Contents

## 第九十一辑


1　国家的活力：本土创新理论　埃德蒙德·菲尔普斯

The Dynamism of Nations: Toward a Theory of Indigenous Innovation *by Edmund Phelps*

33　繁荣和压制的道德基础：利他性、涉他行为和认同　考希克·巴苏

The Moral Basis of Prosperity and Oppression: Altruism, Other-Regarding Behaviour *by Kaushik Basu*

改革回顾　Retrospect of Reform

62　经济转轨的速度和范围　肯尼斯·阿罗

Economic Transition: Speed and Scope *by Kenneth J. Arrow*

71　中国与世界银行：伙伴关系是如何建立的　鲍泰利

China and the World Bank: How a Partnership Was Built *by Pieter Bottelier*

## 前沿 Guide

92 行为经济学与公共政策：一个实用的视角 拉贾·切蒂

Behavioral Economics and Public Policy: A Pragmatic Perspective

*by Raj Chetty*

## 论全球化 Globalization

142 主流经济学家眼中的全球化：李嘉图—穆勒模型给出的证明

保罗·萨缪尔森

Where Ricardo and Mill Rebut and Confirm Arguments of Mainstream Economists Supporting Globalization *by Paul A. Samuelson*

## 金融论坛 Financial Forum

156 结构性流动性短缺的货币政策操作框架 孙国峰

Structural Liquidity Deficit and the Monetary Policy Operating Framework *by Guofeng Sun*

179 法定数字货币的理论与技术逻辑：货币演化及央行货币发行创新

姚 前

Theoretical and Technological Logic of Digital Fiat Currency: Evolution of Currency and Central Bank's Innovation in Monetary Issue

*by Qian Yao*

## 法和经济学 Law and Economics

198 迈向公平竞争：现状、问题和应对 陈永伟 叶逸群

Towards Fair Competition: Status, Problems and Responses

*by Yongwei Chen and Yiqun Ye*

# 国家的活力

## 本土创新理论

埃德蒙德·菲尔普斯

经济学的核心是关于人类在经济领域的生活。可问题在于经济学的发展总是赶不上经济持续演进的脚步。从16世纪到18世纪，西方国家陆续从市场受限的封建经济体脱颖成为具有古典特征的经济体。但是在19世纪，当经济学仍然在解读古典经济（权衡、交易、竞争、均衡、效率）时，若干国家的经济再次演化，让人类经历了另一场根本变革。而经济学几乎还在原地踏步。①

### 经济增长与人的成就感和充实感

19世纪，经济一飞冲天，空前壮观，首先是英国和美国，接着是德国和

---

* Edmund Phelps，2006年诺贝尔经济学奖得主，哥伦比亚大学资本主义与社会研究中心主任。本文的早期版本发表于2014年8月林道诺贝尔奖获得者会议，2016年10月耶鲁大学威尔伯十字勋章授予活动，以及2016年11月哈佛商学院雅典俱乐部、洛桑理工学院和布鲁塞尔CEPS会议。原文"The Dynamism of Nations：Toward a Theory of Indigenous Innovation，"见*Capitalism and Society*：Vol. 12：Iss. 1，Article 3。

① 奈特和凯恩斯率先给经济学引介了新兴经济体的一个方面——不确定性和随之而来的就业波动。我的著作*Massive Flourishing*（中文版《大繁荣》见中信出版社2013年版）则阐述了新兴经济体的另一方面——商业部门的创造力和由此产生的创新。针对非经济学读者，可以参见我的文章"What is Wrong with the West's Economies?" *New York Review of Books*，LXII，no. 13，2015年8月13日，第54—56页。本文主要是针对经济学领域的读者，并重申了《大繁荣》中的部分主题，也改进其中的一些观点并提出了新的问题；不过没有加入我过去一年来的新研究。

法国。城市迅猛发展，无数企业涌现，随着新兴经济体的崛起，广大民众也展现出一种新的精神：一往无前，勇于冒险，把握机遇。这种精神体现在所谓“高雅文化”（high culture）的文学和艺术上。① 正如小说家查尔斯·狄更斯的描述和历史学家艾玛·格里芬的最新记载，人们逐渐主宰了自己的生活，很多人拥有了他们不曾想见的事业②（狄更斯本人就过得十分豪迈进取）。新精神一经勃发，立刻引燃了新经济。历史学家保罗·约翰逊记述了这一现象的兴起，称之为“现代的诞生”③，现代经济中的现代生活来临了。

**现代经济的回报**。现代生活是什么样子的呢？一个工作的人没准会想到（只要是在潜意识里）更好的生产方法或产品的改进。一个商人相信自己看到了商机，他可能会着手创办自己的企业。更激动人心的是，个人也许会投身于构思某个全新产品，或尝试制造新的东西。所有这些努力或渴望，和过去的组织方式有着天壤之别。

现代经济的参与者能感受到回报，这在传统经济体（建立于封建主义或商业资本主义基础之上）中是十分罕见的。英语国家的男女谈论“出人头地”，意指他们取得了某些进展，也许还前途无量。④ 这个短语表达了从“人的能动性”⑤ 中获得的回报，所谓能动性就是拥有发挥主动性、洞察力、想象力和创造力的空间。这些深层的回报可以分为两类或两类以上。

首先，有人会为自身努力换来的成功感到满意，并可能从更好的条件或得到认可中体味更多满足。这些回报是体验性的而非物质性的；与收入和财富无关。它们显然涉及“成功”，或者用一个更狭义的词语来形容，即成就感（prospering，源于拉丁语 pro spere，意指希望、如所预料）：上班族因为工作上的优异成绩获得加薪，工匠凭借辛苦掌握的手艺制造出更好的产品，商人看着“财富滚滚而来”无比喜悦，学者被授予名誉学位而获得价值感……

其次，个人可以从事业发展的经验中获得满足：探索未知的快感、挑战的

---

① 我在 *Massive Flourishing* 第 3 章提出了这样的证据。

② Griffin 在她近年出版的著作 *Liberty's Dawn*（Yale，2013）中提出了与这种新态度有关的证据。她最近关注的 19 世纪的信息资料更具启发性。有一位工人被提升为铆钉工后，表示能够运用自己的“创造力”令他感到十分欣慰。

③ Paul Johnson, *The Birth of the Modern*（Harper Collins，1991）。

④ 短语“出人头地”和“掌控”人生详见我的著作 *Massive Flourishing*，第 66 页。

⑤ “能动性”一词的现代意义早被用于 Richard Sennett 的 *The Culture of the New Capitalism*（New Haven，Yale University Press，2006）。另见 *Massive Flourishing*，第 285 页。

刺激、克服困难后的欢欣，还有对不确定性的痴迷。爱默生说过："生命是一段旅程，而不是目的地。"同样重要的是，有一种满足感叫"影响世界"并幸运地"留下印记"，甚而可能改变世界。拥有这些乐趣就是所谓的"充实感"（flourishing）。

相比之下，标准的经济学模型——新古典经济学、凯恩斯经济学和行为经济学，都不包含这些报酬，既无关乎成就感也无关乎充实感。在这些模型中，工作的回报从根本上说是为工作支付的工资，也即由当前市场力量决定的工资待遇。① 这些模型鲜少探讨能让某人获得非工资报酬的个人能动性，而只是研究了对市场工资或其他价格变化的内生反应。因此，即便有人想描述多少带有现代性质的经济体，标准经济学模型也无法刻画现代经济的特征。

另一个经常被引用的概念是"个人成长"或"自我实现"。这是现代经济带来的另一种回报吗？这一概念指的是人们从发展自身才能或潜力中获得的满足感。② 就标准经济学而言，个人将增加的人力资本投入工作可以获得效用。但是，钢琴家对增加人力资本的满足感并不等同于农民整理土地收获的满足感。这种满足感早在中世纪已经形成，在现代经济崛起前的资本主义商品经济中也绝不罕见。所以，显著的个人成长并非现代经济所特有，它也肯定不是现代经济才有的回报。③

个人在现代经济中努力工作所实现的成就感与充实感终究属于个体或个人，是个人主动的结果。19 世纪出现的现代经济还实现了社会收益。英国、美国和后来的德国、法国——几乎所有新兴经济的参与者——都享受到了生产率的持续增长、一般工资水平的提高、家庭财富的增加，以及就业机会的扩大。于是，所有群体的生活水平不断上升。职业生涯不再在中年画上句号

---

① 在本人一部比较"标准"的作品里，我指出，从国民经济中获得收入是人们参与社会主要项目从而产生"归属感"的一种方式。我认为，工作是我们生活的"脊梁"。参见 Phelps, *Rewarding Work*（Harvard, 1997, 2007）。在早期的一本书里，我提出了这样的观点：工作提供了各种"工作满足感"，比如马歇尔所说的智力刺激和凡勃伦所说的对工匠精神的自豪感。参见 Phelps, *Inflation Policy and Unemployment Theory*（Norton, 1972），第 xvii 页。

② 据约翰·罗尔斯的阐释，"人类享受发挥自身能力的过程，这种享受进而提高了已获得的能力或复杂程度……"（Rawls, *A Theory of Justice* [Harvard, 1971]，第428—449 页）。（顺便提一下，他的社会经济模型并不包括这种满足感或渴望。）

③ 此外，一些哲学家表示，"自我实现"（以及"自我发现"）的概念很有问题。Jean-Paul Sartre 认为，个人没有预先存在的"自我"可以被"实现"或被"发现"。人的自我是在人生旅途中创造的。

（甚至远非现代性质的经济体也能你前我后，通过复制现代经济体的新产品和新方法获得这些社会收益，此过程就叫技术转让）。难怪历史学家沃尔特·罗斯托研究这一发展时，对这种“从起飞进入持续经济增长”的现象大为惊叹。①

然而，标准经济学没有看到这种经济转型。它无法真正解读这些社会回报的来源，正如它无法解读个人的回报。新古典主义模型只是将增长视为随机过程（凯恩斯主义是例外）。② 诚然，标准经济学用“创新”来表示“技术”参数的变化：一个偶然的变化或一系列可以通过平滑的曲线来拟合的微小变化。可是，这些或大或小的参数变化对经济来说是外生的，并非那些在经济中孕育而成为内生因素的新产品或新方法。

如今，罗斯托一度惊叹的景象眼看已经黯然失色。几十年来，西方国家的商业投资日益疲软，就业低迷，工作满意度下滑，更别提急剧增加的权利型福利、公共债务和家庭债务。大家怀疑迸发这种综合征的直接原因是生产率增长放缓，最明显的就是实际工资增长停滞。20 世纪 80 年代末，经济专家们开始相信，美国自 20 世纪 60 年代后期以来一直陷于所谓“生产率大幅下降”的痛苦之中，经济放缓从未消停，对此他们几乎不做解释。③ 完成战后重建并追上被其他国家拉开的数十年距离的德国和法国，在 20 世纪 70 年代遭遇了生产率增长显著放缓，此后生产率也没见回升。倒是意大利和英国，分别在 20 世纪 80 年代和 90 年代出现了不错的生产率增长，随后意大利在 20 世纪 90 年代末、英国在 21 世纪相继停下脚步。但是标准经济学对这一影响深远的衰落没有任何理解。

这就让经济学家们尴尬了。标准经济学既没看到 19 世纪初出现的经济腾飞，也搞不懂 20 世纪末飞流直下的经济回落。所以，已故经济学家安格斯·

---

① Walt W. Rostow, *The Process of Economic Growth*（Oxford, 1983）。一些马克思主义者特别是 Kuczynski Jurgen 在他的著作 *Labour Conditions in Western Europe*（F. Muller, 1937）中指出，转型经济体的“劳动条件恶化”了。可当时的统计学家并不这么认为，历史学家也无法重证他的结论。

② 然而，这并不包括筑成凯恩斯理论中心的部分基石：“脆弱”的信仰，“动物精神”以及模糊的“长远预期”。

③ 参见 Assar Lindbeck, “The Recent Slowdown of Productivity Growth,” *Economic Journal*, v. 93, March 1983, 13 – 34; Stanley Fischer, “Symposium on the Slowdown in Productivity Growth,” *Journal of Economic Perspectives*, v. 2, Fall 1988, 3 – 7。Lindbeck 首先指出，“20 世纪 60 年代末或 70 年代初开始的增长放缓，是过去 20 年里最重要的宏观经济现象。”

麦迪森所说的现代资本主义“纪元”①，实在没有什么可歌可泣——1815 年始于英国的 150 年现代化历程，大约在 1965 年从美国开始失去活力。

理解上的双重失败对史学家或经济理论家并非只有纯学术意义：它们会影响人们在当今经济中的体验。譬如在中国和印度，很多人希望祖国发挥出 20 世纪盛行于大部分西方国家的经济朝气和活力。然而由于缺乏解读现代经济的现代经济学，这些国家对如何发展这种经济一无所知。同样，由于缺乏能够阐释现代经济史的现代经济学，从辉煌走向增长大幅放缓的西方国家（最显著的是法国，尽管德国可被视为贸易国），也不知如何重塑过去数十载的光辉岁月。仅凭标准经济学知识（古典的、熊彼特式的、哈耶克式的、凯恩斯主义）的各种工具箱，经济学家兴许能减轻问题的某些症状，却无力提供解决问题的办法。标准经济学根治不了经济病症，因为它不清楚发病的原因。

标准经济学缺失的要素乃是创新。在创新活动强大且具有系统性的国家（19 世纪早期的英国和美国正是这样），疏漏掉创新因素，影响就很大。然而“创新”一词——最先由约瑟夫·熊彼特在 100 多年前提出——一直让人难以捉摸。在探讨实质性问题之前，有必要厘清这方面的若干术语。

创新（从经济学家的角度）通常指的是向市场引入新产品或新方法，它来自人们的新想法，而且被认为能改变某个领域、某个产业或更广泛的整个经济中的实践。所以，发明不一定是创新——事实上，发明很少能成为创新。换言之，一项重大的创新是某种新想法产生的新事物，被普遍采纳从而带来可观的收益。②“复制”、“转让”甚或“适应”其他地方出现的创新统统不算创新，这些本质上属于进一步的应用。

《大繁荣》一书认为，标准经济学严重缺失的元素是本土创新。自哥伦布（“大发现时代”）以降，促使所有国家涌现创新（“外生”创新）的外生发现司空见惯，尽管没有显著提高总体生产率和工资水平。新型创新是内生于一国经济的，因此属于本土创新。在 19 世纪 20 年代的英国和美国以及 19 世纪 80

---

① Angus Maddison, *Dynamic Forces in Capitalist Development: A Long-run Comparative View* (Oxford, 1991), *passim.*

② 如果该想法只存在譬如一天，会怎样？这时，被当作创新的新产品是否就不算真正的创新？倘若这个想法的老化时间对分析没有任何影响，那么可以视其新产品为创新。当年美国第一条州际铁路完成设计、建造和营销流程后，有评论家称这并非“新想法”。大家可以通过评估“创新者”或创新人员开始计划、消息开始泄露之后，几个月内沿线土地价格上涨的幅度，来检测新事件有多大程度属于创新。如果地价飙至新高，可以认为新产品 100% 属于创新。

年代的德国和法国，这类创新极其常见而且是包容性的。在接下去的几年里，本土创新气势如虹，不仅推动罗斯托式的生产率和工资率增长，而且带来了普遍的成就感和充实感。① 然而，正如我在书中指出的，这些领跑者的生产率增长开始减速，20 世纪 60 年代末的美国和法国相当明显，“二战”之后的德国和英国不太明显（但初始增长率也比较慢），这有力地表明曾经的领先国在本土创新上已经逐渐衰落。

国家的本土创新是指该国最新构想出来的产品和方法，在通常情况下，它们能够改变无论是国内还是国外的实践。国家的本土创新极具意义：虽然所有国家可以毫不费力地“进口”全部或大部分“外生”创新，然而只有通过本土创新，国家才能吸收外生发现从而尽可能多地创新。一国可以根据其重点设定创新活动的水平。而这种创新性对该国的工作体验及生活方式，影响可谓巨大。

## 本土创新：意义与产生的原因

我打算先来简述本土创新理论的某些基本原理：它的意义及其产生的原因（下一部分再探讨它的起源）。发展本土创新理论需要跳出标准经济学的框架。确切地说，这意味着要远离哈耶克和熊彼特。从便于理解的角度看，这正是我最近出版《大繁荣》的目的。本文则旨在更清晰、更全面地深入阐发我的观点。

首先，除了上述本土创新概念外，在某些人眼里还有另一个迥异的创新概念，即重大的甚至是独一无二的创新。

**新想法，并非“适应”。**不少商人认为，当公司察觉并抓住某个满足需求的新机会时，它就做出了“创新”。通常，老牌公司声称自己“有创新特性”的理由是，它不断在调查环境以期发现这样的机会（长时间拿不出新产品时，公司就会辩称这是因为“缺乏机会”）。但是，本土创新指的是能带来新实践的新想法，和商人说的探索并抓住机会相去甚远（有人愿意称后者为“创新”，如果需要丰富的想象力才能识别并抓住机会的话）。所以我们得用其他名称来描述这个不同的事物。

卓越的经济理论家哈耶克选择将新发现促成的新产品称为“适应”，而非

---

① Johnson 浓墨重彩地描述了这种创新，参见 *The Birth of the Modern*，op. cit。

创新。他在1945年的一篇著名论文中指出，至少在资本主义市场经济中（如果不是社会主义市场经济），企业完成的大部分事情，是将经济体的实践推向不断变化的潜在水平，即“适应不断变化的环境”。接着他补充道，“经济问题总是出现，而且都来自变化”。① 在他的论文里，变化并非来自商业工作者的内生创造：变化对经济体来说根本就是外生因素，商人只是对变化做出恰当的响应。② 深受德国历史学派影响的年轻熊彼特（稍后再进一步谈论他）也持相同看法。切斯特·巴纳德在其开创性著作中探讨老牌公司努力生存且必须履行的“功能”时，同样提出了类似观点。③

为避免误解，容我扼要阐述一下我对某些适应及其如何产生的看法。毋庸置疑，适应十分重要：一般来讲，发达经济体都有相当的适应能力（一个问题是，高度创新的经济体是否特别擅长适应）。我认为，从经济的眼光出发，借鉴哈耶克所说的有机体不断汲取生产什么和如何生产的经济知识，有时还是有用的。企业家就是有这种眼光的人。企业家和创业企业是经济的前沿观察者，观察和思考如何让自己发光发热。我在书里把他们比喻为侦查蚁，专门负责搜索对群落有用的东西。企业家运用自己的专业知识，不断寻找可能出现的潜在用途。

---

① F. A. Hayek, “The Use of Knowledge in Society,” *American Economic Review*, v. 35, 1945, 第523页。他大概考虑到了人口变化、气候变化和科学进步。不同于德国历史学派和他们的后继者约瑟夫·熊彼特，他认为“技术知识”不是“最重要的”（第523页）。

② 哈耶克后来补充说，“社会的经济问题（我们会说‘挑战’）主要是在特定的时间和地点迅速适应的问题”（同上，第524页）。哈耶克的主要观点是，一个经济如果由私有制提供的激励和自由市场价格体系所驱动，它就善于发现新的可能性，这样的经济比共产主义这样的选择更好。大多数哈耶克式的看法称，价格信息的可用性大大减少了企业家评估新产品的收益和生产新产品的成本时必需的计算量。不过哈耶克也表示，具有行业专业知识并深刻洞悉当前状况的商业人士，能更敏锐地判断哪些机会值得珍视，哪些机会可以放弃。这些理论收录在 F. A. Hayek, *Individualism and Economic Order*（Chicago, 1948）。

然而哈耶克隐含的思想（个人可以从经验中获取大量书籍或论文以外的知识），被普遍认为是由科学家转变成哲学家的迈克尔·波兰尼在其著作 *Personal Knowledge*（Chicago, 1958）中提出的见解。波兰尼后来的论著 *The Tacit Dimension*（Anchor Books, 1967）称，这种知识（“我们能了解的比我们能述说的多”）背后隐藏的专业推测和看似毫无根据的预感，正是发现过程的突出特点。

③ Chester Barnard, *The Functions of the Executive*（Harvard, 1938）。巴纳德，美国电话电报公司（AT&T）多年来的负责人，是成功拥有理论家、作曲家、诗人和艺术家多重职业的企业领导人之一（其他人还有 Charles Ives 和 Wallace Stevens）。

• 套利行为是适应的一个典型案例。如果企业家看到某个产品的现价低于在其他地方可以销售的价格，他会在价格低的地方买入再到别处高价卖出，从而完成资源再配置——用哈耶克的话即适应（熊彼特关于因发现新大陆而激发企业家雀跃建造新工厂的早期模型，是适应的又一实例）。

• 适应的另一例子是结构性冲击造成大量人员失业后的结构调整。随着时间的推移，一个经济体如果涌现大批热情奔放的企业家，他们有各种特殊需求；他们会掌握某些越来越实用的技能，直到一切相得益彰（就业和几乎所有的工资率都可能完全恢复）。

• 那么，类似牛顿说过的“站在巨人肩膀上”的借力发展呢？随着 1984 年商业手机的创新，摩托罗拉第二代手机 DynaTAXC 8000X 克服了原有的某些局限，推动第三代手机问世。这些实际采纳的连续改进（尽管不如摩托罗拉的第一步飞跃）属于适应还是创新？这要视情况而定。如果下一代手机的开发者对他们观察到的前一代手机的情况做出响应，并像哈耶克所说的那样，认为这些新“情况”为手机的进一步发展创造了机会，则开发者其实是在尝试适应。成功的尝试即为适应。可倘若开发者中有个别人提出了有关手机的新想法，比如以前的制造商不曾想到的新用法，那么下一代手机含有的该元素应当称为创新。① 触摸屏或许算是这类创新的典型案例。

由此可见，适应很重要，实现适应所必需的企业家精神也如此。但要注意两点。首先，适应和创新不是一回事。创新并非由支撑创业的敏锐观察力、幸运的发现、有经验的判断（或称聪明才智）所驱使。创新有完全不同的驱动力。

其次，如果开发新产品、新方法的创意源泉枯竭，对创业机会的搜寻很快会导致收益递减直至耗尽。② 因此，全世界的创新早晚会给每个国家带来直接的价值，尤其是它能带动生产率增长；一国本土创新的直接价值也部分表现在它维系着国民的成就感和充实感。与此同时，全球或本土创新具有不断提供机会的间接价值，其中一些机会是值得企业家追求的。

**改头换面的“旧创意”不是创新。**除了那些新的概念外，很多人甚至有意无意地把引入基于早期创意的产品或方法这一做法也包括在创新概念中。如

① 创新之后的改进与创新本身并不相同，这是 Peter Thiel 和 Blake Masters 的著作《从 0 到 1》（中信出版社 2015 年版）的出发点。

② 正如 Felix Klein 对数学的评论，“没有创造新的观点，没有提出新的目标，数学很快就会自我耗尽……并开始停滞不前。”非常精彩！引自 *Massive Flourishing*，第 19 页。

果基于旧创意的产品极少，那还勉强说得过去。如果一个经济新引进的产品代表了旧创意，但仍被算作创新，那么那些衡量新产品和新方法产生频率的指标就会将这个经济描绘成极富创新的经济，而其实新引入的产品根本没有新颖的元素。譬如，当一个经济因收入增加导致对知名产品（其创意也许可以追溯到文艺复兴时期）的需求增加，进而持续引入这些产品，并沿着这条跨时均衡路径发展时，我们就不会把它视为创新经济体。

本土创新无论在哪里发生，都由新创意（商业领域人员的新观念、新理论和新探索）激发，并通过检验和市场测试向前推进，换句话说，是受人的创造力所驱动。创新者运用想象力构思新产品或新方法，继而发挥聪明才智实现新产品或新方法，即完成制造和销售过程。① 这些人力资源就深植在我们的基因中。现在，大家都相信创造力（不是理性）是人类特有而其他物种没有的东西。想象力早在史前时代设计出第一根长笛的穴居人身上就已展露无遗。我们也没有理由认为，国家必将耗尽创造新产品甚至新方法的机会。黑格尔说过，世界很辽阔，让我们“行动起来”。

然而今天的标准经济学却假设，所有的行动者都已经掌握全面的知识。这反过来启发一些建模者想当然地假设关于未来而非当下的“理性预期”。这一理性预期的前提意味着国家的经济不能创造和采用原创的产品或方法，不能进行本土创新。因为如果一个经济使用以前从未设想过的新方法和新产品，明显超出了意料并与理性预期相矛盾。

所以，不能把理性预期模型和本土创新现象混为一谈。理性预期模型是确定性的甚或带有概率性；而如前所述，任何追求本土创新的经济都是开放的，都愿意创造自己的未来。这种经济的未来无法预先设定。

一些新熊彼特学派的理论家声称，从概率的角度看经济具有确定性。他们把创新比作在人行道上捡到5美元，或者说得好听点，就像是抛硬币蒙到了个好结果。这些模型描述这样一种经济：其日历时间没有进入模型的方程，而所谓的创新由已知诞生概率的线性诞生过程控制。② 在这种模型里，以现状为条

---

① 这里，我把创造力当成概括性的用词，指代想象力、聪明才智等相关概念。在最近的论述中，我将想象力与创造力相提并论，有时甚至把创造力放到聪明才智的层面。

② 这类清晰优雅的模型可参见 Philippe Aghion，“Creative Destruction and Subjective Well-Being，” ms.，December 29，2013。20世纪50年代，纽约大学经济学家 Israel Kirzner 将创新喻为在人行道上捡到5美元。

件，累积型“创新”在任何未来时期的概率分布均为已知（这个可以计算）。模型暗示经济体没有任何新潜力来构思新产品或新工艺，从而排除了真实的创新。按哈耶克的意思，不存在“发现过程”；不可能出现任何新的经济知识，因为所有可能的结构及其概率都是已知的。然而，在英国、美国、德国和法国兴起的创新型经济中，概率甚或可能性却是未知数。

那么，熊彼特自己是怎么想的呢？他在1911/1912年出版的那部极具影响力的作品（奥地利版和德国版）中，从德国历史学派的观点出发，提出只有“科学家和导航者”的发现才能为经济带来进步，而商界人士没有创造力。熊彼特所带来的那一点点增加值就在于提醒德国人，任何商业应用的发现都需要企业家建立新的劳动和资本“组合”，这是生产新产品所需要的，也是金融家提供融资的地方；此外，由于企业家和金融家富有经验和热情，他们通常能够预测出哪些应用有利可图。① 作为一个彻底的古典经济学家，熊彼特认为，有关产品和方法的知识来自国家经济之外的领域，来自打着不同鼓点前进的探险家。所以熊彼特式创新对每个国家的经济都是外生的（可以把它纳入国家的适应范畴，尽管这一归类留给巴纳德和哈耶克貌似更为合宜）。

熊彼特的理论与我的观点背道而驰，我认为从1815年至1940年，抑或到1965年左右（后面这段时间速度放慢了），重塑经济和经济生活的创新大多是在一国本土产生甚至是内生于经济的，并非由该国的科学家推动。在熊彼特的理论中，企业一直在适应（通常意义上的）外部力量所发现的事物；它们是观察家、勘探者和计算者，而不是现代意义上的创新者，当然也不是我所指的创新者。

许多当代历史学家例如乔尔·莫克尔（Joel Mokyr），倾向于遵循熊彼特的思路诠释创新。② 德国历史学派最先采纳的这种观点认为，经济进步——至少是全要素生产率的增长——大致上是外生于经济的科学家积累各种发现的副产品。所谓“科学知识”的积累被视为对经济知识有直接贡献——实用的方法和可生产的产品——进而为创新开辟道路。相反，本文提出的理论认为，国家（当然是主要的创新国家）的创新对该国经济而言一般都是内部的或本土的。根据这一观点，公司专有的商业知识积累来源于新产品和新方法的成功开发与

---

① Schumpeter, *Theorie der wirtschaftlichen Entwicklung*, Vienna, 1911. Leipzig, 1912.

② Joel Mokyr, “What Today’s Economic Gloomsters are Missing,” *Wall Street Journal*, Saturday, August 9, 2014。Mokyr 引用了 Toricelli 1643 年发现的大气压力和 Volta 1800 年发明的电池。

销售；然后，这些商业知识的积累扩散到其他经济领域，拓展了一般性的经济知识。①

一部描写重要创新的百科全书必定充满了各种各样的新产品和新方法，它们并非由任何特定科学进步触发，甚至与之并无关联，例如：火、车轮、书写、纸、埃及人的蒸汽动力、古腾堡的印刷机、惠特尼的轧棉机、沃尔瑟姆的可互换零件、迪尔的铧式犁、里尔的饮用水氯化消毒、辛格的缝纫机、巴斯德说服外科医生洗手、爱迪生的灯泡和留声机、南丁格尔医院重组控制疾病、卢米埃尔兄弟的商业电影、马可尼的收音机、萨尔诺夫的广播网络、伯宰的冷冻食品、法恩斯沃思的电视机、IBM 的电脑（针对企业）、1956 年马尔科姆·麦克莱恩的集装箱、1957 年纳特·泰勒的多元化电影院、特德·特纳的 24 小时新闻节目、霍华德·舒尔茨的星巴克、马克·安德森的网络浏览器，等等。最新的重大创新——水力压裂技术，靠的是工程师从经验中获取的专业知识，而不是外生的科学进步。当然，无数未被察觉的创新的总体影响有可能超过上述提及的无数已公认的创新。

再来看看熊彼特哪里出了错。科学并非所有知识的唯一来源。虽然促进科学进步可以扩展潜在知识的生产可能性边界，但科学并没有告诉我们新的可能性是否具有市场前景，此时商业知识就必不可少。而且，尽管全世界的科学知识水平或能帮助现代经济体实现创新，但是从 19 世纪 20 年代到 20 世纪 60 年代，一些国家涌现的新产品和新方法并非科学发现的结果，而是来自五花八门的商业发现——通过检验和试用新型商业理念而取得的发现。科学知识 $S$ 的增长快于商业知识 $C$，抑或前者的增长比后者的增长更有效地推动了经济发展之类的说法是不成立的。[另外，商业知识（行业专门知识和相关技术）的积累无疑更加丰富。]

---

① 这种本土创新是我的作品 *Massive Flourishing*（2013）的起点，至少可以追溯到我的诺贝尔奖演讲（2006），其中我谈到“创新”源于商业人士的“概念上的原创性”（conceptual originality）。（如上所述，哈耶克 1945 年关于“使用”商业“知识”的论文讲的是“适应”而非创新，尽管他在 1968 年的最后一本著作中探讨了“发现过程”。他的意思是，富于创新的出版商和电影制作人向客户提供新的作品，并从中“发现”哪些作品能被公众接受。但是在这部庞大的论著里，将经济视为飘在云端变幻莫测的想法显然很不合宜。）内森·罗森伯格（Nathan Rosenberg）等若干学者曾评述说，科学家尝试的是了解商业创新，而商业人士寻求的是如何应用科学发现。我对这个问题的部分想法受到与马丁·沃尔夫（Martin Wolf）交谈的启发，参见“My Lunch with the FT,” *Financial Times*, 14 June 2014。

下面是一个简略模型，讨论推动科学及商业知识进步的力量和途径：

$$\mathrm{d}S/\mathrm{d}t = \mathrm{f}_S(t) \tag{1}$$

$$\mathrm{d}C/\mathrm{d}t = \mathrm{f}_C(t) \tag{2}$$

$$\mathrm{d}E/\mathrm{d}t = \varepsilon_S(S,C,E)\,\mathrm{d}S/\mathrm{d}t + \varepsilon_C(S,C,E)\,\mathrm{d}C/\mathrm{d}t + \mathrm{f}_E(t) \tag{3}$$

在(1)式里，科学知识 $S$ 的进步速度受现有科学家的想象力驱动，由力量函数 $\mathrm{f}_S(t)$ 表示——导致新测试和新结果的一连串创意。在(2)式里，商业知识 $C$ 的进步速度受给定数量的商业人士的想象力驱动，它的力量函数设定了起作用和不起作用的一系列发现。(3)式指出，经济知识 $E$ 的进步速度（哈耶克的术语）由商业知识以及外生于商业部门的科学、音乐和其他知识进步来推动。而商人也是有创造力的，因此属于力量项。

国家的本土创新从何而来？每个国家都有许多人极具创造力，拥有构思新事物的想象力以及制造新事物的聪明才智。①（多巴胺系统有助于他们的“认知抑制解除”。②）这些创造力是一国天赐的一部分“自然资源”。一国的人民还可以接受教育并掌握经验。由此获得的资源是国家积累的部分人力资本。

虽然这样的人力资源和人力资本对本土创新是必需的，但尚不足够。要获得高度的本土创新，国家必须具备活力，以此激励可能产生本土创新的人力资源（诚然，个人甚或整个国家的高创新能力有时并不足以实现真正的创新，也许是市场条件不允许，抑或是意外的发展破坏了所有的创新项目）。因此我们要来看看构成这些活力的要素及其来源。

## 活力的“精神”及其可能的基础

马克斯·韦伯在关于早期资本主义的巨著中指出，争取并引导劳动力和储蓄的资本主义制度有利于经济的发展，进而有利于效率和增长；另外他还识别出让资本主义体制正常运作的关键态度和特质：促成更多工作的物质主义倾

---

① 皮科·德拉·米兰多拉（Pico della Mirandola）坚称，创造力是人类自然力量的一部分；大卫·休谟表示，想象力是知识进步所必需的；弗兰克·陶西格（Frank Taussig）则告诉我们，美国佬的聪明才智是一种实力。

约翰·西里·布朗（John Seely Brown）认为，“当我们从事一项创造性的活动时，我们是在把熟悉的东西变成陌生的……当我们充满想象力的时候，我们的行动正好相反：让陌生变得熟悉。”引自 Gillian Tett，“How to Ignite the Creative Spark,” *Financial Times*，Friday，August 15，2014。

② 参见 Naomi Shragai，“Understanding What Makes Inventors Tick,” *Financial Times*，10 June 2016，Supplement，第 4 页。

向，确保更多储蓄和投资的节俭，搜寻被忽略的获利机会的热情。① 当然，韦伯式态度不足以推动本土创新，然而可能很有用。

在有关现代资本主义的当前研究中，我们注意到：征集并运用已有人力资源和人力资本积累的“体制”有利于经济活力，进而有利于本土创新；同时我们也指出了必须具备的相关态度。现代资本主义制度提供了创新的自由度、创新能力以及（最重要的）创新欲望。

一个高活力的国家（包含家庭、社群和公共机构），必须为个人和公司提供所需的自由和支持才能尝试实现创新。倘若社会不愿意忍受随之而来的“创造性破坏”甚至轻微的动荡或麻烦，就几乎无法给创新留有余地。如果市政官员渴望促进初创企业并帮助它们发展，创新者将拥有广阔的自由空间。专利钓鱼（patent trolls）和诉讼风气会给志在创新的初创企业带来巨大危害。社团主义此时也粉墨登场。社团主义社会的宗旨是“团结”：呼吁为无数经济利益集团提供“社会保护”。于是政府可以管制进入门槛，禁止有新想法的外来者涉足，从而保护行业工人或投资者。在某些行业，公司为了获得市场份额，可能会通过卡特尔抹杀创新的积极性。② 团结也要求所谓利益相关者分享企业的收益，无论是市场条件变化产生的收益还是成功的创新。所以，任何试图创新的企业都会料到创新带来的可观利润将大部分转移给社群或国家。

对一国的经济而言，要拥有创新能力就必须获得很多能力。创新者务必培养创新所需的才能，获得必要的智慧或洞察力，充满不可或缺的激情。我们知道，任何领域的创新者往往是接受了家庭和学校教育但质疑信仰跳脱窠臼的人。企业定位通常也需要如此导向。一般来讲，企业家必须感觉自己对企业拥有某些特殊的洞察力或独到的直觉以尝试创新。为了取得成功，金融家们必须

---

① *The Protestant Ethic and the Spirit of Capitalism*，1904 年首次出版的是德文版（英文版于 1930 年出版）。我要特别指出的是，谈及追求利润、购者自慎等“商业道德”是很常见的事。熊彼特在 1911 年的书中提到了资本主义的“文化”，使术语变得更加复杂。从这个意义上说，有人可能会谈起演艺圈的文化，这种文化要求女服务员在餐馆中奔忙（至少在美国餐馆），男演员们不管个人情况多紧急也要赶去剧场。这样的文化源于有益的经验，而不是社会预先包装的某种精神。不过，我有时会互换使用“道德”和“文化”。

② 我想到的是 Saifedean Ammous and Edmund Phelps，“Tunisians Set Off on the Road from Serfdom，” *Financial Times*，24 January，2011。另见 Mancur Olson，*The Rise and Decline of Nations*（Yale，1982）；James C. Scott，*Seeing Like a State*（Yale，1998）；Daron Acemogu and James A. Robinson，*Why Nations Fail*（Crown，2012）。

具备足够能力，对推销给他们的每一个非凡的创新项目和作为推销员的雄心勃勃的创新者做出评判，即使创新者们也不确知新事物将如何实现。创新者必须拥有抱负、决心和自信，才能从事一些往往十分艰巨的事业。创新者就像神话里的英雄，意志坚定，不会过多考虑“风险”或需要“勇气”。

一国的体制活力四射的核心在于人们有创新的欲望或时不时的创新冲动。一些人可能拥有企业家那样的动力，比如想要成功或致富。而另一些人可能想要与众不同，或展示他们可以我行我素秀出自己的风格。一些人受好奇心驱使，想弄清楚自己的见解是否正确。还有一些人则出于想给自己的社群或社会奉献点什么（这一态度或特质显然不同于商业资本主义的工作与储蓄心态）。我想补充的是，虽然个人的创新欲望在某种程度上可能与生俱来，但如果有家庭和学校的支持，它就会增强；如果创造力或新奇事物不受欢迎或遭到敌视，它就会受到压抑。此外，如果一国欣赏此类创新事业而且能提供参与这类事业并做出贡献的劳动力，商业人士将会有更强烈的创新欲望。同样的，家庭和社群的压制态度会抑制这样的欲望。

有关态度和特质对国家活力的实证影响一直是近期研究的课题。我在提交给“资本主义与社会中心”2006 年威尼斯会议的论文中，检验了“世界价值观调查”（WVS）给出的几种态度的统计显著性，并对这些态度的效力做出评估。① 在经济表现更出色的国家，更多人认为工作非常重要，大家希望在工作中把握主动性，寻找有趣的工作，乐于接受竞争，喜欢“新创意”而非旧想法。这些并不特别涉及创新的结果至少让人们知道，创新可能会受到这些态度的影响。吉尔维·索伊加（Gylfi Zoega）的后续研究也使用了“世界价值观调查”的数据，他发现，拥有良好的“工作伦理”、主动性和他人的信任能够提高工作满意度；而且这些态度会影响一个国家的失业率和劳动参与率。② 最后，在 2012 年与莱彻·博吉洛夫（Raicho Bojilov）合作的一项研究中，我发现很可能由于创新更强或更普遍，在工作满意度更高的国家，更多人认为效率

---

① Phelps, “Economic Culture and Economic Performance,” in Edmund Phelps and Hans Werner Sinn, eds. *Perspectives on the Performance of the Continental Economies* (Cambridge, Mass., MIT Press, 2011), 第 447—482 页。该文提到了“价值观、态度、道德和信念”的影响（第 453 页），不过最集中讨论的是通常所说的态度。Raicho Bojilov 和 Luminita Stevens 两位优秀学生协助了这项研究。

② Zeoga, “Entrepreneurship, Culture and Openness,” in David Audretsch, Robert Litan and Robert Strom, *Entrepreurship and Openness*, Edward Elgar for the Kauffman Foundation, 2009.

越高的应该获得越多的报酬，赞同公司的发展方向最好由公司所有者决定，并表示新创意可能值得开发和测试。该研究发现，某些“传统”态度较强的国家表现较差。①

韦伯没有停留在观察他视为资本主义“精神”的态度或特质上，他还试图了解那些态度如何产生，许多这样的态度如何以及在哪些地方存在过，它们是如何被社会接受的。最终，韦伯发现，这种资本主义“精神”基本上或者完全由主流道德规范（即他所称的“新教伦理”）所塑造。② 同样，在《大繁荣》一书讨论历史的章节里，我也寻求解读活力“精神”的出现，探索那些态度如何产生或被选择。最后我认为，一些国家之所以存在这种“精神”，主要是某种基本伦理在起作用。

**一个历史性转变**。活力精神背后的渴望和动机似乎不是普遍的（甚至在各国内部也显得很弱），好像也没有贯穿于整个历史。可以说从 1500 年到 19 世纪期间，这些态度在部分西方国家慢慢萌芽并越来越流行和突出，特别是在英国、美国以及德国和法国。到底是什么引发了这些新的态度？

我的假说是，这种活力“精神”由文艺复兴晚期和巴洛克时代出现的现代伦理演化而来。这种现代伦理坚持了三位一体式的伦理价值观，它们认可或鼓励构成活力精神的态度和特质：

- 奥卡姆、皮科·德拉·米兰多拉和路德等文艺复兴晚期思想家的个人主义：表现为“主宰自己的生活”、“为自己思考”以及颠覆陈规或离经叛道。
- 切利尼自传中体现的、蒙田倡导的、塞万提斯和莎士比亚戏剧化的、威廉·詹姆斯和亨利·伯格森（后来）强调的生机论：体现为迎接挑战和召唤行动的意志。

---

① Bojilov and Phelps，“Job Satisfaction：The Effects of Two Different Cultures，” Working Paper 78，Center on Capitalism and Society，Columbia University，September，2012.

② 重要的是，我的关于态度影响国家活力的观点，以及我对现代伦理支持韦伯命题（“资本主义精神”植根于新教伦理）谈及的那些态度的进一步假设，都没有遭到反对。主要受 Giuseppe Toniolo 的影响，意大利社会学家 Amintore Fanfani（曾任总理）在 *Cattolicesimo e Protestantesimo nella Formazione Storica del Capitalismo*（Vita e Pensiero，Milan，1934）一书中指出，不加修改的资本主义与天主教教义并不一致。Fanfani 希望融合行会、团结主义和“分配主义”的基督教社团主义能够进一步发展，而不是对储户、金融家和企业家实行普遍的大规模限制。然而，资本主义经济的这种修改可能会对自身的表现造成损害（至少从传统的角度来讲），进而沦为名义上的资本主义。

• 黑格尔、克尔凯郭尔和尼采体认的自我表现：展现为“影响世界”，跃入虚空和探索未知——从而表现自己、发现自己——在“创造非凡”的同时通过挑战考验自己。

几个世纪里“个人主义”一直得到认同并不断产生影响，《大宪章》或杰斐逊对追求个人“幸福”权利的解释或康德提出的人是“目的而非手段”，都说明了这一点。到了19世纪，个人主义传遍西方各国——美国、英国、法国以及贝多芬和歌德所在的莱茵兰。同一时期，“生机论”获得本杰明·富兰克林和伏尔泰的推波助澜，且于19世纪随托克维尔、大仲马和勃朗特三姊妹等众多作家一起广为传播。而“自我表现”则伴随19世纪浪漫主义的到来受到了认同与支持，并将工作理念从仅仅是自己或家庭的谋生手段，转变为通往未知之旅。这些价值观与中世纪或古代的传统价值观形成鲜明对比：物质主义价值观摧毁令人震撼的未知之旅，社群主义价值观抵触新进入者和新资金，家庭价值观妨碍突破也阻挠人们把握大机遇。

《大繁荣》隐含地承认了另一种极大地鼓励创新者的价值观，不过书中并未对此多加讨论。这里我想做一些解释：

• 创造新事物的欲望，即梦想主义，是玛丽·雪莱《科学怪人》和歌德《浮士德》以及各种传记的主题。它体现为努力设想一种新的可能性然后想办法实现它的一种深层思考。“创造性”领域不乏著名的创新者，但企业界更有着无数富于远见的创新者（两者的不同之处在于，科学家思考世界如何运作，而创新者思考创新之后世界将如何运作）。

随着这些现代价值观的孕育（引发了17世纪末启蒙运动的崛起），终于在19世纪，一个又一个国家催生了我所说的从社会草根阶层开始灌注活力的“现代经济”。不计其数的人（包括普通民众）不断投入观察、探索、修补、想象、构思、创造、实验、检验和营销。新产品一经问世，人们便展开研究、尝试和大胆采用。结果之一便是创新得以爆炸式增长，你可以看见大约从1820年至1940年间生产率前所未有地节节攀升，并徐缓保持到1965年左右。另一结果是，生活方式即民族心态也发生了改变。1858年林肯高呼，“年轻的美国对新事物充满激情，一种十足的狂热”。这种激情必然投注到工作场所而不仅仅是日常生活，否则林肯怎会感慨如斯。

现在，我们可以解决一个困扰前意大利竞争机构主席安东尼奥·佩多内（Antonio Pedone）教授的难题。他曾表示，放手让某个行业面对竞争时，“什么都没有发生”。我认为，什么都没有发生，是因为尽管糟糕的政策可能会使经济表现恶化，但是单凭良好的政策和制度也无法带来好的经济表现，也就是说，竞争是必要而非充分条件。活力受益于良好的态度和规范等合理的因素，而这些又主要来自现代价值观。

## 本土创新的力量

学者们一致认为，在“巴洛克时代”（大约从1500年到1800年间），几乎没有什么创新起源于农民、工匠或众多商人的灵感。这是典型的熊彼特式观点，也就是说，创新并不是在一国经济中土生土长的。而且它对一般人群的生产率、工资和就业影响微乎其微，更不用说工作满意度。相比之下，在现代时期（譬如从1815年到1965年），各国经济每十年都能持续取得新的突破。有记载称，至少在发达经济体中，很多工作和生活都已经不同于以往：有些人撰文称他们在主动进取、承担责任及尝试创新中获得了满足感。此外，劳动生产率增长可谓史无前例：以年均约3%的复合速度增长，因此每20年翻一番，全要素生产率（TFP）每年增长约2%（潮水般涌现的新产品也改变了消费者的生活）。

在《大繁荣》一书的分析中，上述经历总体而言只能来自草根阶层和本土创新。熊彼特式的创新还不足够强大。正是高度热情的本土创新，促成了一个个繁花似锦的鼎盛时期：英国从19世纪40年代到至少70年代，美国从1840年到1965年一个多世纪，德国从1880年到1930年，法国从19世纪90年代到20世纪20年代，然后又是美国从1996年到2004年。不过，对本土创新的实证研究引出了一系列问题。

第一，我们怎样才能用创新的产品或方法分析创新的规模？抑或更重要的，如何分析不断涌现的新产品或新方法的力量或规模，而其中的每种产品或方法不过是沧海一粟？理论上，不断涌现的新方法在一年或多年内产生的力量，可以通过劳动力和资本保持不变时国内每年国民收入的增加来衡量；相应的，也可以通过按就业和资本投入加权的工资率和利润率上升来衡量（诚然，随机干扰源经常会导致估计误差，我们所研究的经济的演变也会使所谓的大数定律变得不适用）。但一连串新产品形成的力量就不容易测量了。理论上，这个力量带来的每年收益可以视作国民将在新的年终产品目录中“选购”的国民收入总额，而不仅限于去年的目录——并且，新目录上的产品平均价格水平与旧目录上的产品平均价格水平相同①（此处无须赘言“消费者剩余”的细微问题，因为我们谈的不是质量或种类方面的重大飞跃，只是一小股稳定改进的或不同的商品）。在实践中，测量通货膨胀率的统计部门可以计算出去年的产品价格与“新改良”版价格之间的差距，把它作为衡量该年质量改进的一项指标；然后纳入这个差距，向下调整所报告的通货膨胀率，从而上调测量到的实际国民收入（请注意，这种创新“力量”主要用于量化创新的规模，它可能无法衡量个人和社会影响的范围）。

第二，实践中我们如何评估一段时间内一国本土创新的力量，以便比较熊彼特式创新和任何从国外到国内的跨境“转让”创新？一个方法（也许是唯一方法）是，从国家经济的全要素生产率年增长率数据入手，将此增长率分解为三个因素，同时控制所有外部因素。专栏 1 假设了一组从事创新且相互交往的国家的统计模型，列出了国家 $i$ 在第 $t$ 年的最佳实践增速的回归方程。所谓的“熊彼特式创新”属于上天的恩赐，为简单起见，通常假设所有国家或多或少都平等收到了这份礼物（至少在发达经济体之间）。国家 $i$ 的最佳实践会借鉴任意国家 $j$ 更好的最佳实践。创新的另一要素，是发现新“机会”而产生的巴诺德—哈耶克“适应”。还有一个因素是杜邦、拜耳等研究实验室生成的新熊彼特式创新。本土创新基本上从新近创新多的国家流向新近创新少的国家，根据这一理论可以估计，本土创新也会“转移”或“溢出”到某个国家。利用所有这些设定（specifications），可以获得未知数的估算值。常数项对每个创新经济体是共同的，可以解释为熊彼特式创新的力量。

### 专栏 1　描述一国全要素生产率增速的本土来源和外部来源的说明性方程组

国家 $i$ 的全要素生产率增速等于该国平均实践 $A$ 的增速。国家 $i$ 的平均实践增长，是平均实践 $A_i$ 与最佳实践 $B_i$ 的差距、$A_i$ 与考虑了当前可能性的潜在

① 20 世纪 50 年代耶鲁大学经济学家 Richard Ruggles 率先对质量改进和新产品引进做了评估。附带新旧价格的产品目录的概念是他最喜欢的解释之一。20 世纪 70 年代，我的一位哥伦比亚杰出同事 Kelvin Lancaster 讨论了相关问题，参见他的著作 *Variety, Equity & Efficiency*（Blackwell，1979）。

实践 $P_i$ 的差距以及人力资本增长 $K_{it}$ 的函数。

$$\dot{A} = \underset{\text{(Nelson-Phelps,1965)}}{v_i \cdot (B_{it} - A_{it})} + \underset{\text{(Schultz,1961)}}{K_i K_{it}^h} + \underset{\substack{\text{商人发现当前机会而}\\\text{产生的哈耶克式“适应”}\\\text{(Barnard,1938;Hayek,1945)}}}{\alpha \cdot (P_{it} - A_{it})} \quad (1)$$

最佳实践的增长 $\dot{B}_{it}$ 由“技术变革”的若干来源驱动：

$$\dot{B}_{it} = \underset{\substack{\text{外生的共同创新}\\\text{(Spiethof,1904;}\\\text{Schumpeter,1911)}}}{\xi_t} + \underset{\substack{\text{来自研究实验室的}\\\text{新熊彼特式创新}\\\text{(Mansfield,Nelson,1960s)}}}{\rho \cdot R_{it}} + \underset{\substack{\text{发现当前机会而产生的}\\\text{巴纳德-哈耶克式“适应”}}}{\beta \cdot (P_{it} - B_{it})}$$

$$+ \underset{\substack{\text{跨境技术转让}\\\text{(Barro/Sala-i-Martin)}}}{\gamma_i \cdot \max(B_{jt} - B_{it})} + \underset{\substack{\text{本土创新}\\\text{(……Phelps,2006)}}}{\eta_{it}} + \underset{\substack{\text{干扰项}\\\text{其中E}(\epsilon_{it})=0\text{。}}}{\epsilon_{it}} \quad (2)$$

潜在实践增长 $\dot{P}_{it}$ 由外部来源和本土来源提供：

$$\dot{P}_{it} = \xi_t + \eta_{it} + \epsilon_{it} \quad (3)$$

可以通过求（1）式的时间导数并使用（2）式和（3）式替代 $\dot{B}_{it}$ 和 $\dot{P}_{it}$，算出 $\zeta_t$、$\eta_{it}$ 和“适应”的值。

这个模型适用于一段时间内观察到的具有一定活力的经济体。平均实践增长相对较快的国家，预计将产生较高的本土创新率或较高的哈耶克适应率（由于后者不可持续，生产率的提高会有所下降）。①

第三，虽然给定的本土创新对国家的经济更有价值（获得积极参与和体验人类能动性的回报），但是一国也还是想利用外国的本土创新，利用由国内企业家进行的哈耶克式适应和全世界都接受的熊彼特式创新。而且，就算每个国家的本土创新略逊于各国可以利用的熊彼特式创新，世界各国的本土创新总和（来自全球商业部门想象力的全球创新总量）也有可能令熊彼特式创新相形见绌。

因此，当历史学家觉得某个或多个国家正在开辟新天地时，获取当时本土创新规模的估计值是可行的：英国在 19 世纪中期，美国从 19 世纪 70 年代到 1940 年，德国从 1880 年到 1935 年，法国从 19 世纪 90 年代到 20 世纪 20 年代，以及美国再次从 20 世纪 40 年代中期到 60 年代中期。

① 要解出 $\eta_{it}$，可以求方程(1) 的时间导数从而得到 $B_{it}$，然后将该表达式代入(2) 的右侧并使用(3) 算出 $A_{it}$ 的解。

## 活力的影响：回报和公正

上一节谈及人们渴望创新和社会支持这种渴望并普遍接受其结果背后的态度。那么，一个生机勃勃的经济体会有什么样的结果呢？这方面的文章少之又少，而且正如罗伯特·萨默斯喜欢说的，数据本身不能说明问题。标准经济学忽视了本土创新现象及其激发的活力，无法确定是这些因素掀起了社会变革，甚至意识不到这种变革。结果，各个国家都未曾弄明白，驱动创新型经济体的活力能够为社会带来核心利益。

### 国家活力的回报

众所周知，现代经济体的崛起——它们的活力乃至本土创新引发的好运——给打造出这种经济的国家带来了无与伦比的物质奖励。闻名于世的“大发现时代”（商业资本主义巅峰期）也积累了巨大财富，虽然多数财富都归国库所有，但还是有不少流向了受益于各种发现的商人、承运商和金融家。然而在现代经济体中，新产品或新方法也许能让那些正好拥有土地、设备或人力资本的人飞黄腾达。另外说到物质奖励，现代经济和过去的最显著区别就是，工资以前所未闻的速度飞快增长。工资起飞了，财富会不暴涨吗？

**“美好生活”：工作和事业的满足感。**现代经济的深远影响在于带来了工作和事业的转变。对与世隔离的枯燥生活感到厌倦的孤独牧羊人，俨然是前现代经济（包括商业资本主义）停滞、迟钝特征的写照。只有异常优秀的个人，才拥有创造或尝试新事物的能动性。现代经济用精神刺激取代了百无聊赖，用公司和城市的互动交流取代了孤立隔绝。19 世纪出现的高创新经济体为各式各样的人提供了机会。有史以来第一次，广大普通民众可以抓住机遇谋取哈耶克式的私人利益。

很多人开始发现新工作提出了各种需要解决的新问题。对于在工作中取得成功，以及晋级担任更有趣、更具挑战性的工作，大家感到极大的满足。几十年前，威廉·詹姆斯等各类作家都谈论过“肮脏的金钱、成功”，现在回头一看，成功原来博得了如此恶名。然而，“升官发财”（很多人都在不同程度上做到了）并非没有满足感，这显然是现代经济体中人们普遍追求而不少人轻松实现的目标。凭借自身努力的个人渐渐成功掌握了他们的工作，也许成就感这个词能更好地描述他们的所作所为——他们自称为“出人头地”①，也惹来了羡慕或嫉妒。即便在今天，哲学家仍普遍认为这种成功不失为美好生活的一部分，但借助市场上涨而获得的价格或工资上升常常不被当成美好生活的一部分：生产率的上升可能会提高所有的工资率，但是高工资的国家并不直接助推美好生活（但是，有更高收入或财富的人可以用这些收入或财富来做一些属于美好生活的事情）。无论怎样，为自己掌握或争取更好的条件不是美好生活的全部。

然后（或许现在也是），许多人想要的不再仅仅是成就感：功成名就固然令人愉悦，但大家追求的是职业的丰富内涵——是探索、想象和构思。在职业生涯中寻找新的可能性或想象新的事物，从而成长并展现自我的人，据说是有“充实感”的人。不少人希望探索未知世界，迷恋发现之旅或感受发现带来的惊喜。这种体验——努力过充实的生活——对很多人来说是一种意义深远的回报。这种“充实感”是美好生活的另一个层面，是哲学家广泛认同的核心部分。

另外，还有人想要的更多：他们想心无旁骛地思考如何获得有助于创新的更高认识。这些人想了解以前未曾了解的东西，不仅仅是汲取（譬如亚里士多德已经掌握的）现有知识，更要扩展现有知识的边界。

《大繁荣》的核心论题清楚明了：(1) 随着现代价值观，即个人主义、生机论和自我表现的兴起，现代社会发展成形。当这些价值观突破了临界点，现代经济体迅速萌芽。(2) 这些经济体的活力无处不在，从草根阶层到上层社会，引发了大规模创新进而推动经济快速增长。(3) 活力也丰富了工作类型。普通民众可以从事吸引人的职业，多数人都获得了成功。许许多多的人尽情挥洒想象力，构思并开发新事物，其中的大多数人都达成了自己的使命。就这样，无数人加入了所谓的美好生活。这是一种运行良好的经济。(4) 转型也是迈向经济正义的巨大一步。它提高市场整体工资，把生产率较低的人们推上现代以前绝无可能的生活水平。它创造更多的就业机会，使更多人获得了经济上的独立。这股潜在的活力为人们提供了获到成就感和充实感的大量机会，为普通百姓带来了美好生活。

---

① 大约在1968年，著名经济学家肯尼思·博尔丁（Kenneth Boulding）在费城坦普尔大学演讲，认为适龄劳动人口的生活主要是在追求不断增加的“贸易条件”。

然而，随着这一论题日益受到读者和听众的重视，有人开始质疑我所认为的现代经济是否真的提高了工资；或者把工资提得足够高从而使大部分人承担起更有价值的工作。还有人质疑现代经济从哪里创造出这些工作，它们创造的工作是否足以让那么多人都能就业。下面我将简要说明，活力产生的创新确实显著提高了整个社会的工资和就业。

**市场工资率和就业率。**将活力激发的本土创新引入分析，能够进一步揭示工资和就业的决定因素。以现代本土创新的角度看，从生产到创新活动的需求变化往往会增加对劳动力的需求，继而提高就业率和相对于财富的工资水平。雇主需要更多人手设计和开发新产品、新方法并从事销售业务，所以就业水平和工资水平双双提高。

“技术进步”对工资增长和就业的影响更加复杂。根据标准的经济学理论，消费品行业的希克斯中性技术进步明显提高了工资。① 而在标准增长模型里，这种创新的持续增长将加快工资的涨幅。因此工人可以慢慢承担起创新过程所创造的有趣工作。

在就业方面，工资的快速增长会导致工资财富比率持续提高，进而持续提升劳动参与率（撇开景气和萧条不谈）。最后，对未来生产率增长的预期将趋向于鼓励企业招收更多能立即上岗的员工，从而使他们对员工的投资增加。这为我在书中做出的推论提供了部分理论依据，即从 19 世纪 20 年代（德国和法国则从 19 世纪 80 年代）到 20 世纪 60 年代，美国和英国高歌猛进的持续创新大时代是影响劳动参与率的积极因素而绝非消极因素。

至于人们是否有能力从事那些更有趣的工作，答案是越来越多人能承担起这类工作，因为工资率稳步上升了。这表明随着现代经济的运行，越来越多资源被投入到创新过程。这也有助于解释为什么在 19 世纪以及 20 世纪的前几十年里，生产率的增速不断加快，尽管其间发生了第一次世界大战、两次世界大战期间的政治动荡乃至大萧条。

然而，在奥地利学派的模型中，理论上也有可能是另一种结果。提高资本品制造中的劳动生产率，除了推动物质劳动生产率上升之外，还可以压低资本品的价格。同样地，提高资本品制造中的资本生产率除了推动物质劳动生产率上升之外，还可以压低资本品的价格（不过，工人的存款回报率上升也许可

① 正如 *Massive Flourishing* 里指出的，“奥地利学派的模型”包含了更多的可能性。见下文。

以补偿其工资增长的下滑）。莫非这股具有“节约劳动力”性质的创新潮流，正是美国和其他经济体工资率下行的一个主要原因？这可能是一个因素，但是西方的经济放缓（下面将论述）不仅包括工资增长缓慢，更是相继出现了GDP减速。

**财富不平等。**尽管谴责顶层收入群体不平等现象的经济学家没有抨击（在当前少数几个国家运作的）现代经济，但是可能有人会怀疑这种不平等（如果没有受到一定限制或抑止）乃是过去或目前现代经济活力的一种副产品。

我对经济正义（以及非正义的不平等）一直抱有兴趣，这可以回溯到20世纪60年代尤其是70年代。因此，我不会对工资不平等和财富不平等的讨论充耳不闻。但我关注的重点是底层的不平等现象，而非顶层的不平等。然而目前对“顶层”的关注，强力吸引了中等收入阶层，他们认为降低自己的税收（如有可能）并对高收入者增税，方可维护自身的利益，而不论大幅增加富人的税收是否对低薪阶层带来好处。对低薪阶层而言，比如底层10%群体，对高于其收入的所有其他收入，也即从第10个百分位到第99个百分位，而不仅仅是顶层1%或5%或10%提高边际税率，并将由此获得的潜在税收收入最多地为己所用，反而会受益。

许多观察家认为，新一轮创新——信息和通信技术革命——已经取代行政或文书类的普通工作，因此高层管理人员和银行家们大展神威，越来越多财富积累到了顶层1%群体手中。然而，我始终主张，创新收缩到信息技术产业不仅使工资增长放缓、就业人数减少，还可能导致顶层财富不平等加剧。创新活动的这种缩窄，会减少开发新产品的行业（正如上面讨论工资问题时指出的），还会令制造新产品的工厂削减资本品生产，而这些通常是劳动密集型工厂。这两个发展动向将意味着劳动收入减少，给予劳动的产出份额下降。欧盟和美国的数据显示，自20世纪60年代中期以来，与生产率相关的投资活动急剧降低。数据还显示，从70年代初开始，劳动力的国内生产份额（以及企业产出份额）出现长期下滑。由此看来，竞争的丧失造成了创新收缩和顶层财富不平等的加剧。但是，这并不是说，创新增加或某种特定创新的增加（假设发生了这类情况）是顶层财富不平等恶化的原因。

## 失去的创新多于我们获得的创新

《大繁荣》的主要论题并没有预测高创新永无止境；相反，它感叹非凡的现代主义激发了必需的活力。在书的末尾，我拿出证据（借鉴和修改了罗伯特·戈登的相关见解）阐明，美国全要素生产率的增速大致在20世纪60年代后期遭遇了翻天覆地的变化，其结果是平均增速在1972年到2012年的50年间降至1922—1972年一直稳定保持的增速的一半左右。过去所有辉煌的创新者——美国、英国、法国和德国，都显示出全要素生产率的增速远低于两次世界大战之间的时期和战后的几年。我继而指出，在创新缩窄的过程中，若干态势可能起了一定作用。

我在书中的一个假说是，壁垒和障碍的增加削弱了外来者进入传统产业的能力。结果之一是，主导企业不再有动力参与防御型创新（以及防御性投资）。另一结果是，具备创新思想的外来者，能够进入的也许只有通信部门之类的新兴产业。如果这个观点正确，则可以解释为什么硅谷的新兴产业活跃异常，而中心地带的老产业却个个风光不再。

然而在某些圈子里，有人指出，全要素生产率数据缺乏可信度，因为它们无法全面衡量产品和方法的巨大进步——尤其是硅谷的产品。我罗列5项间接证据证明，起码在美国，将全要素生产率有增长行业和全要素生产率无增长行业加总后的全要素生产率增长，自20世纪60年代以来渐行渐慢。

1. 参与工作的机会似乎早已下降。直到20世纪60年代，伟大作家的小说和戏剧有较高比例以商业为写作背景，此处仅举若干例：赫尔曼·梅尔维尔、亨利克·易卜生、艾米莉·简·勃朗特、托马斯·曼、西奥多·德莱塞、弗朗西斯·菲茨杰拉德、毛姆、阿瑟·米勒、约翰·奥哈拉、约翰·厄普代克。另有人则描写探索和发现，比如我在书中列举的几位：杰克·伦敦、赖德·哈格德、儒勒·凡尔纳、薇拉·凯瑟、劳拉·英格斯·怀德、阿瑟·柯南道尔、赫尔曼·黑塞、霍华德·洛夫克拉夫特。而今，咱们的政客可不会那样描述美国。

2. 从20世纪60年代末开始，男性劳动参与率呈长期持续下行趋势——更不用说2008—2009年金融危机之后的衰落和局部复苏，以及婴儿潮一代始于2010年左右的退休潮（女性劳动参与率持续上升直到最近，部分抵消了男性劳动参与率的下降）。

我从上述两个态势推断，企业已经不太具有创新优势，因此不再那么引人注目，工作满意度和在商界就业的吸引力下降。

3. 自20世纪60年代末以来，从国民支出账户可以发现，除了2005—

2007 年互联网扩展和 2005—2007 年投机性房地产景气外，商业投资一直萎靡不振，与此相反，面对生产率增长惊人的停滞，家庭尽全力维持着自己的“消费倾向”。投资疲弱可能基本归因于生产率的放缓，但据许多观察家和记者称，这种放缓并不存在。这里给出一些相关数据。在欧盟 15 国，资本形成总额的增长率以 1995 年价格计从 1961—1965 年的 6.7% 跌至 1971—1990 年的大约 2%。美国则从 7.2% 下滑到 3% 左右。在欧盟 12 国，固定资本形成总额从 20 世纪 60 年代约占 GDP 的 25%，稳步下滑到 20 世纪 90 年代的 21%。美国的跌幅较小，因为其 GDP 紧跟资本形成而变化。

4. 如果在 20 世纪 60 年代末和 70 年代初创新有所减缓，那么可以想见劳动力将比资本更受冲击。数据显示，自 20 世纪 70 年代初起，归属劳动力的国内产出份额（以及企业产出份额）长期滑落。在美国，劳动报酬占非农商业收入的份额从 1950—1965 年的 64% 降至 90 年代中期的 60% 左右（互联网建设之前）；然后再降到 21 世纪头 10 年中期的 59%（金融危机爆发之前）。所以毫不奇怪，底层一半甚至四分之一群体持有的财富份额呈减少趋势。

5. 那些否认经济放缓的人士，想到的当然是硅谷过往 10 年的辉煌。但是，这足以抵消美国经济中心地带的停滞吗？其实硅谷并不算大：今天，它生产约 3% 的美国 GDP。难以相信这块小飞地能独力弥补传统产业的创新收缩（中心地带曾经贡献 2% 的创新），还将总产量提高到了至少 3%。（有人就很想知道：和电影产业年收入占 20 世纪 30 年代 GDP 的比例，或战后几十年生产电视机所得的收入相比，21 世纪头 10 年苹果等公司的年收入相对于 GDP 的情况如何？）不过，美国必须感谢其潜在创新者建造了硅谷，否则创新的速度很可能就跌成零了，就像意大利和法国那样。

## 什么可能导致活力丧失？

很自然地（但绝没有逻辑必然性）人们就会猜想，战后几十年间一个接一个国家遭受总体本土创新的损失——德国、英国、法国最后到美国，是因为国家失去了活力，恰如 19 世纪期间正是活力的历史性崛起引发了本土创新狂潮（实际上诞生了现代经济）。这意味着活力因素（个人主义、生机论、表现主义以及它们要求构建的制度和公共政策）有所损失，或者现代思想占据上风之前必须扫除的障碍和弊病卷土重来。《大繁荣》对此给予了广泛的讨论。这里让我选择性做些简要的说明。我首先探讨一些可以归因于公共政策的故障：从误入歧途的政治经济或腐败的政府机构中产生的一些做法。

**监管**。西方经济体叠床架屋的监管，在20世纪六七十年代开始变得重要。然而虽说总体来看效益挺大，但这些监管通常会增加企业的成本，阻碍任何希望与大型企业竞争的小公司进入某个行业。所以在某种程度上，监管的间接影响就是，束缚企业家的创新自由，剥夺员工参与创新活动的机遇。对中小学教师和医院、诊所医生的监管，直接限制了他们积极主动开展实验的空间，对他们的创新和充实感造成显著影响。① 在所有行业中，尤其是但不限于金融业，公司的行动很大程度上只能局限在允许的范围内。然而，这只是冰山一角，受约束的程度很难估计，但无疑十分巨大。这是一个新态势。遥想光荣的当年，追逐创新梦想的企业家可以让人们如乘上魔毯，畅享冒险、创造和奋斗的魅力与悬疑，也许还有成功的喜悦。而现在，任何创办公司的人都会面临一系列的法律限制和风险。

尤值一提的是银行监管。政府随时准备重组和挽救银行，以换取银行同意持有大量公共债务和住房抵押贷款，这对政府是有政治利益的。

**社会保护**。诸如食品和药品法规等许多监管是想保护大家不伤害自己，而所谓的社会保护则是保护团体和个人免受其他团体和个人的伤害。一些规定正属于这个类别。② 不少对消费者、工人、贷款人、投资人和借款人的保护称得上有理有据。可是令当今经济体头疼不已的东西也数不胜数：对公司和员工的多重保护，美国从银行到企业的错综复杂的监管制度，欧洲的指令或非正式约束，繁复的许可要求和受政府监督的卡特尔，对大量闲置土地和长期专利的保护，还有政府示好强大公司的甜心合同（sweetheart contracts）。

虽然此类立法声称保护我们在与其他公司和国家的竞争中免受伤害，但这种保护附带的潜在功能并不罕见，套用社会学家罗伯特·默顿的话说，就是为特殊利益集团服务：公司、公司工作人员或其客户，甚或他们所有人。长期以来，英国经济增长放缓都被解释为缘于20世纪30年代开始流行的合理化改革、卡特尔化和封闭式工厂。战争结束后，大多数西方国家的政府扩大了这种保护。到了20世纪70年代，英国大型企业聚集一堂主动出击，在英国工业联

① 参见 Philip K. Howard，*The Rule of Nobody*（W. W. Norton，2014）。

② 部分立法既是社会保护也是狭义的监管：20世纪30年代初，美国立法将公司新发行股票的购买权限制给具备所需专业知识的人（这项法律最近才被废除），既防止不懂的人干傻事，又防止过度自信者被他人诈骗。

盟（CBI）的支持下争取国家援助，尽管英国工业联盟于20世纪80年代被边缘化。在美国，政府合同、切割分拆（carve-out，许多有着引入竞选捐款的潜在功能）、专利延伸、促成垄断的合并甚至紧急救市（比如对美国国际集团和通用汽车的救助），都是大家再熟悉不过的措施。

这种社会保护对创新产生了双重影响。它窒息了外部的潜在变化动因：潜在的初创企业启动创业的积极性和创造性遭到打击和抑制。而企业内部则丧失了防御性创新的动力。① 原本可以成为创新者的CEO们沦为说客和寻租者（请注意，诸如“社会保障”等社会保险项目很少造成这类伤害：它们不阻止进入，也不会打击士气——它们甚至会鼓励人们勇敢一点）。并且由于没有多少激烈的竞争，老牌企业干脆放胆上调价格以提高利润。② 由此造成的工作贬值不但直接抑止创新雄心，也缩小了劳动力供给和可用于创新的其他资源。

产业变得如此堵塞，胸怀抱负的人几乎很难靠商界的老方法赢得成功。初创公司和天使投资者没几个能与老牌企业或公司一较高低。所以大批大批的人被驱使着冲到了华尔街或伦敦金融城，在那里通过套利和投机寻找利润（还有另一些人则是去谋求那些职位，我们将在下文详述）。

**私营部门的颓废。**曾经充满活力的经济体部分最严重的缺点源自私营部门。一定程度的腐败已经渗入私营部门的部分制度。被称为公司治理的制度就颇令人怀疑。大多数创新尝试都是笼罩神秘色彩的长期项目，然而CEO们只注重短期行为，追求通过攫取效率的最后一分增益赚得最多的红利和黄金降落伞。这种急功近利减少了创新的供给——创新环境、风险资本和创新所必需的大胆的终端用户。老牌公司的CEO很少尝试创新，他们辩称没有“机会”创新。财务人员希望根据当前利润领取报酬，奖金不会被追回。公司面临的压力是完成季度收益目标，以免危及股市期望的资本收益。

老牌或者成功企业的一个特点，是它们无法逾越对效率的细致关注，这可是给公司董事会和股东展示的热情。一种解释是，虽然公司各部门仍然可以谋

---

① 2013年10月15日接受伦敦CNBC采访时我突然想到了以上扼要的表述。参见采访的内容，“US Economy is Very Sick：Nobel Prize Winner” at cnbc. com. See also *Mass Flourishing*（Princeton，2013）第167—168页和第265—267页。

② 在美国，非农商业部门的BLS数据表明，劳动力份额从20世纪70年代中期双峰值的66%降至90年代中期的61%，再到目前的大约58%。经合组织的数据表明，美国商业部门的资本收入份额从1971—1981年的32.5%上升为1995—1997年的34.5%，欧盟则从33.3%上升到38.5%（*Economic Outlook*，Dec. 1998）。

划开发新产品的项目，但勾心斗角、假公济私等行为阻碍了他们明智选择应该支持哪些项目。另一种解释是，这些公司极可能已经耗光创新的可能性，通常情况下很难再开拓创造新利润的途径。我在书中引用了已故记者彼得·马丁的看法：这类大公司要在20年后才会被清盘。更大活力的形成将主要依靠更多具有创新精神的公司，而不是每个公司更多的创新尝试。①

然而，所有的改革讨论都认为，需要修复的应该是“经济”——现代经济的精神和激发它保持强劲的各种价值观。本质上美国仍然是先驱者和创新国，欧洲仍然是神话探险者和深邃发现者的家园。但是“精神”是经济的一个关键部分，是核心。政府和公司的腐败不仅仅是个人逐利不可避免的后果。人们的自身利益取决于他们的价值观。国家和企业部门的蜕变是传统价值观复苏所造成的，我们称之为社团主义价值观，它在抵制现代价值观的影响。

正是在价值观这个层面上，社团主义的兴起改变了现代经济体的运作。构成社团主义的某些价值观可以追溯到新约圣经的《哥林多前书》，它们统治了中世纪的经济（罗伯特·希勒研究了这些起源）。世纪之交复活的社团主义——费迪南德·托尼斯、乔治·伐卢瓦、贝尼托·墨索里尼等人的思想、学说，都不赞成失序，特别是伴随创新和适应而来的那种颠覆性失序。社团主义嫌恶渴望致富的人，称他们是“守财奴”，也讨厌那种取代了旧式财富的“新钱”。它反对竞争，宁愿政府协调整个社会一致行动。最根本的是，社团主义攻击个人主义，主张建立能够以和谐及民族主义取代个人自主采取行动和创新的国家。

在社团主义国家，人人都要不断工作、积累财富和管理公司——所有这一切被视为造福于社会。但是，没有人被允许雇用国家的劳动力和借助其财富，去开展以冒险、发现和个人成长为目的的风险活动！实现物质财富（公共消费、私人消费和休闲安逸）的社会力量才是重点。因此社团主义的复辟，对于作为现代经济精神之根源的现代主义是一种反动。

如今，社团主义在西方所有国家无孔不入。它藏在改头换面的既得利益、庇护主义和裙带关系的背后，制造了大量的监管、补助、贷款、担保、扣除、切割分拆和长期专利，而这些主要服务于既得利益集团、政治上的客户和亲信。近几十年来，大型银行、大型公司和大型政府机构结成纽带，在美国大肆

① Lauri Pietinalho 思考了完全实现自身目标的公司面临的困境。另见 John Kay 最近在 *Financial Times* 的专栏文章。

发放房屋抵押债务，在欧洲若干国家创造无节制的主权债务和无资金的权利型福利。美国加入欧洲成为平行经济体系，从不明动机的政治精英的思想而不是从新的商业思想中汲取营养。所有这些纠集在一起，扼杀了不少创新。

社团主义思维潜伏在私营部门的各种发展之中。随着利益相关者的出现，任何打算启动创新公司的人都必然预料到，为了应对各色人等——员工队伍、利益团体、鼓励者和社群代表——这些人坚信自己对公司各种业绩有着合法的“利害关系”，其产权将被稀释。许多员工觉得自己有权保住工作而无视别人能以更少的薪酬来干这份活，反正只要他们增加利润，或者公司从其他部门获得收益就能弥补损失。

随着团结主义（solidarism）逐渐冒头，在成功创新中谋求利润的企业家势必预料到，所有的利润会通过企业利润税被分享。由于广大的收入阶层因循守旧，所以如果上层收入飙升，对高收入的征税就会转变为与中产阶层分享财富——无论税率是否奇高，富人都将损失更多的收入。

等到物质主义上升到新的高度，对财富的病态执迷业已蔓延。它诱使一代人远离创造和发现之旅，扑向了银行业或咨询行业。

一种权利型福利、自我重要感和因循守旧的文化渐渐兴起，导致活力（或者玛格丽特·撒切尔或阿玛蒂亚·森会用的术语“行动力”）明显下降。即使现代价值观完好如初，前现代观念也重新对企业和政府产生了影响。

专栏2描述了现代经济发展的历史道路，以及已经走过的社团主义经济之路。左边罗列现代主义价值观以及现代经济的基本特征，并同哲学家关于“美好生活”概念所包含的要素进行对比。右边罗列社团主义价值观以及社团主义经济的基本特征，同时指出它们与当今“生活质量”概念的相似之处：物质奖励和公共便利设施。对于充满现代价值观、视美好生活为丰富旅程的人们，那样的“品质生活”真的不够。

因此至少可以说，社团主义价值观的复苏可能压缩了现代价值观的运作空间，进而导致创新减少。不过，现代价值观本身是否一如既往地强大尚未可知。保不齐西方各国已经增强家庭价值观和社群价值观，其中一些国家的公司失去了创新精神，迫使它们为社群生活、家庭生活提供越来越多的服务，利润越来越少。大学生愈发重视收入、财富积累和工作稳定。人们日益排斥那种研究、想象、创造、尝试、探索、实验和接受考验的生活，最终也一并抛弃了创新。

## 专栏2　个人价值观和经济表现

**现代价值观**

个人主义
独立思考（马丁·路德）
追求幸福的权利（杰斐逊）
为自己而努力（狄更斯）
愿意依靠自己（爱默生）
打破常规（乔治·艾略特）

生机论
鼓足勇气采取行动（莎士比亚）
享受挑战（塞万提斯）
主动出击："影响世界"（黑格尔）
与他人竞争（切利尼、大仲马）
想象新事物（休谟）
冒险（马克·吐温）

自我表现
创造事物（伏尔泰）
探索：实验（歌德）
位置之旅（凡尔纳）
出人头地（狄更斯）

**现代经济体**

活力
创新的欲望、能力和自由
创新活动：想象力与独创性
经济依赖
充足的工作岗位：能轻易创建公司
成就感
通过自身的主动性和创造力获得更好的条件
充实感
获得体验式回报：运用个人的想象力，满足个人的创造力，探索未知领域，获得发现的快感
广泛参与
创新延伸到草根阶层
波动

**美好生活（现代版）**

获得理解（亚里士多德）
迎接挑战（塞万提斯）
实现个人成长（蒙田）
未知之旅（克尔凯郭尔）
克服障碍（尼采）
无畏地生活（威廉·詹姆斯）
转变：个人成长（伯格森）

**传统／反现代的价值观**

家庭责任
社群团结
待在一个朋友圈里
与利益相关者分享好运
服务他人，服务社会
以物质而不是体验为目标
反对失序
抵触"新钱"
因循守旧
步调一致
权利型福利意识
詹代法则（Law of Jante）

**传统／社团主义经济**

有益品（merit goods）：社会保障
养老金、医疗保健
社会保护
工作保护，关税保护
团结主义
国家与社会合作伙伴协调
公司与利益相关者磋商
公私关系
庇护
赞助、游说
精英的作用
国家干预
波动

**生活质量**

便利设施
休闲
文化享受
传统保护
专业的体育竞赛
环境保护
物质财富和收入

## 结 论

如果上述判断切中要害，可得出两个论点。首先，一个缺乏大规模本土创新（简言之，一个现代经济）所需活力的国家，无法实现现代经济所能实现的成就，更别提让大众体会到在往昔光辉岁月里体会到的“充实感”。没有合理的文化，“改革”将无果而终。

那么，有无办法重建所需的活力？有，但这并不容易。套用甘地的话，要改变我们的国家，必须先改变我们自己。把冒险和探索类文学作品带回学校带回家，将是必要的。无论足够与否，重新找回探索精神和想象力都可谓至关重要。

第二个论点是，一度活力四射的西方国家——英国、美国、德国和法国，倘若不首先努力消除社团主义价值观对国家经济活力的负面影响，将无力恢复过去那种数量惊人的本土创新以及相伴而来的高就业率和工作满意度。西方国家务必重新唤起现代价值观。然而，经济学家目前只在高谈“结构性改革”——监管改革、金融改革、税收和治理改革。如果我在这里所勾勒的论题中肯准确，那么上述方法肯定不起作用。大众的充实感不会出现，成就感也只会随偶尔的景气而来。

我相信，努力劝说经济学家重新思考美好生活，以及美好生活要求共享的“好的经济”，正是眼下向前迈进的大方向。这个领域尽管技术上高度复杂，却仍然依赖相当古典的理论，其中家庭“最大化”其“效用”，系统中的任何错误或偶然故障都需要重置适当的政策函数。

即便是最杰出的社会学家都曾为这类观念所吸引，也许它们在极其静态的经济范畴内十分令人满意。亚当·斯密在《国富论》中表示，不得不承认，英国是一个“小店主之国”。20 世纪 20 年代，约翰·杜威把美好生活当作一个需要解决的问题——而好的经济则是解决经济问题的方案之一。1943 年亚伯拉罕·马斯洛写道，自我实现是实现个人的预定潜力；1985 年阿玛蒂亚·森写道，获得能力对于人类十分重要。随后，斯蒂格利茨委员会在抨击产出的测量系统时，切实阐释了物质财富——家庭财富和收入、闲暇时间以及健康。①

① Report of the Commission on Measurement of Economic Performance，OECD，Paris，2009。

对“模型化经济”的这些描述和放之四海而皆准的模型化生活，全都遗漏了这个世界的创造、探索和内部发展。美好生活是一段狂野之旅，穿越一个未来并不确定的经济，一路上荆棘丛生又能收获超乎想象的回报，可是这个概念已经一去不返。所以，今天的年轻人不太容易在成长过程中将美好生活设想为丰富多彩的生活——充满克尔凯郭尔笔下的神秘、尼采式的挑战和柏格森式的创造力与转变（becoming）。价值体系已然不利于创新，进而不利于实现好的经济和获得成就美好生活的大量机会。因此，关键在于，我们要远离最近几十年逐渐找回影响的中世纪心魔，拥抱现代主义的美好生活观——这是西方现代经济辉煌历史的根源。

（*颜超凡　译*）

# 繁荣和压制的道德基础
## 利他性、涉他行为和认同

考希克·巴苏

### 1. 为自利大唱赞歌

屠夫、面包师和养蜂人一心只追逐自利的行为可以建立起社会秩序——这个观点理解起来并不容易。因此，“在任何人都不打算帮助其他人的情况下，肉类会出现在食客的餐桌上，面包会送到街角熟食店，蜂蜜会从偏远的塔斯马尼亚农场千里迢迢送到爱丁堡饭店里”——这个见解具有非凡的学术洞察力。1776年3月9日，亚当·斯密发表《国富论》，其中就包含了这个论断，当时的人们迅速将它奉为经典完全在意料之中。① 当时的政治经济学家、他们的后

---

* Kaushik Basu，康奈尔大学经济学教授，国际经济学会主席。曾任印度总理经济顾问，世界银行首席经济学家。原文见 *Economics and Philosophy*，Vol. 26，Issue 02，2010，pp. 189 - 216。本文酝酿了很长时间，而且我欠下的学术债务远远超出了我在脚注里所列出的内容。在这种情况下，尽管疏漏在所难免，但我必须要感谢 Geir Asheim、Talia Bar、Alaka Basu、Anindya Bhattacharya、Anil Bisen、John Bone、John Gray、Matt Jackson、Hyejin Ku、Ashok Mathur、Dilip Mookherjee、Bhiku Parekh、Amartya Sen、Richard Swedberg and Maria Monica Wihardja。本文最初的想法部分来源于我在印度经济协会第88届年会上的 Vera Anstey 演讲。随后我在英国约克大学的会议上（“认同、责任和公平”，2007年5月）、加州大学河滨分校的会议上（“福利经济体的非福利主义基础”，2007年10月）以及新德里印度统计研究所发表了这篇文章。之后，人们对本文的讨论使我受益匪浅。最后我衷心感谢匿名评审和本刊编辑对本文提供了大量宝贵的评论。

① 有意思的是我们需要强调，在《国富论》出版后的头二三十年里，亚当·斯密被视为变节的思考者（Rothschild，2001）。直至1790年去世后，他才成为正统的声音，被保守派所认可。

代以及经济学家极其醉心于这部著作，因此它成了经济理论的核心教义。人们不仅接受了“个人会自利”这个事实，而且对它大唱赞歌。正是这种原子化自利个体的行为推动了发展和增长。相应地，这往往掩盖了一个事实，即高速增长和迅猛发展可能也需要个人正直诚实的品性和利他性，以及个人为了社会利益而放弃某些个人利益的能力。

在 20 世纪 90 年代初，我带领一队研究生去了一个印度最混乱贫穷地区的村落集聚区——那里现在属于贾坎德邦。崭露头角的经济学家看到那里经济效率低下，发展乏力后，会自然而然地提出盛行一时的建议，即这个地区需要减少政府干预，让个人自由追逐私利。不过此类建议对这种地区而言显得有些不切实际。没有迹象表明让各级政府“减少干预行为”就是可行的选择，而且个人的逐利行为并不稀缺。它所缺乏的是可以提高经济效率和促进发展的各种社会价值观以及合作精神。全球很多经济发展一败涂地的地区往往是自由放任市场的典范，在这些地区，毫无道德观念的人们倾尽全力追逐的唯有自我扩张——这全然不同于课本教给我们的知识。

自从亚当·斯密经典的方法论个人主义（又译个人主义方法论）成为经济学根深蒂固的奠基石以后，经济学的主流导向是拒绝承认一个人能够并且常常为了满足其国家利益、阶级利益、种姓利益或其他一些基于集体认同的利益而采取行动。① 当人们感到有必要认可这种集体利益时，经济学家可以接受的方法是从个人自利的基础推导出社会行为或合作行为。

本文旨在打破这种个人主义传统，并将以下事实作为研究基础：个人天生具有“合作精神”——诚然其程度不尽相同——促使他们常常为了集体利益而行动，即使这可能有悖于私利，需要为公平和正直诚实做出牺牲，他们依然会这么做。②

然而，必须要强调的是，尽管经济学界的主流趋势是否认合作精神的存

---

① 在解读这段评论时，不能将个人自利性等同于个人主义方法论。举例来说，后者涉及分析人员的工作，而前者是被分析的对象。如果个人的动力除了自利以外别无他物，那么这的确有利于采用个人主义方法论，不过反之并不成立。我会在后文对个人主义方法论做出评论，但这并非本文的主要目标。本文着力探讨的是集体利益成为个人动力时所产生的社会结果。人们使用何种方法论标签来描述，这种分析对学界大有裨益（因此我会偶尔对此做出评论），但和我的分析关系不大。

② 这并不是否认在涉及自利的参与者的范畴里，可以提出很多关于公正和公平且很有意思的问题。我在 2000 年的文章里探索了部分此类问题。最近 Myerson（2004）开创了一个非常巧妙的建模方法，在存在多重均衡的背景下将公平作为甄选均衡的方法，而且在无政府的混乱状态下，经济主体最终实现的均衡可能使所有人的情况恶化。

在，但现在已经有一群学者认识到合作精神的存在，甚至构建模型来对相关研究予以补救（如，请参见 Knack and Keefer，1997；Fehr and Gachter，2000；Fehr and Falk，2002；Hoff et al.，2006；Benabou and Tirole，2006；Ellingsen and Johannesson，2007）。① 此外，长期以来，社会学家、认知心理学家和道德哲学家一直在研究人们之间相互信任和利他的重要性，以及信任和利他对发展更复杂的关系和一个群体或国家取得经济进步有何意义（如 Luhman，1979；Gambetta，1990；Fukuyama，1996；Hauser，2006）。"行为经济学"② 的新文献使社会科学的正式模型日益认识到人类的社会价值观和规范价值是与生俱来的（不过社会科学家需要大量文献才能认识到这一点，这让人感到些许担忧）。

考虑这些现有的研究，本文的主要目标不仅在于承认人类具有这些特点，而且要在人们极少关注的领域（即利他性、认同和福祉之间的相互影响）里追踪这些特点带来的结果。我假设用来衡量人们福祉的"效用"不需要与人们通过自己的选择而力求最大化的"回报"相吻合。特别是利他性，会导致这两者之间存在差异。

本文先反向展示经济学中著名的"看不见的手"定理来进行正式分析。"看不见的手"定理认为，尽管每个人的自利之心可能与生俱来，但此类自利行为集合起来，经市场调和后会带来社会最优结果。本文认为人类天生具有社会性和涉他性。尽管这些特点往往会促成合作行为，但在某些情况下，即使每个人都具有本能的合作精神，社会最优也无法变成现实。换言之，"看不见的手"并不总是仁慈的。如果一群具有内在利他性的个体的行为对所有人产生破坏作用，那么"看不见的手"就会发挥反向作用。我并不认为前文提到的贾坎德邦的村民们从本质上与组织有序的富裕社区的民众有何不同。他们只是被困在了坏的均衡中。人们都清楚很可能出现这种坏均衡，而且可以用很多标准博弈来说明它。本文拟用两种方式来进行分析。首先阐述信息不完全时这种均衡的普遍程度，以及如何出现多米诺效应。随后，本文研究了群体内利他性带来的结果。

① 在家庭分析这个领域里，合作精神已经成为一个公认的假设前提。经济学家和社会学家往往会采用相对一般化的方法（请参见 Blumberg and Coleman，1989；Basu，2006）。Zelizer（2005，第 165 页）观察到："家庭成员间的关怀和经济活动相互掺杂的情况出现在不断谈判的背景下，有时具有合作性，其他时候则充斥着冲突"。

② 譬如，请参见 Loewenstein and O'Donoghue（2005）的文章。它总结了部分相关内容，并强调了我们自身的理性面如何与其他维度结合起来，指导我们做出最终选择。

本文主要关注实证分析（positive analysis）。笔者特意没有采用合作精神方面的规范观点。这是因为同样的合作精神可能会推动进步，也可能不利于其他群体，这些群体通常是少数派，但也可能是组织混乱而且无法倡导合作精神以进行抗争的多数派，漫长的人类历史上有很多这方面的实例。认同与利他性之间的相互影响是一个重要问题。当人们的利他性局限于某些群体内时，由此产生的压制更甚于自利的原子化个体所造成的压制。例如，群体压制使压制者中出现犯罪行为搭便车的情况。

## 2. 世俗背景

阿玛蒂亚·森（Amartya Sen，2005，第335—336页）在他近年出版的一本著作中提出了一个很有意思的问题。英国对它所珍视的殖民地——印度——投入重金，如大力投资茶叶、咖啡、铁路和黄麻等行业，但为什么用任何实质性标准来衡量，这些投资都未能转化为棉纺织品和钢铁？他进一步指出，钢铁对曼彻斯特等地的英国既有产业相当重要。不过这也没有解释为什么英国统治下的印度官僚会剥夺印度的资本，因为这些官僚没有直接受益于这些产业。在结束这些探讨时，森强调说我们必须认识到“总体的社会认同感和对优先次序的判断通常在经济决策中起着相当重要的作用，这对英国在印度的投资模式产生了重大影响”。英国官僚并没有谋取一己私利，而是服务于他们所认同的利益群体。

反之亦然。在20世纪初，印度多地爆发了反对英国统治的暴动，特别是在孟加拉。让英国大惑不解的是，这些暴乱的领袖往往是接受英国教育的精英（英国人将他们称为“彬彬有礼的恐怖分子”），受雇于英国人，而且从英国长期统治中获益最多，英国人的这种迷惑从1918年的Rawlatt Sedition Committee报告中可见一斑（Ghost，2005）。这个问题的答案仍然在于认同。这些精英与印度民众产生更多共鸣，而不是和英国统治者站在一起。他们愿意为了推动群体利益而做出个人牺牲。为了民族自由而斗争的印度精英没有狭隘的利己主义，这一点让丘吉尔感到困惑而且愤怒不已。以上并不是否认人们也有强烈的利己之心，如果英国统治者能够设计出更加巧妙的激励机制，甚至还有可能让印度精英保持对英国统治下的印度政权的效忠行为。但事实上，要想设计出这种巧妙的激励机制，人们必须牢记个人自利往往被他的集体认同利益所中和，而且我们从后文马上可以看到，即使在“囚徒困境”这样简单的世界里，对此的分析也会极其复杂。

除了现实世界的实例以外，目前许多对照实验也提供了大量证据，表明人们会为了集体利益而努力，甚至不惜为此做出个人牺牲。此外，即使人们与陌生人打交道时，对方的身份也是产生信任和利他主义的前提。有大量文献表明人类具有附加的“道德偏好”，比如人们渴望实现互惠互利，赢得他人的认可和自我肯定。① 费希特曼等人（Fershtman and Gneezy，2001）对以色列海法大学、特拉维夫学院（Academic College of Tel Aviv）和特拉维夫大学的学生开展了一系列很有意思的实验。他们让学生玩“信任游戏”。在这个游戏里，信任可以创造出财富，但需要所有参与者控制自己的自利行为。

费希特曼等人发现不仅信任广泛存在，而且很多行为人愿意充分信任他人以高效地达成目的。② 此外，他们表明信任以认同为前提。当对手为德裔犹太人的后裔时，近60%的参与者选择信任对方；而对手为东方人时，只有20%的参与者选择信任对方。其他研究者通过实验来研究有条件的信任，得出的结果与此相似（Eckel and Wilson，2002；Burns，2004）。

后面几节旨在将以上的部分观点，比如人们的合作精神与生俱来，人们改变合作程度的能力取决于对他人的认同程度，纳入抽象的分析模型，并探寻它们对效率和发展的影响。人们的合作精神在什么条件下会促成合作？尽管个人具有内在的合作精神，但什么时候人们之间无法开展合作？

## 3. 博弈和寓言

### 3.1 基本框架

绝大多数经济学模型假设人类具有自利性，只有在自利行为衍生出“合作”时，他们才会“合作”。③ 本文并没有采纳这种假设，而是反其道而行之，假设人类的合作本能与生俱来。就像自利之心产生驱动力和雄心壮志一

---

① 譬如，请参见 Fehr and Falk（2002）的讨论。很有意思的是，他们表明不仅这些特点属于人类心智的一部分，而且经济激励的实际效果有时会事与愿违，因为它们会削弱人类采取行动的其他动机。我们的道德还会以另外一种形式表现出来，即希望惩处欺骗行为，即使自己为此付出巨大代价也在所不惜（Hoff et al.，2006）。在更早的著作里，研究者将此与合作的本能一并描述为“强互惠”（Gintis et al.，2003）。

② 现在全球有海量文献表明，利用实验场景研究信任和利他主义时得出类似的发现。请参见 Ensminger（2000）和 Heinrichet al.（2004）。

③ 人们完全有理由想知道为什么这些情况下应该使用“合作”这个词。

样，人们对社会利益的关心也能达成这种效果。不过更重要的是，正是这些社会特点（主要是合作本能）像胶水一样将社会黏在一起，为市场高效运行奠定了基础（Granovetter，1985；Elster，1989；Arrow，1998；Nee and Ingram，1998；Platteau，2000；Basu，2000；Francois，2002）。如果反向推导这个观点，那么我们可以认为合作本能瓦解时，经济就会失灵。传统的经济学植根于个人主义方法论，没有为人类内在的合作精神留出太多空间，因此无法对合作精神失败的情况做出评论。

我要说两句题外话。我们是否认为本文打破了个人主义方法论，取决于我们对个人主义方法论的看法有多狭隘。或许最好认为本文的研究分析部分打破了个人主义方法论。譬如，假如我们更进一步假设人们的利他性及其强度取决于社会作为一个整体的表现情况及其带来的社会结果，那么如果不描述整个群体的行为就不可能充分描述个人的偏好。显然，我们已经偏离了最纯粹的个人主义方法论（Basu，2008）。正如佩蒂特（Pettit，1993，第 117 页）所说："问题在于整体是否超越了各组成部分的总和或［……］各组成部分是否通过隶属于整体而发生了改变"。我认为从很重要的意义上来说，最后这个问题的答案是肯定的。①

目前有各种各样的博弈可用于理解信任、利他性和认同之间的关联，譬如，信任博弈、最后通牒博弈和旅行者困境（Basu，2000；Bowles，2004；Heinrich et al.，2004）。但请允许本文使用社会科学中最常见的博弈——囚徒困境。此外，森（1974）非常巧妙地利用囚徒困境来描述个人面对私利需求和内在价值判断时所处的困境。表 1 详细阐述了这个博弈。

尽管它采用了标准的数学结构，但博弈方式不同于绝大多数课本，因此需要对它做些解释。表 1 显示的是美元回报，我用每个数字代表个人的总体福祉指

---

① 如果我们否定个人主义方法论，认为与自成一格的集体性相关的规律是存在的，而且我们描述个人的方式必须从这些规律中推导而出，那么显然我们在描述本文的研究时只能将它作为个人主义方法论的一种形式。不过，有些人认为刚才描述的方法并不是与个人主义方法论相辅相成，而是与之完全相反——它有时被称作"整体主义方法论"（Watkins，1952），而且这两个极端之间还有诸多其他方法。譬如，Pettit（1993，第 165 页）区分了另外两种有别于严格的个人主义方法："纵向法"认为社会中的个体受到"上层的影响"，即总体社会结果影响了个人；"横向法"承认个人不是受到上层力量的影响，而是受到相互影响。Arrow（1994）采用了个人主义方法论的一个狭窄定义，这使他认为新古典主义的一般均衡理论并不属于个人主义方法论。如果必须为本文使用的方法贴一个标签，那么最好认为它属于 Pettit 的横向整体论。

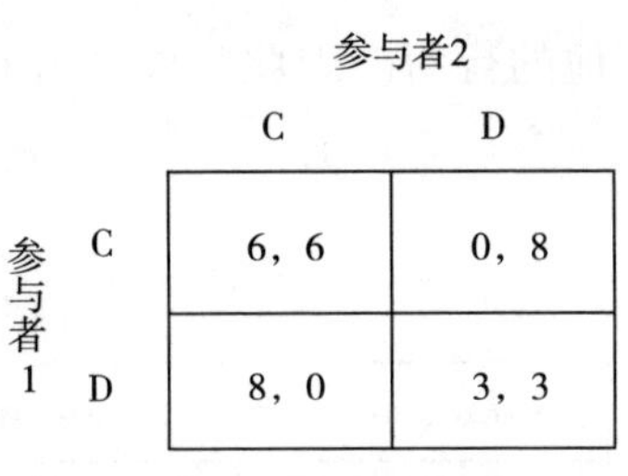

| | | 参与者2 | |
|---|---|---|---|
| | | C | D |
| 参与者1 | C | 6，6 | 0，8 |
| | D | 8，0 | 3，3 |

**表1　囚徒困境**

数，如效用单位（这么做纯粹是为了便于阐述）。我们可以很方便地假设效用单位与美元数一一对应。因此，在这个博弈里，参与者1可以在 $C$ 和 $D$ 之间选择，参与者2也是如此。为了便于记忆，我们可以将 $C$ 记作“合作”，将 $D$ 记作“背叛”。如果参与者1选择了 $C$，而参与者2选择了D——我们可以将它描述为“如果参与者1和参与者2分别选择了（$C,D$）”——那么参与者1赚到了0美元，参与者2赚到了8美元。如果他们选择了（$D,C$），那么他们分别赚了8美元和0美元——简要记为（8，0），以此类推。表1汇总了所有信息。

对这个博弈的标准分析如下。要注意的是无论对手如何选择，参与者最好的选择都是 $D$。因此，结果为（$D,D$），即两个参与者都选择背叛，每人赚到3美元。这种结果让人感到很遗憾，因为如果他们采取合作策略，原本可以每人赚到6美元。

在现实世界中，人们不仅会最大化自己获得的美元收入或自己的效用，他们往往也具有同情心、利他性和公平感。为了尽可能简化分析，我会在正式分析中考虑一类涉他行为，并称之为“利他性”。① 我们可以通过以下分析来体现这一点：假设参与者认为对手赚到的1美元（或“1单位效用”。本文中1美元等同于1单位效用）的价值等同于自己手中的 $\alpha$ 美元，其中 $0\leqslant\alpha\leqslant1$。随后我会考虑 $\alpha$ 值根据对手身份的不同而发生变化的可能性。因此，对手是亲属时，$\alpha$ 为1；对手为朋友时，$\alpha$ 为1/2；对手为陌生人时，$\alpha$ 为0，诸如此类。不过请允许我们暂时为它取一个固定值。因此，如果参与者1选择 $C$，参与者2选择 $C$，那么可以将参与者1的（有效）回报

① 在社会各行各业中，可以广泛观察到人们更倾向于相互关心，而不是仅仅受个人私利支配（Fehr and Gachter，2000；Minkler，2004）。护理员对客户的关心往往超出职业本身的需求（Zelizer，2005）。近期有些研究表明，在经济学家的经典著作中，自利的概念比人们的习惯理解更加宽泛，更加适用于研究人际福利。详情请参见 Medema（2009）。

视为 $6+6\alpha$，以此来预测他的行为。因此，参与者在博弈中的实际表现可描述为表 2。

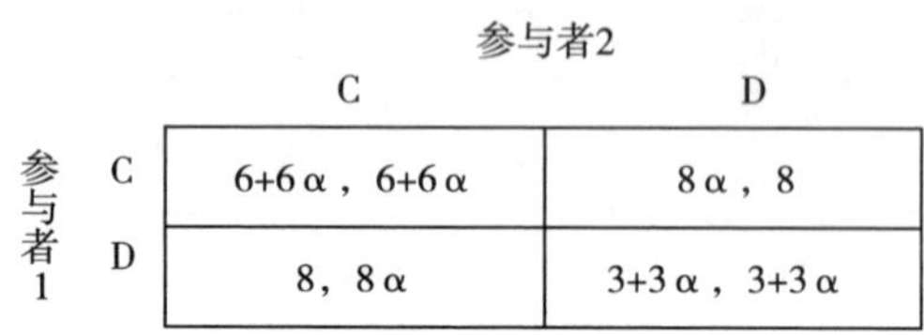

| | | 参与者2 | |
|---|---|---|---|
| | | C | D |
| 参与者1 | C | $6+6\alpha$，$6+6\alpha$ | $8\alpha$，8 |
| | D | 8，$8\alpha$ | $3+3\alpha$，$3+3\alpha$ |

**表 2　行为回报**

我们可以认为自己的利他性取决于对方期望从自己这里获得的利他性，或他对我的友善程度（Rabin，1993；Levine，1998；Gintis et al.，2003）。引进这种相互依赖的利他性参数也利于我们探讨信任及其他社会行为。不过本文未考虑这种复杂情况。森（1974）另辟蹊径，认为我们的道德可以被视为元排序，它超越了囚徒困境中所有可能出现的结果排序。假设 $\alpha=1$，那么有意思的是，我们看到这相当于在这个博弈的四种结果之上创造出道德的理想排序；假设 $\alpha=0$，那么这相当于充分反映出最优自利排序（或最没有道德污点的排序）。因此，本文采取的研究方法反映出潜在的元二进制关系。①

有两个很重要的澄清值得记录在案。首先，读者大脑中可能出现的一个问题是“自利”的含义。乍看起来，一旦 $\alpha$ 被视为个人偏好的组成部分，就可以充分认定个人具有自利之心，因为正是他的偏好赋予了 $\alpha$ 相对于对手收入的权重。所以看起来我们有理由认为，鉴于他的偏好，他和那些只看重自己手里的美元的人一样自利。② 这种论证方式的问题在于它将“自利”简化为套套逻

① 除此以外，我们对二进制关系所知甚少。它或许并不完整，而且违反了可传递性。可以说，我们试图对各种选择排序时（我们可以根据不同标准对它们进行评估），更容易出现不可传递性和不完整性。那么，我们或许应该采用其他关系概念（如“同等关系”）或调和伴随可传递性而来的难题（Qizilbash，2002；Basu，2007）。这种情况更容易出现在道德二进制关系中。幸运的是，本文采用的研究方法通过简单地采用 $\alpha$ 而规避了此类哲学层面错综复杂的情况。

② 这里指的是一个更大的问题：如何解释博弈中的回报。当然，我们可以写下每个参与者获得的金额，但要描述它们对参与者的含义并不简单，因为参与者可以在心理层面“调整”这个金额以考虑公平性和利他性等元素。这个问题在社会博弈中表现得更为明显，这完全在情理之中，Bernard（1954）最早探讨这个问题，此外也可参见 Swedberg（2001）。Weibull（2004）在分析如何解读从实验性博弈中得出的结果时也遇到了同样的困扰。

辑（tautology）；这样一来“自利”就不受批评的影响。① 为了应对这种情况，我们需要牢记的是，与许多经济学者所宣称的相反，经济学者最终使用的并不是“自利”的套套逻辑定义。如果经济学者使用了这个定义，那就无法获得任何可验证的命题。由于使用这个定义后，所有行为都与自利相容，所以关于自利的假设无法预测任何行为。

因此，本文认为 $\alpha$ 并不是个人效用的内在组成部分，而只是对个人行为的引导。事实上，它可能并不是我们个人偏好的组成部分，只是我们用 $\alpha$ 这个数值来评估对手赚得的美元，而后确定自己的行为方式。参与者的福利或效用水平始终都用表 1 中的效用单位来衡量。为了避免出现歧义，读者可以认为这反映了个人的经济福祉或福利。在这种情况下，我们可以认定人们在博弈中并不是最大化他们的经济福利，而是在最大化经济福利的同时兼顾了社会价值观和道德价值观，并通过 $\alpha$ 体现出来。

假设一个人为慈善机构捐赠了 1000 美元，那么我们有理由说他愿意给出这笔钱（这是非常标准的英语用法）。不过我们是否可以说他将这 1000 美元捐给慈善机构后，个人的境况会变好？很多主流经济学家认为答案是肯定的，但我对此有所怀疑。我认为就对福祉最合理的解读来说，这个人的境况变糟了（如果我们将关注点仅限制在经济福祉上，这一点就更加明显），只是他愿意为了慈善事业而做出这点牺牲。② 否则，就必须从我们的词汇中删去“做出牺牲”这个词。我们需要逐渐接受个人福祉指数与引导个人行为的相关动因之

---

① 有些经济学家会反对这个观点，指出即便我们是纯粹的显示性偏好的理论家，用选择来定义偏好也意味着个人的选择函数受到某些限制，因此该理论不会是套套逻辑。我对此有两点回应。尽管套套逻辑是一个 0 到 1 的概念，但有可能发展出一个令人信服的概念，即“近套套逻辑”，而且我们可以认为显示性偏好理论属于近套套逻辑。其次也是更有力的一点回应是，绝大多数经济学者获得违反选择函数连贯性公理的实例后，如显示性偏好弱公理或切尔诺夫条件（请参见 Basu，2000），他们往往认为可选项集的变化会改变每个选项的含义，选择不同条件下的同一选项并不违背选择行为的原理，因为不同条件下同一选项的含义并不相同。重点在于主流经济学受制于人类自然而然的倾向——即保护自己的理论，使之不可证伪。

② 在专门研究这个主题的文章中，我们会区分出两类涉他行为。举例来说，当人们为自己的孩子做出牺牲时，可以认为这种行为属于个人自利的延伸，因为孩子的福利往往被我们内化了。但是，当人们为社会慈善机构捐赠，或者帮助了陌生人时，就可以认为这种行为蕴含着个人牺牲。人们这么做并不是为了满足自己的需求，而是因为他坚信自己应该这么做。从行为的角度来看，这两个案例没什么差别，但他们是在不同的内在过程的推动下完成的，因此对它们的结果进行规范意义的比较时，需要采取不同的评估方式。本文研究的是后一种“涉他”行为模型。

间的差异，因为这种差异有别于传统的选择理论。幸运的是，博弈论里有一小部分文献倾向于认可这种观点。请参见韦布尔等人的文章（Weibull，2004；Battigalli and Dufwenberg，2005）。①

从另外一个途径也可以得出相同的结论，即采用人们所熟知的数学方法——反证法。我们并不是真的得出了相反的结论，而是得出了一个令人难以接受的结论。假设一个人的选择总是充分反映他的效用或福利。经济学家常常在努力避免政府过度干预。他们称如果一笔交易或贸易提高了买卖双方的效用，而且没有对第三方造成负面影响，那么阻止这种贸易或交易完全不具备道德合理性（这就是帕累托的观点）。② 假设现在有政客禁止销售房产，那么经济学家反对这种错误干预的标准观点是，如果一位成年人想出售自己的房产，而另一位成年人想购买该房产，那么完全有理由预期他们的境况会通过这种交易行为变得更好。由于这一交易不涉及其他人，属于帕累托改进，所以政府不应该禁止这种行为。不过要强调的是，政客可以转而表示，由于他选择叫停房屋销售，而选择又反映了效用，所以该交易不再是帕累托改进。

从这个观点来看，永远不能用“政府干预阻碍了帕累托改进”这个理由来阻止政府干预，因为政客选择中止交易这个事实本身就使交易成了非帕累托改进。这个多多少少有些荒谬的结论源于“选择总是反映了选择者的福利”这个命题。一名政客的政策选择不等同于他自身的效用，在我看来，这是完全合情合理的。

总而言之，有三个指标与每个人息息相关——他赚到的美元数、他获得的效用以及他的“有效回报”。③ 本文将前两者视为同一指标，相关文献有时将它们称为“物质回报”（请参见 Sethi and Somanathan，2001）。这是为了便于解释而做的无害假设。不过我认为第三个指标不同于前两个指标。这是一个意义重大的假设，对本文至关重要。因此，我们假设有效回报的数额引导人类行为。人们采取的行动是为了最大化有效回报。不过，他们的福祉与有效回报息

---

① Sen（2006，第 21 页）探讨了经济学家提出的标准问题：“如果你的所作所为不符合你的利益，为什么要这么做?”他观察到：“这种聪明人的质疑使甘地、马丁·路德·金、特蕾莎修女和曼德拉成了超级傻瓜，而其他的人成了略逊一筹的傻瓜……”

② 人们已经对此提出批评意见，如请参见 Sen（1983）。

③ 因此，本文中提到的“回报”指的是“有效回报”。当我提及个人的直接福利（即表 1 中列出的数值）时，会称之为“美元”或“效用”。

息相关，但又有所区别。表 1 中列出了参与者的福祉数值，表 2 中的有效回报是我们以 $\alpha$ 为基础调整后得出的数值。迪特里希（Dietrich，2006）为道德决策制定标准时，对福利主义和偏好主义做了非常有用的区分。如果用他的术语来表述，那么根据表 1 得出的道德估值等同于福利主义，而根据表 2 得出的道德估值等同于偏好主义。显然本文探讨的是福利主义。①

其次，尽管从形式上看，我是在对利他主义而非信任建模，但是也可以合理地将这个模型视为一个有关信任的模型或者是反映个人社会感的另类指标。后文即将开展的分析（即下文中图 1 的分析）表明，个人开展合作的可能性取决于他对对方的预期，即对方是否也会开展合作。因此，我们对参与者决策的思考如下。如果他相信对方会合作，那么他更倾向于开展合作。尽管随后的分析明确以利他主义为对象，也可以看作是研究相互信任的模型。

我们可以采用类似方法假设人们维护私利和以方式 $D$ 参与游戏的行为会给他们蒙上污点，从而将“污点”这个特性引入模型。当然，选择 $D$ 的人不一定是为了维护私利，而只是因为预期对方会选择 $D$。不过正如甘斯（Gans，1972）指出的那样，污名化的功能之一是让个人成为替罪羊，从而维持某些行为规范。此外，在更加复杂和现实的模型里，我们或许想把以下事实纳入模型，即我对博弈对手的效用所赋的 $\alpha$ 值通常取决于他如何实现这个值。如果他通过 $(C,C)$ 来获取收入，而不是 $(C,D)$，那么我为他的收入所赋的 $\alpha$ 值会高一些。不过本文暂不讨论这种复杂情况。

请允许我对本小节做总结时说几句题外话，以解决本小节以及后面几节中出现的术语问题。前文表明，当人们按照表 1 描述的情况参与囚徒困境博弈时，他们的表现往往不同于标准分析所反映的情况。然而，我们也可以认为，并不是人们在囚徒困境博弈中的表现有别于课本中的描述，而是他们以表 1 的方式参与博弈时，这个博弈根本就不是囚徒困境博弈，而是一个从心理上重新解读的“新”博弈——即表 2 描述的博弈。在这种情况下，我们不能认为人们在以非标准的方式参与囚徒困境博弈，而只能认为他们最终以标准方式参与

---

① 有时，人们倾向于采用福利主义而非偏好主义，这是父爱主义的表现。然而，这并不适用于本文推荐的标准。我并不是说，作为分析人员我们更清楚什么有利于个人而以此取代个人自己的选择。我们想表明的是，对个人福利进行评估时，不应该考虑人们出于道德和社会承诺而采取的行为。在个人对其福利构成的看法上，我们需要与他达成一致意见。因此，尽管本文有些内容可能批评了“母爱主义”，但没有批评父爱主义。

了另外一种博弈。在我们区分了个人效用的代理指标与个人行为的代理指标后，这个困境马上变得不可避免，因为当我们的研究对象是效用时，参与者参与的或许是囚徒困境博弈，而当我们的研究对象是行为回报时，参与者参与的就是另外一个博弈。韦布尔（2004）也遇到了同样的问题，而且标准分析不一定需要解决这个问题，因为它假设参与者从字面上解读博弈，且效用和行为回报往往是一回事。①

考虑到这些语言的不同习惯用法，笔者倾向于认为两位参与者参加表1所示的博弈时，他们参与的是囚徒困境博弈。更一般地说，博弈的名称取决于效用，而不是行为回报。这样做的好处是，博弈名称不取决于参与者的心理过程。发生改变的仅仅是他们参与博弈的方式（以及他们对博弈的心理解读）。这种命名法的另外一个优势是，不会使纳什均衡博弈变成不可证伪的命题。

### 3.2 同质社会

假设我们的社会有 $n$ 个个体，且他们随机配对参与囚徒困境博弈。要强调的是，在参与者相互合作的社会里，它会随着时间推移越来越富裕。如果我们在这个简单的模型上附加一个规模较大的经济，使人们可以将一部分收入储存起来（即满足消费以外的收入）赚取利息，那么该社会能够实现结果（$C,C$），其繁荣程度比总是实现结果（$D,D$）的社会高出很多倍。举例来说，如果3是维持生存所需的最低消费，那么大致来说后一种社会没有什么存款，而前一种社会不仅赚取的收入更多，而且有钱可存，从长远来看富裕程度与日俱增。

请记住合作精神是人类天性使然（本文用利他参数来刻画合作精神），因此我将确定在什么条件下会出现合作，以及在什么条件下合作会瓦解为个人主义和完全只顾个人私利的行为。

我们首先来考虑这样一个案例，即参与者并不确定对手会如何参与博弈。假设对手以合作的方式参与博弈（即选择 $C$）的概率为 $\lambda$。那么，如果参与者参与博弈的方式为 $C$，那么他的预期（有效）回报用 $u(C)$ 表示如下：

---

① 将每位参与者的博弈结果与多个数值联系起来（或者说，使每位参与者对应多个回报函数）的总体思路在方法论上是一个非常有用的步骤，这也正是本文采取的思路。即使在演化博弈论里，我们也倾向于用一个回报函数来同时代表效用（它解释了人们所采取的行为）和适应性（它刻画了一个参与者有更多后代或一个策略有更多后续策略，以提高其长期的存活力），这给我们帮了倒忙。我们用不同的函数分别代表效用和适应性，虽然这样做得出的结果较少，但更加稳健。

$$u(C) = \lambda(6+6\alpha) + (1-\lambda)8\alpha$$

如果他选择 $D$，那么预期回报用 $u(D)$ 表示如下：

$$u(D) = \lambda 8 + (1-\lambda)(3+3\alpha)$$

这些很容易从表 2 中推导出来。因此，当且仅当 $u(C) \geqslant u(D)$，或出现以下情况时，他会选择 $C$：

$$\lambda \geqslant \frac{3-5\alpha}{1+\alpha} \quad (1)$$

严格说来，如果 $u(C) = u(D)$，那么他并不在意选择 $C$ 还是 $D$。为了简化描述语言，本文采用了不会影响结论的平局决胜（tie-breaking）假设：当一个人不在乎采取合作还是背叛时，他会选择合作。

（1）式可用来在 $(\alpha,\lambda)$ 空间里划出一条线，标示出参与者选择以合作方式参与博弈的区域。在图 1 中，AB 这条线表示（1）式，用等号取代了不等号。因此，如果 $\alpha$ 取一定值，使 $\lambda$ 恰好在 AB 线上或高于 AB 线，那么参与者会选择以 $C$ 的方式参与博弈。换句话说，如果参与者的利他参数 $\alpha$ 以及他预期对手以合作方式参与博弈，将使 $(\alpha,\lambda)$ 处于 AB 线上或高于 AB 线，这时——也只有这时——他才会选择合作。

迄今为止，这些分析还没有告诉我们社会将采取何种行动。这是因为尽管社会的利他参数可能是外生赋予的①，但 $\lambda$ 不是外生的。每个个体关于博弈方式的决策决定了社会的哪个组成部分会按 $C$ 的方式进行博弈，而这决定了 $\lambda$ 的值。因此，我们必须推导出 $\lambda$ 的值。

要做到这一点并不难。如果 $\alpha$ 在 $A$ 左侧，即 $\alpha < 1/3$，那么无论 $\lambda$ 取什么值，个体都会选择 $D$。如果人人如此，那么事实上 $\lambda$ 为 0。我们可以按同样的方式考虑 $\alpha$ 在 $B$ 右侧时的情况，即 $\alpha > 3/5$，那么无论 $\lambda$ 取什么值，所有参与者都会选择 $C$。因此，$\lambda$ 的值为 1。

最后考虑 $1/3 \leqslant \alpha \leqslant 3/5$ 的情况。我们用 $\lambda(\alpha)$ 来指代 AB 这条线上的点。即 $\lambda(\alpha) = (3-5\alpha)/(1+\alpha)$。如果 $\lambda > \lambda(\alpha)$，那么参与者遇到这样的 $\lambda$ 值时会选择 $C$。由于所有参与者都是一样的，所以在这种情况下，他们都会选择 $C$；由此 $\lambda = 1$。另一方面，如果 $\lambda < \lambda(\alpha)$，那么用同样的思路可以推导出 $\lambda$ 值为 0。换句话说，我们拥有了多重均衡。格兰诺维特等人（Granovetter and Soong,

① 在更详尽的著作中，连利他参数也是根据更基本的生物学和心理学假设推导而来的。

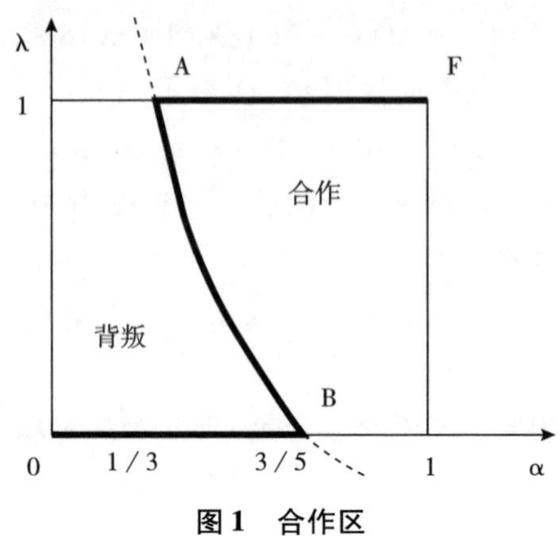


**图1　合作区**

1983；Schelling，1972）认为，这会造成阈值效应和引爆点行为，即一旦超过临界线，人们的行为就会从一个极端转向另一个极端。最终，如果 $\lambda = \lambda(\alpha)$，那么所有参与者都不在意到底选择 $C$ 还是 $D$ 。因此，从理论上说，可能有 $\lambda n$ 个参与者以 $C$ 的方式博弈，$(1-\lambda)n$ 个参与者以 $D$ 的方式博弈。因此，$\lambda = \lambda(\alpha)$ 也是一个均衡，只是非常不稳定。

将以上推导结果综合在一起，我们得出以下可能存在的社会均衡。如果 $\alpha < 1/3$，那么 $\lambda = 0$；如果 $\alpha > 3/5$，那么 $\lambda = 1$。如果 $1/3 \leqslant \alpha \leqslant 3/5$，那么 $\lambda = 0, 1$ 或 $\lambda(\alpha)$ 。图1中的粗线（用 FAB0 表示）汇总了以上这些关联信息。

AB 线上的点描述了不稳定均衡（轻微的干扰就会导致社会螺旋形移动至其他两个均衡中的一个）。如果我们忽略这些点，那么可以看到如果利他性极强（即 $\alpha > 3/5$），那么必然会出现合作。如果利他性极弱（即 $\alpha < 1/3$），那就不会出现合作。不过利他性处于中间水平时，存在多重均衡。同一个社会可能合作性极强，也可能完全不合作。当我们看到一个社会广泛采取合作行为而日益富足，另一个社会采取无政府主义、自私且贫困时，我们无法得出“这两个社会的民众之间存在本质差异”的结论。可能只是因为两种行为都在均衡中自我维系，导致两个事前相同的社会得到的结果截然相反。

上述模型中可以得出一些非常有用的政策智慧。本文构建的模型将利他性作为涉他性和社会精神这个总体概念的组成部分。生活中会出现一些情景，如创业——在这种情况下，我们必须冒险让业务走上正轨。这类似于在囚徒困境中选择 $C$ 的博弈方式。如果你的商业搭档（参与者2）尽力配合（即选择博弈方式 $C$），那么双方都可以大展宏图，但如果对方背叛了你，那么你的处境会很糟糕（即赚到0美元）。因此，这个模型展示的是，利他性和涉他性是社会繁荣发展的关键要素。在当前的模型中，我们认为 $\alpha$ 是外生的。但是我们直觉上明白，我们可以教导或鼓励人们（特别是儿童）变得更加无私、可靠并且广泛关心他人。现在，一个人具有更高的利他性（即 $\alpha$ 值较高）不能改善他的经济条件。事实上，他会很容易受到他人的欺骗。不过，如果在社会层面，所有个体都更加无私，譬如 $\alpha$ 值从1/3以下上升到1/3以上，那么就可能出现更多合作行为，而且如果 $\alpha$ 值超过3/5，那么人们之间必然会开展合作，随之产生各种经济收益，如表1展示的那样，收入和效用会提高。

因此，提高人们的利他性就像一种公共产品。我们并不完全清楚政府或教育机构如何能够创造和培育出更加无私的社会，但我们非常清楚的是，这些特点会发生变化，而且可以被改变。我们可以教育人们不要在街道上乱扔垃圾；整个社会可以培养出乐善好施的习惯；企业可以注重环境保护。尽管我们还不完全清楚如何将这些事情变成现实，但重要的是我们要认识到：（1）人类天生具有无私、利他和可信等特点，因此可以潜在地改进和培养这些特点；（2）这些特点对于经济发展和效率极其宝贵。

### 3.3 异质社会

在前文研究的社会里，所有个体的利他水平都一样。但是，当我们认识到，尽管人们天生具有“合作精神”，其程度却因人而异时，就会出现一些更有意思且更复杂的问题。

我们感兴趣的是，到底什么因素提升了民众中的合作行为。利他性的程度（即 $\alpha$）是实现这个目标的工具之一。在同质社会里，如果我们想促成更多合作，目标就是提高 $\alpha$ 值。不过，在异质社会里，利他性的分布情况与合作可能性之间的关系错综复杂。有意思的是，只要 $\alpha$ 略微改变就会导致人们的行为发生巨大变化。举例来说，社会中多几个自利的人，就会像牛奶加入细菌一样，彻底改变整个社会的特点，从本文研究的主题来说，社会变得缺乏合作。因此，相互合作这个结果就成了一个脆弱的均衡。

为了理解这一点，我们假设个人（用 $i$ 表示）的利他参数为 $\alpha_i$。如果我们将最自私的人编为1号（即1号个人），以此类推一直编到最无私的人（即第 $n$ 号个人）——而且明显保留了其一般性——那么可以得到以下结果：

$$\alpha_1 \leqslant \alpha_2 \leqslant \ldots \leqslant \alpha_{n-1} \leqslant \alpha_n \tag{2}$$

我们看不到个人的利他参数。假设在整个过程中，$n$ 的值很大，而且一位参与者遇到对手时，他假设对方的利他参数为 $\alpha_1$ 的概率为 $1/n$，利他参数为 $\alpha_2$ 的概率为 $1/n$，以此类推。

我们首先考虑这样一种情况：这 $n$ 个人的利他参数都处于［1/3，3/5］的区间内，那么很容易看到所有按 $C$ 方式博弈的人构成一个均衡，而所有按 $D$ 方式博弈的人构成另一个均衡。这一点显而易见。由于每个人的 $\alpha$ 值都介于 1/3 和 3/5 之间，那么预期其他所有人选择 $C$ 的人也都会选择 $C$；而预期其他所有人选择 $D$ 的人都会选择 $D$。

有意思的是，只要引进一个人就可以打破这种合作均衡。事实上，引进一个 $\alpha$ 值较低的人（即极其自利的人）就可以让社会形成单一的均衡，即社会里的所有人都不合作。

这类结果的代数计算来自“全局博弈”和贝叶斯—纳什均衡；有学者在不同的背景下采用了类似的推理方式，如巴利加等人（Baliga and Sjostrom，2004）。人们对此的直觉简单明了。假设前 $t$ 个人（即从第 1 个人到第 $t$ 个人）倾向于选择 $D$ 而不是 $C$，那么现在考虑一下第（$t+1$）个人的决策问题。我们从（1）式中得到，如果出现以下情况，那么他倾向于选择 $D$：

$$\lambda < \frac{3-5\alpha_{t+1}}{1+\alpha_{t+1}}$$

现在，由于前 $t$ 个人倾向于以方式 $D$ 参与博弈，那么随机抽取的人以方式 $D$ 参与博弈的概率必然大于或等于 $t/n$。因此，第 $t+1$ 个参与者所面对的 $\lambda$ 值将低于或等于 $(1-t/n)$（$\lambda$ 为对手以方式 $C$ 参与博弈的概率）。

因此，（我们仍然假设“第一个人到第 $t$ 个人都选择以方式 $D$ 参与博弈”）如果出现以下情况，那么第 $t+1$ 个参与者必然会按方式 $D$ 参与博弈：

$$1-\frac{t}{n} < \frac{3-5\alpha_{t+1}}{1+\alpha_{t+1}}$$

它或许可以改写成以下形式：

$$\frac{2n+t}{6n-t} > \alpha_{t+1} \qquad (3)$$

这个方程式很关键，可以用来说明引入一些自利的成员后，他们将如何全面破坏社会合作。

我们举个例子来说明这个问题。首先从一个有 9 名成员的社会入手进行分析，即它包含第二个人到第十个人。截至目前，很神秘的一点是没有人被称作

“第一个人”。对于这个社会里的第 $t$ 个人，让 $\alpha_t$ 等于 $(t+19)/60$，那么：

$$\alpha_2=\frac{21}{60},\ \alpha_3=\frac{22}{60},\ \ldots,\ \alpha_{10}=\frac{29}{60}$$

我们已经看到，这个社会里的所有 $\alpha$ 值都介于 1/3 和 3/5 之间，所以这个社会处于所有人时时开展合作的均衡状态。

现在让另外一个人加入这个社会，他的利他参数为 19/60。我们将他称作“第一个人”，即 $\alpha_1=19/60$。

现在我们有了一个有 10 名成员的社会，很容易证实 $t$ 取 1 至 9 的任意值时，（3）式都成立。我们以 $t=5$ 为例来进行检验。由于 $n=10$，（3）式的左侧为 25/55，显然超过了 $\alpha_6=25/60$。

接下来要强调的是 $\alpha_1<1/3$ 的情况。在这种情况下，参与者 1 必定会选择博弈方式 $D$。现在，由于从第二个人至第十个人的所有参与者（即 $t+1=2,\cdots,10$）都满足(3)式，所以我们知道每位参与者必定会选择 $D$。因此，这个有 10 位成员的社会建立起单一的均衡，即所有人都不合作。尽管每个人自身的利他参数并未改变，但来了一位习惯性不合作的新成员，就会导致合作全盘崩溃。换句话说，加入一位天生不合作的新人破坏了那些处在临界线附近的个体所处的环境，所谓处在临界线是指这部分人决定选择 $D$ 之前需要再三确认他们不会被辜负。现在这些个体转而选择 $D$，意味着其他社会成员有更高的概率遇到选择 $D$ 的对手，因此那些处于下一个临界线附近的个体也会改变其选择，依此类推。

如果不是引进不合作的新成员，而是现有成员改变了偏好，成为习惯性不合作的人，那么会产生同样的级联效应（cascading effect），这一点显而易见，而且略微补充一点代数计算就可以证明。一个人的偏好改变会导致其他社会成员的行为发生改变，尽管后者的偏好不曾发生变化。

这个结果类似于我在另一个背景下所描述的“恶性认同”（Basu，2005），即潜在的认同标志虽然没有影响行为，但是在一丁点儿煽动的作用下就会招致恶意，在不同种族和宗教团体之间引发冲突。这使我们警觉到一个切实存在的风险，即引入少量新的社会规范或者社会的新成员遵循不同规范，会引发改变和崩盘的级联效应。目前这已经出现在全球的人口流动中，而且曾经发生在殖民主义的全盛期。殖民者踏上新大陆时准备与自己人开展合作，而不是新大陆上的土著。发展中国家的一些激进著作经常探讨殖民侵略如何破坏了这些经济落后社会的和谐，因为这些社会内部往往有很高的道德行为准则。其中或许有夸大之处和伪装的怀旧成分，而且往往美化了遥远的过去，但正如上文的理论所述，殖民入侵显然对行为准则和社会规范造成了巨大破坏。就像我们现在认识到的那样，给一个社会注入新型病毒会引发惊天浩劫，引进新的规范亦是如此。我们还可以想象，新成员带来的“良好规范”会传播到社会的各个角落。这些主题都有待未来更加全面的研究。上述模型只是为这样的研究工作提供了一些基本的素材。

### 3.4 利他性的阵营

截至目前，我们假设个人 $i$ 感受到利他性时，他会对社会中的所有成员产生利他性。但正如上节最后的讨论对我们的警示以及第 2 节的例子所强调的那样，这种情况也非必然。人们对群体内外人员的道德标准和利他性确实有所区别。很多社会根据种族、性别、宗教、原籍、语言认同和种姓等分裂成不同群体，人们往往更信任与自己有共同认同的人，并对他们有更高的利他性，即利他性溢价（请参见 Glaeser et al.，2000；Luttmer，2001）。①

这种认同可能带来很多复杂性。最简单的案例是，当群体内的信任将社会分裂成不同阵营时，各个阵营内部都存在信任和利他性，但不会延伸到其他阵营，不过可能存在一类情况，即 $i$ 认为 $j$ 属于本阵营，但无认识到 $j$ 并没有这种想法。当一个国家或团体里存在这种划界式的忠诚时，该国家或团体内的合作就会以失败告终。如果一个国家试着打造公民的同情心和忠诚感，但公民中某个小群体对群体认同的忠诚度不同于普通民众，合作就无法实现。

此外，在前几节的分析里，利他性有百利而无一害，但在四分五裂的社会里，利他性局限在群体内时，这些特点就可能成为实施群体压制（即一个群体压制另一个群体）的工具，如果施压群体内的成员试图对其他群体成员实

① 社会学早已认可了认同在决定行为中的重要意义，但这个观点对经济学来说相对较新（Akerlof and Kranton，2000；Fryer and Jackson；2003；Hoff and Pandey，2003；Darity et al.，2006；Basu，2005；Iversen，2005；Sen，2006）。不过，我们的认同并非一成不变。我们的认同边界可能会很模糊，我们常常会选择自己的认同，而且时不时地刻意忽略某些现有的认同。我应该提醒读者的是，本文对认同采取了非常简化的观点，因为其目的只是展示认同如何使我们对利他行为的分析更加复杂。

施原子化个人式的压制，那么施压群体就会获得它力图掌握的更大权力。

这些都是需要大量时间和精力来研究的方向。本文会用一些简短的试验性步骤来说明，一旦我们将利他性局限在有共同群体认同的参与者当中，会开启哪些研究领域。这种认同感从何而来，它是很容易受到影响还是被永久性固化，它是否能够从恶意中获取，这些都是比较宏大的研究主题，而且相关著作汗牛充栋①，还有不少著作有待完成。本文应该将它们作为起点，假设人们参与这些博弈时，利用某些业已存在的群体内忠诚度来决定他们如何对自己的对手分类，以及如何与他们一起博弈。

让我们回到之前的假设，即 $\alpha$ 值恒定不变，然后研究一个更加有意思的案例，即 $1/3 < \alpha < 3/5$ 时的情况。我并非假设所有人都有利他性，而只是假设 $i$ 对 $j$ 具有利他的想法时，利他参数 $\alpha$ 总是保持不变。从理论上来说，我们可以允许 $\alpha$ 有所变动，但会使代数计算不必要地复杂化。

为了探讨不对称认同的观点，我们让 $N = \{1, \cdots, n\}$ 这个集合代表所有人。对于每个 $i \varepsilon N$, $G(i)$ 是 $i$ 深信与自己有共同认同的一类人。假定 $i$ 的利他性只覆盖 $G(i)$ 的成员。在前一节，我们假设对所有 $i \varepsilon N$ 来说，$G(i) = N$，即所有人都有相同的认同。换句话说，这意味着群体认同感不会造成任何后果。现在情况不一定总是如此。

我们将 $C$ 定义为 $C \equiv \{X \subset N\}$，那么存在着 $i \varepsilon N$ 使 $X = G(i)$。换句话说，$C$ 是 $N$ 的所有子集的集合。$N$ 的特点是在每个子集中，都有人认为这个子集完全等同于和自己有一致认同的人的集合。

如果 $C$ 恰好是 $N$ 的一个分区（partition），那么事实上对它的分析与前面几节的分析没什么差别。在这个分区的每个组成部分里，人们参与博弈的方式与前几章分析的情况完全相同。如果我们假设人们的利他性仅覆盖本群体的成员，那么我们可以参照第 3.2 节进行同样的分析，只是将每个群体视为一个社会而已。但这种分析没什么价值。人们参与的博弈跨越不同群体时，他们是自利的，即他们选择 $D$。但正如第 3.2 节分析所示，各群体内部存在合作或背叛。因此，举例来说，我们可能有一个均衡，其中群体 $A$ 的成员携手合作，经济发展蒸蒸日上，而群体 $B$ 则成了一个四分五裂、深陷贫困泥淖的社群。

---

① 请参见 Tajfel（1974）、Macy（1997）、Turner（1999）、Akerlof and Kranton（2000）、Basu（2005）和 Sen（2006）。

$C$ 不是一个分区时，会出现很有意思的变化。假设社会由两个群体组成。人群中的一部分 $\gamma$ 属于群体 $A$（$A$ 可以是种族、种姓或同一兄弟会），而 $(1-\gamma)$ 属于群体 $B$。因此，$\gamma n$ 表示群体 $A$ 的人数，而 $(1-\gamma)n$ 表示群体 $B$ 的人数。用上文中使用的正式语言来表示，即 $C=\{A,N\}$，其中 $\{A,B\}$ 是 $N$ 的分区。

因此群体 $B$ 的成员认为 $A$ 和 $B$ 具有共同的认同，即他们的认同是总体的国家认同，而群体 $A$ 的成员与其他成员拥有共同的群体内认同。群体 $A$ 的成员会彼此认同。举例来说，这可能是因为他们属于同一个秘密社团，而对于群体 $B$ 的成员来说，所有人看起来都没什么差别。因此，群体 $B$ 的成员对社会中的所有个体都有利他性，而且无法区分哪些人属于群体 $A$，哪些人属于群体 $B$。但群体 $A$ 的成员可以将本群体的成员与非群体成员区分开，而且只对本群体成员培育出利他性 $\alpha$。

现在，当 $B$ 类人遇到其他参与者时，后者与他合作的概率至多为 $(1-\gamma)$。因此，我们采用（1）式的方法进行计算后得出的结果是：只有出现以下情况，$B$ 类人才会合作：

$$1-\gamma \geqslant \frac{3-5\alpha}{1+\alpha}$$

或

$$\frac{6\alpha-2}{\alpha+1} \geqslant \gamma \tag{4}$$

譬如，假设 $\alpha=2/5$，那么（4）式给出的条件为 $\gamma \leqslant 2/7$。我们假设情况的确如此，而且所有 $B$ 类人都秉承合作态度。另一方面，$A$ 类人只和 $A$ 类人合作。

因此，在这个均衡里，每次 $A$ 类人参与囚徒困境博弈时，都会赚到预期的美元收入 $6\gamma+8(1-\gamma)$。这是因为只要他们遇到 $A$ 类人（概率为 $\gamma$），他们就会赚到 6 美元，而他们遇到 $B$ 类人（即选择信任他人的人，但被 $A$ 类人背叛了），他们就会赚到 8 美元。

另一方面，$B$ 类人的预期收入是 $6(1-\gamma)$。因此，$A$ 类人赚到的钱多于 $B$ 类人。不仅如此，$A$ 类人通过形成群体内共谋赚到的钱超过了他们与其他所有人合作时可以赚到的钱。后者会在他们每次参与博弈时给他们带来 6 美元收入。

这个代数计算里潜藏着马基雅维利式的教训。考虑一下 $\alpha=2/5$ 及 $\gamma>2/7$ 的情况。我们从（4）式中得知，现在 $B$ 类人不会合作。然而，使 $B$ 类人以合作方式参与博弈符合 $A$ 类人的利益诉求，因为这样才能更好地“盘剥” $B$ 类人。对 $A$ 类人来说，重建“盘剥性均衡”的方法之一是 $A$ 类人串通好，不要总是采用方式 $D$ 来对付 $B$ 类人，而是偶尔采取方式 $C$。这会欺骗民众，让他们相信自己与 $A$ 类人有相同的认同，而且总是以相互串通的方式参与博弈。事实上，无论是有意还是无心，在最成功的盘剥群众的案例里，有一部分正是仰仗了这种策略。

本文以囚徒困境为例推导出了所有情况，而且推导出了某些类型的回报。读者可能会对这些结果的一般性产生疑问。如果我试图就“社会中屡见不鲜的情况”得出一般性结论，那么的确会使人们感到担忧。与此相反，本文旨在阐明社会中如何能够出现某些我们认为根据教科书模型不可能出现的行为。我刚刚说明了，某些群体如何利用自己内在的（群体内）利他性特点来控制甚至盘剥其他群体。本文并不认为这种情况会经常发生，只想表明在某些条件下会出现这种情况。因此，在这里，用一个适用于某些社会情形的好的博弈模型就足以说明这一论点了。当然，检验本文观点的一般适用性边界将是很有意义的一个未来研究方向。

### 3.5 焦点认同

有关群体内信任的讨论引发了对另一个难题的关注，它和基于认同的合谋行为相伴而生。我们已经看到，即使人们希望信任他人，与他人合作，仍然会因为社会中缺少“焦点认同”（focal identity）而出现一个问题。在第 3.2 节和第 3.3 节，我们已经假设整个国家拥有相同的认同，因此该国公民受到约束，对所有人产生共同的利他性（尽管在第 3.3 节里，每个人的利他性强度不尽相同）。在第 3.4 节，我们看到在一些案例里，人们的认同相互冲突，促使社会中的小群体采取合作行为。

这个问题的一个变体会导致社会中的合作全盘崩溃。当然，人们充分认识到了我们有多种认同，这往往有助于将社会凝聚在一起（事实上，我相信这接近于常态）（Dahrendorf，1959；Sen，2005），不过也可能破坏合作。因此，我们假设一国的人民决定与那些和自己有相同基本认同的人保持合作。不过如果这个社会缺少焦点认同或存在认同重叠，而不是认同分区（partitioned identifies），那么它的均衡中也不可能出现合作。

为了理解这一点，我们假设一个国家包含两个种族，即种族 1 和种族 2；

两派宗教，即宗教 1 和宗教 2；两个语言群体，即群体 1 和群体 2。我们可以用简单明了的标注方式把一个人描述为 (1,2,1) 或(2,2,1) 等。(1,2,1) 表示一个人属于种族 1、宗教 2 并且属于语言群体 1。我们用 $A$ 来指代所有属于(1,2,1) 类的人，$B$ 指代所有属于(1,1,2) 类的人，用 $C$ 指代所有属于(2,1,1) 类的人。假设 1/3 的人口属于 $A$ 类，1/3 的人口属于 $B$ 类，1/3 的人口属于 $C$ 类。

假设所有 $A$ 类人都认为种族是首要认同（即他们尽力与所有属于同一种族的人合作，且只与这些人合作）。所有 $B$ 类人认为宗教是首要认同，所有 $C$ 类人认为母语是首要认同。在这个社会里，每个人都发现博弈对手选择背叛自己的概率至少是 1/3。

这样，我们可以看到如果 $\alpha$ 小于 1/2，那么(1) 式右侧的项超过 1/3 。由于在这个社会里，$\lambda$ 低于 1/3 ，那么通过 (1) 式可以发现，没有人会以合作的姿态参与博弈。因此，即使每位参与者的 $\alpha$ 值为 $\alpha = 2/5$ ，这个社会里也不会出现合作。出现这种情况的原因就在于缺少焦点认同。

上述分析的政策含义在于，如果政府或某些集体希望鼓励本国民众或本集体成员之间加强合作，那么必须努力为民众打造出焦点认同。与此相反，各个受压制群体未能集体站起来反抗压制者的原因，或许也在于他们缺少焦点认同。如果某些暴君或居心叵测的政府希望尽力避免某些群体或国家内部团结起来，那么这项研究结果对他们也助益良多。暴君的目标必然是破坏群体形成焦点认同的能力。他可以刻意通过一些政策将群体认同分裂为各种相互重叠和相互冲突的认同，从而将整个群体掌控在手中，把发生群体叛乱的可能性降到最低。如果可以将一个大群体分裂成小团队，就利于挫败叛乱。不过如果采用培育相互重叠的认同这种方式来破坏大群体的焦点认同，那么会对大群体造成更多破坏。这是此类分析既有益又危险的原因所在。

## 4. 评述

上文中的模型最好被视为真实世界的寓言。然而，它向我们展示了相关政策含义，以及和所有科学一样，这么做是出于高尚还是卑劣的目标。它告诉我们如何使经济发展欣欣向荣，并且为以下两个人群提供了启发和建议：努力开展合作来逃避压制的人群，以及希望通过合作来压制非本群体成员的人群。这表明剥削压榨普罗大众的方法之一是组建一个相互勾结的小群体，其成员主要认同本群体的成员，但是会蒙骗大多数人，使他们相信这个小群体与大多数人的认同完全一致。当然幸运的话，如果其他小群体也打算这么做，就会挫败这个小群体的计谋。当机会主义群体太多时，社会将沦为自私的无政府状态下的低产出均衡。

这个寓言蕴含着一个核心教训，它与人们对无所不在的“看不见的手”所持有的流行观点形成了鲜明对比。我们在本文第1节讨论来自亚当·斯密①的“看不见的手”定理，它对经济政策的制定产生了巨大影响，而且在各种智库和机构为发展中国家政府提出的建议中占据着重要位置，更别说众多经济学家的建议。很多人或机构不经意间从中得出的一个结论是，只要自利的结果有利于社会，它并不是坏事②，这个结论对我们的经济和社会生活组织产生了巨大影响，也深刻影响了我们自身的行为方式。近年来，这个自利定理已经溢出到其他学科，如社会学和新政治学。

因此，我们从中了解到不一定是消费者和生产者在追逐私利，政治家、官僚和法官也会这么做，而且更重要的是，这并非坏事。这样的情况会带来一些令人担忧的后果，譬如，它意味着我们只能预期法官的裁决将满足他自身的利益最大化，而让法官和治安法官做出公正裁决的唯一方法是为法院设计出适宜的制度和激励结构，使公平公正符合每个法官的个人利益。

这种无处不在的自利哲学不仅危害社会和道德，甚至还影响经济增长和发展，这是因为与发展相关的事实表明发展需要人类关怀他人、公平且可信。由于绝大多数人天生都具有这些特点，所以我们要做的只是通过培训和社会化不要让这些特点消失。以官僚腐败的问题为例，这个问题已经侵蚀了太多社会的机体，给实现发展的可能性蒙上阴影。在广受欢迎的“看不见的手”定理以及万众瞩目的全球经济学家的激励下，人们对这个问题的标准政策回应是政府应该重新设计官僚的奖惩体系。我们并不认为腐败无处不在与个人诚信和个人道德承诺的缺失密切相关（或许更适宜的说法是，这些特点受到抑制）。激励机制的设计发挥了一定作用，但我们自身的价值观和道德观发挥的作用更为重

---

① 就归因问题说两句题外话。我要指出的是，尽管现代社会科学家将“看不见的手”作为斯密《国富论》的核心信息，但事实上它只是全书中微不足道的一小部分，而且是针对国际贸易提出的。斯密之前曾在《道德情操论》（*Theory of Moral Sentiments*，1759）以及更早的《天文学简史》（*History of Astronomy*）中用过这个表述，但是其含义完全不同——这两本书是在他去世后出版的。

② 正是这种观点使偶尔的反对声音令人耳目一新，请参见 Rubinstein（2006b）。

要。清廉的政府能做到不腐败，很大程度上并不是因为有第三方在监督这种腐败行为，而是因为官僚们自我监控。标准的经济学理论不涉及这些问题，因为它没有给自我监督留出太多研究空间。

因此，我们没有理由认定，在腐败猖獗的国家里，大多数民众的内在道德水平较低，相反，只是他们在均衡中表现出来的道德水平较低。弗兰克等人（Frank et al. ，1993）从其著名实验中得出的研究发现与此息息相关。他们的研究结果表明，在一些允许个人自利程度不尽相同的博弈里，经济学家的表现最为自私。人们对这个结果的解读千差万别，但我所持的观点是，由于经济学家从课本中了解到所有人都是自利的，而且追逐私利并非坏事，所以他们像其他所有人一样，尽量按照他们认定的标准行为行事（也请参见 Rubinstein，2006a）。① 在腐败的环境中，人们开始将腐败作为常态（此外，偏离常态的成本高于在更诚实的环境里的成本），而且像前文提到的实验里的经济学家那样，人们会试图复制他们所认定的正常行为。②

人们可以从发展中国家的街道上找到最能说明这个问题的范例。在那里，司机们不遵守交通规则，始终以自己的利益为先，而且街道上几乎看不到交通管理员。这应该是新古典主义效率的书本模型。但事实并非如此，这使我们意识到许多课本的核心内容有可能是错误的。

事实上，人类并不是在残酷无情地追逐私利，虽然如果有人向他们灌输“这种行为很正常”的观念，或者他们成长于自私行为无处不在的社会里，他们可能会习得这种行为。如果我们希望社会大步向前，经济发展日新月异，那么就需要培育我们的内在社会价值观，如利他性、正直和公平。

（刁琳琳　译）

---

① 尽管我们完全可以想象，在实验和类似考试的场景下，人们给出的回答是他们认为符合他人预期的回答，因此这些研究结果只是反映了经济学家接受的学科培训，而事实上，经济学家的实际行为和其他人没什么两样。

② 这将我们带回之前提到的方法论问题。研究者认为如果不明确承认人们处于集体的情境中就不可能充分理解人类的行为。Pettit（2002）将这种方法称为“社会整体论”。依据他的观点，情境性（situatedness）是每个人不可或缺的组成部分。正如他所说（Pettit，2002，第 117 页），“人们没有兄弟姐妹，就不了解手足之情，从这种观点来看，人们没在生活中感受过他人存在的经历时，他就不是一个真正的人类。”

## 参考文献

Akerlof, G. and R. Kranton 2000. Economics and Identity. *Quarterly Journal of Economics* 115: 715 – 753.

Arrow, K. J. 1994. Methodological Individualism and Social Knowledge. *American Economic Review* 84: 1 – 10.

Arrow, K. J. 1998. The Place of Institutions in the Economy: A Theoretical Perspective. In *The Institutional Foundations of East Asian Economic Development*, ed. M. Aoki and Y. Hayami. Basingstoke: Macmillan.

Baliga, S. and T. Sjostrom 2004. Arms Races and Negotiations. *Review of Economic Studies* 71: 351 – 369.

Basu, K. 2000. *Prelude to Political Economy: A Study of the Social and Political Foundations of Economics*. Oxford and New York: Oxford University Press.

Basu, K. 2005. Racial Conflict and the Malignancy of Identity. *Journal of Economic Inequality* 3.

Basu, K. 2006. Gender and Say: A Model of Household Decision-Making with Endogenous Balance of power. *Economic Journal* 116.

Basu, K. 2007. Coercion, Contract and the Limits of the Market. *Social Choice and Welfare* 29: 559 – 579.

Basu, K. 2008. Methodological Individualism. In *The New Palgrave Dictionary of Economic*, L. Blume and S. Durlauf. New York: Palgrave.

Battigalli, P. and M. Dufwenberg 2005. *Dynamic Psychological Games*. mimeo: Bocconi University and University of Arizona.

Benabou, R. and J. Tirole 2006. Incentives and Prosocial Behavior. *American Economic Review* 96: 1652 – 1679.

Bernard, J. 1954. The Theory of Games of Strategy as a Modern Sociology of Conflict. *American Sociological Review* 59: 411 – 424.

Blumberg, R. and M. Coleman 1989. A Theoretical Look at the Gender Balance of Power in the American Couple. *Journal of Family Issues* 10: 225 – 250.

Bowles, S. 2004. *Microeconomics: Behavior, Institutions and Evolution*. Princeton, NJ: Princeton University Press.

Burns, J. 2004. *Race and Trust in Post Apartheid South Africa*. mimeo.

Dahrendorf, R. 1959. *Class and Class Conflict in Industrial Society*. Stanford, CA: Stanford University Press.

Darity, W. A. Jr., P. L. Mason and J. B. Stewart 2006. The Economics of Identity: The Origin and Persistence of Racial Identity Norms. *Journal of Economic Behavior and Organization* 60: 283 – 305.

Dietrich, F. 2006. *Welfarism, Preferencism, Judgementism*. mimeo: University of Maastricht.

Eckel, C. C. and R. K. Wilson 2002. *Conditional Trust: Sex, Race and Facial Expressions in a Trust Game*. mimeo: Virginia Tech.

Ellingsen, T. and M. Johannesson 2008. Pride and Prejudice: The Human Side of Incentive Theory. *American Economic Review* 98: 990 – 1008.

Elster, J. 1989. *The Cement of Society*. Cambridge: Cambridge University Press.

Ensminger, J. 2000. Experimental Economics in the Bush: How Institutions Matter. In *Institutions and Organizations*, ed. C. Menard. London: Edward Elgar.

Fehr, E. and A. Falk 2002. Psychological Foundations of Incentives. *European Economic Review* 46: 687 – 724.

Fehr, E. and S. Gachter 2000. Cooperation and Punishment in Public Goods Experiments. *American Economic Review* 90: 980 – 994.

Fershtman, C. and U. Gneezy 2001. Discrimination in a Segmented Society: An Experimental Approach. *Quarterly Journal of Economics* 116: 351 – 377.

Francois, P. 2002. *Social Capital and Economic Development*. New York: Routledge.

Frank, R. H., T. Gilovich and D. T. Regan 1993. Does Studying Economics Inhibit Cooperation? *Journal of Economic Perspectives* 7: 159 – 171.

Fryer, R. and M. Jackson 2003. *Categorical Cognition: A Psychological Model of Categories and Identification in Decision Making*. mimeo: Harvard University.

Fukuyama, F. 1996. *Trust: The Social Virtues and the Creation of Prosperity*. New York: Free Press.

Gambetta, D. (ed.) 1990. *Trust: The Making and Breaking of Cooperative Relations*. Oxford: Blackwell.

Gans, H. 1972. The Positive Functions of Poverty. *American Journal of Sociology* 78: 275 – 288.

Ghosh, D. 2005. *Terrorism in Bengal: Political Violence in the Interwar Years*. mimeo: Cornell University, Department of History.

Gintis, H., S. Bowles, R. Boyd and E. Fehr 2003. Explaining Altruistic Behavior in Humans. *Evolution and Human Behavior* 4: 153 – 172.

Glaeser, E., D. Laibson, J. Scheinkman and C. Soutter 2000. Measuring Trust. *Quarterly Journal of Economics* 115: 811 – 846.

Granovetter, M. 1985. Economic Action and Social Structure: The Problem of Embeddedness. *American Journal of Sociology* 91: 481 – 510.

Granovetter, M. and R. Soong 1983. Threshold Models of Diffusion and Collective Behavior. *Journal of Mathematical Sociology* 9: 165 – 179.

Hauser, M. D. 2006. *Moral Minds*. New York: Harper Collins.

Heinrich, J., R. Boyd, S. Bowles, C. Camerer, E. Fehr and H. Gintis 2004. *Foundations of Human Sociality: Economic and Ethnographic Evidence from Fifteen Small-Scale Societies*. Oxford: Oxford University Press.

Hoff, K. and P. Pandey 2003. *Why are Social Inequalities so Durable? An Experimental Test of the Effects of Indian Caste on Performance.* mimeo: The World Bank, Washington.

Hoff, K., M. Kshetramade and E. Fehr 2006. *Norm Enforcement under Social Discrimination.* mimeo: World Bank.

Iversen, V. 2005. *Segmentation, Network Multipliers and Spillovers: A Theory of Rural Urban-Migration for a Traditional Economy.* mimeo: University of East Anglia.

Knack, S. and P. Keefer 1997. Does Social Capital Have an Economy Payoff? A Cross-Country investigation. *Quarterly Journal of Economics* 112: 1251 – 1288.

Levine, D. K. 1998. Modeling Altruism and Spitefulness in Experiments. *Review of Economic Dynamics* 1: 593 – 622.

Loewenstein, G. and T. O'Donoghue 2005. *Animal Spirits: Affective and Deliberative Processesin Economic Behavior.* mimeo: Carnegie Mellon University.

Luhman, N. 1979. *Trust and Power.* Chichester: Wiley.

Luttmer, E. 2001. Group loyalty and the Taste for Redistribution. *Journal of Political Economy* 109: 500 – 528.

Macy, M. W. 1997. Identity, Interest and Emergent Rationality: An Evolutionary Synthesis. *Rationality and Society* 9: 427 – 448.

Medema, S. 2009. *The Hesitant Hand: Taming Self-Interest in the History of Ideas.* Princeton, NJ: Princeton University Press.

Minkler, L. 2004. Shirking and Motivations in Firms: Survey Evidence on Worker Attitudes. *International Journal of Industrial Organization* 22: 863 – 884.

Myerson, R. 2004. Justice, Institutions, and Multiple Equilibria. *Chicago Journal of International Law* 5: 91 – 107.

Nee, V. and Ingram, P. 1998. Embeddedness and Beyond: Institutions, Exchange, and Social Structure. In *The New Institutionalism in Sociology*, ed. M. Brinton and V. Nee. New York: Russell Sage Foundation.

Pettit, P. 1993. *The Common Mind: The Essay on Psychology, Society, and Politics.* New York: Oxford University Press.

Pettit, P. 2002. *Rules, Reasons and Norms.* Oxford: Clarendon Press.

Platteau, J. – P. 2000. *Institutions, Social Norms, and Economic Development.* Amsterdam: Harwood Academic Publishers.

Qizilbash, M. 2002. Rationality, Comparability and Maximization. *Economics and Philosophy* 18: 141 – 156.

Rabin, M. 1993. Incorporating Fairness into Game Theory and Economics. *American Economic Review* 83: 1281 – 1302.

Rothschild, E. 2001. *Economic Sentiments: Adam Smith, Condorcet, and the Enlightenment.* Cambridge, MA: Harvard University Press.

Rubinstein, A. 2006a. A Skeptic's Comment on the Study of Economics. *Economic Journal* 116: C1 – C9.

Rubinstein, A. 2006b. Dilemmas of an Economic Theorist. *Econometrica* 4: 865 – 883.

Schelling, T. 1972. A Process of Residential Segregation: Neighborhood Tipping. In *Racial Discrimination in Economic Life*, ed. A. H. Pascal. Lexington, MA: D. C. Heath.

Sen, A. 1974. Choice, Orderings and Morality. In *Practical Reasoning*, ed. S. Korner. Oxford: Blackwell.

Sen, A. 1983. Liberty and Social Choice. *Journal of Philosophy* 80: 5 – 28.

Sen, A. 2005. *The Argumentative Indian: Writings on Indian History, Culture and Identity*. London: Penguin Books.

Sen, A. 2006. *Identity and Violence: The Illusion of Destiny*. NewYork: Norton & Co.

Sethi, R. and E. Somanathan 2001. Preference Evolution and Reciprocity. *Journal of Economic Theory* 97: 273 – 297.

Smith, A. 1759 (1976). *The Theory of Moral Sentiments*. Indianapolis: Liberty Classics.

Smith, A. 1776 (1976). *An Inquiry into the Nature and Causes of the Wealth of Nations*. Oxford: Clarendon Press.

Swedberg, R. 2001. Sociology and Game Theory: Contemporary and Historical Perspectives. *Theory and Society* 30: 301 – 335.

Tajfel, H. 1974. Social Identity and Intergroup Behavior. *Social Science Information* 13: 65 – 93.

Turner, J. C. 1999. Some Current Issues in Research on Social Identity and Self-Categorization Theories. In *Social Identity*, ed. N. Ellemers, R. Spears and B. Doosje. Oxford: Blackwell.

Watkins, J. W. N. 1952. The Principle of Methodological Individualism. *British Journal for the-Philosophy of Science* 3: 186 – 189.

Weibull, J. 2004. *Testing Game Theory*. In *Advances in Understanding Strategic Behaviour: Game Theory, Experiments and Bounded Rationality*, ed. S. Huck. London: Palgrave MacMillan.

Zelizer, V. 2005. *The Purchase of Intimacy*. Princeton, NJ: Princeton University Press.

# 改革回顾

Retrospect of Reform

Comparative

# 经济转轨的速度和范围

肯尼斯·阿罗

我们目睹了经济体制不同寻常的本质变化。回头来看，这场变革可以同资本主义从封建生产关系中的兴起相提并论。资本主义的勃兴历经多个世纪，并得益于封建领主同城市商人之间的相互依赖，这弱化了他们之间的对立。我们今天所见证的则是全球经济中一个巨大部分的剧烈转轨，其人口规模远远超出经合组织成员国所代表的发达资本主义世界。

本文将集中探讨前社会主义国家——也就是已经过时的所谓“第二世界”——的变化，尤其是分析采取大爆炸式的休克疗法实现转轨的主流建议。本文针对的基本问题是制度如何建立，以及时间在其中所起的作用。根据新制度经济学的传统，我不把制度发展视为属于其他领域的、独立于经济变化或基于非经济激励的因素。

在全面分析前社会主义国家之前，我们先把世界经济变革的范围扩大到第三世界国家。当然这些地方的情况差别很大，其中大部分过去是殖民地。即使宗主国是彻底的资本主义，殖民地国家也可能实行高度的指令经济，有时是为经济中心服务，有时则是为本土势力的利益服务。经济领导权归宗主国的产业

* 本文最初是为香港中文大学30周年校庆准备的嘉宾演讲稿，在1993年10月5日公开发表。后来虽经修改，仍保持了当初的某些特点。作者相信其基本观点经受住了时间的考验。文章后来发表于 *Journal of Institutional and Theoretical Economics*（2002年）第156期第1卷，第9—18页。作者感谢 Rudolf Richter 的鼓励与修改建议。

集团，本土的企业家很大程度上是依附关系。除中国香港以外，其他殖民地都没有出现能自我维持的经济发展，也没有建立欧洲国家和欧洲衍生国家常见的关键制度。

我们知道，第三世界国家采取了各不相同的发展道路。许多前殖民地国家选择了计划经济模式，显然是受到苏联的很大影响。几乎没有哪个国家采取自由放任政策。发达资本主义国家在大萧条中暴露了资本主义的消极面，因此从第一世界到第三世界国家，都存在相当多的政府干预元素。不过某些第三世界国家虽然有政府的引导，却主要依靠市场导向的力量，而其他一些国家则实行广泛的政府控制。

不同的发展道路产生了大家都知道的不同结果。这里想强调两点：时间因素以及良好的政府引导的作用。即便是西欧国家的经济发展奇迹，也花费了比我们可能想象的更多时间才实现。如果不够仔细，在回顾历史时可能出现严重的误导。只看到最终实现的繁荣状态，我们很容易忘记人们所经历和忍受的漫长岁月。此外，欧洲大多数国家的政府也采取过某些计划手段（尽管可能效果甚微），更重要的是还推行了充分就业政策。

在这种环境下，有几个发展中国家表现良好，其他相对较差。这里，我们也必须强调时间因素。即使对最终表现优秀的韩国和中国台湾而言，也用了数十年时间才取得显著改进，而不是短短几年。这两个经济体尽管都依赖市场激励，却毫不犹豫地利用了资本配置、出口补贴和保护措施来引导经济活动。

我并不打算对发展中国家的进步做全面评述，因为它们的相对成功或失败需要考虑太多因素。本文要强调的是：占世界很大版图的经济体制发生的剧烈变化并非始自 1989 年，而是从 1946 年就已经开始；各国政府总体来说并没有放弃在经济活动中发挥作用；以及取得经济进步的过程需要时间。这里的时间不是说很多世代或者很多世纪，而是大约数十年，使人们有希望在自己的有生之年看到改善。

下面转向本文的主题，即东欧和前苏联各国在近期以及当前的变革。我并不针对特定国家的具体问题，而是聚焦于经济学理论可以揭示的转轨领域，尤其关注前面提到的两个主题：时间因素与政府引导的作用。下文将会指出，这两个主题其实是相互联系的。

为引出问题，我必须谈谈价格体制与市场的作用。经济学家们非常充分地论证过价格体制的效率优势。其含义是：在这种体制中，企业以买卖双方认可的价格购买投入品并出售产品。企业必须通过自己的销售收入来弥补成本，而不是通过补贴等手段。企业愿意为投入品支付的价格取决于它对各种投入品的价值判断，而卖方通过成本来评估自己产品的价值。由此可以认为，当某家企业购买其他人的产品时，它给出的价值判断至少应等于卖家花费的生产成本，才能使所有交易都能增进社会的净福利。总之，这种观点认为价格体制能给社会带来净收益。

最终消费者也适用类似的理论。在价格体制中，消费者给某个单位的特定产品的价值判断必须不低于其社会生产成本。这个观点有很多条件，需要用比这里精确得多的方式来表述，但有关价格体制的基本观点不外如此。

市场体制是比价格体制更大的概念。市场体制的假设是，单个的企业与家庭根据价格水平制定各自的产品和投入决策。在苏联式的命令控制体制中，企业的许多决策是由中央部委制定的，产量有配额，特定投入品的使用也有限制。我们可以设想基于价格的另外一种命令控制体制，在通常情况下，各家企业对产品与投入品知道的信息要远多于任何中央部委。从效率出发，决策权应该交给掌握信息最多的人。

经常有人说，私有化是市场体制不可分割的伴生品。但从理论上讲，做到这一步并不等于接受价格体制或者市场。我们知道，对利用市场来运行社会主义体制的探讨由来已久。意大利经济学家帕累托（Vilfredo Pareto）与巴罗内（Enrico Barone）等人在“一战”前就提出了这个议题，更多是出于理论设想，而非实践意义。到社会主义盛行于东欧和苏联时期，部分社会主义经济学家曾反复呼吁用价格体制来取代计划指令体制。我认为，即使作为理想，市场社会主义的时代也已一去不返，但在转轨时期它仍有现实意义。

如果价格体制和市场体制对提高效率那么有效，为什么不马上采纳，废除一切价格管控，让企业根据供求设定价格，自由选择其产品和投入品？这正是波兰和匈牙利，以及稍后的捷克和俄罗斯所发生的事情。理论上说，我们将看到效率的大幅提升，以同样的劳动和资本会生产出更多的产品。

然而东欧和苏联所有地方出现的短期结果都是极其负面的。波兰的生产下滑后来得以止住，经济重新增长，产出回升到 1989 年的水平以上，但并无任何显著的提高。捷克和匈牙利要差些，但大体类似。俄罗斯的生产下滑则迄今（截至作者写作此文时）仍在持续，官方估计的产值约仅为 1989 年水平的

50%，实际产值或许要高些，但肯定也显著低于1989年。毫无疑问，这里有许多因素的影响，而我要强调的时间因素与对价格和市场体制的深入理解密切相关。在经济生活中，既要考虑未来也要考虑现在。这听上去无关痛痒，许多时候也着实如此，但其中确有值得思虑之处。

我所指的时间因素可以这样做个看似矛盾的表述：未来决定着现在。它似乎违反了通常的因果律，但其含义是，我们对未来的预期会影响现在的行动。生产企业是个现成的组织，它有自己的历史，也预期会有未来。今天要采取的行动，部分取决于企业当前对未来的信念。这在企业的投资决策中体现得最为明显，无论是要增加机器厂房实现扩张，还是出售部分业务进行收缩。如果企业打算扩张，还要决定销售何种产品、制定什么价格。企业要购买的特定机器将涉及不同投入品的价格预期。如果能源价格预计上涨，则企业会购买最节能的设备。读者还可以想到很多类似情形，预期决定着现在的选择。

需要注意，今天的经营在部分程度上取决于过去形成的资本装备，这些资本装备是根据当时的投入品的价格和选择范围以及销售前景形成的。整个经济体制的当前行动与投资计划都要根据对未来的预期。

对经济体制的激进重组是打算对其全盘改变，这意味着对未来的整个预期体系出现变化。过去由中央政府计划所保证的供给，如今取决于此前从未经历过的市场运转过程。确定的市场不复存在。过去的进口商品受到严密的配额管制，如今可以和国内产品竞争，给买方带来更多机会，却压缩了卖方的市场份额。在苏联及其加盟共和国，过去的石油价格低于国际市场行情，并能保证供应，因此能源的使用极其缺乏效率。如今俄罗斯的石油可以在世界市场上自由销售，国内的用户则必须支付更高的价格。

此外，过去制定的价格更多反映政策需要，而非实际成本。生产设备的定价偏低，对资本的使用没有收取恰当的利率水平。因此企业的资本投入过多。最后一点是，企业其实无需收回成本，在出现经营错误时，中央银行可以为它们解困。用匈牙利经济学家雅诺什·科尔奈的术语来说，这些企业的财务是“软预算约束”。

所有上述预期都被快速而剧烈地改变。事实上，这正是终结计划和命令式经济体制所要达成的主要经济目标之一。然而预期的改变意味着整个经济体在踏上市场经济体制的新路时，背负着为完全不同的世界准备的资本设备。选择这些资本设备时的预期，与新世界的场景大不相同。

不出意料的是，新的经济体在耀眼的新世界面前步履蹒跚，难以适应。必须经历一段时期之后，经济体才能充分利用市场带来的新机遇。社会制度需要做出相应改变，更增添了适应的难度。市场环境在很多地方是自负盈亏的企业之间的合同关系，特别是，信贷工具、债券、股票、抵押贷款等对于市场机制的快速发育至关重要。在资源配置主要依靠中央计划的过去，所有这些合同充其量只能发挥次要作用。资本品必须根据新的预期进行调节，市场所需要的法律和其他制度条件同样如此。正如资本品的调节必须有充分的时间，制度的调整也是个长期过程，不能把美国或西欧的制度简单地照搬进口。企业家们必须了解制度的含义，制度本身也需要学会如何运转。例如，创造一种新的信贷工具要求多个政府部门和私人部门共同加入行动。在其他经济体有很长历史、运行良好的制度也必须发展出适应本地的运行模式。另外还必须根据不同环境进行调整，在预期的形成中，历史的作用举足轻重。

现在我要列举若干原因，以解释为什么经济的剧烈重组容易导致反应滞后，为什么我们必须有耐心。这些论述也表明，向市场的渐进转轨可能优于剧烈的变化。预期的改变可以更为缓慢，使任何时点的物质资本和制度资本不那么容易被完全淘汰。渐进的转轨需要引导，而对经济的普遍引导只能来自政府。政府引导经济活动的历史毁誉参半。大多数欧洲国家的政府在“二战”后初期的积极行动并未阻碍发展，但随着经济的成熟，这些行动变得越来越无效甚至有破坏性。

与渐进式转轨的论点相反，有一种意见强调转轨的可信度。在 1989 年之前，苏联及其卫星国都有过多次向市场体制、至少是市场激励体制靠近的尝试，但这些尝试都失败了，因为人们不相信它们会永远维持。实际上，不能弥补亏损的任何企业都正确地预见到自己会得到某种形式的补贴或贷款的扶持，而不是像市场体制要求的那样走向破产。当然更确切地说，匈牙利经济之前开展了某些更持久的改革，并对后来向市场经济转轨提供了帮助。

较缓慢的转轨更容易被逆转。每个阶段都会产生受益者和受损者，受损者可能利用政治地位阻挡或逆转变革。于是，对改革逆转的担忧会妨碍企业家们的承诺。投资者显然不愿意面对不确定的结果，如产品售价可能因为政府法令被下调，很大部分利润可能被政府拿走用于其他目的等。

由此可以认为，必须有很高的可信度，向自由市场体制的转轨才会持续下去。极为快速的转轨当然容易有可信度，因为这会产生反对倒退的利益群体。

但正如我们看到的那样，此类大爆炸式的政策至少具有极大的难度。

我还没有提到大多数人所认为的市场改革的一项关键的必要措施，即生产的私有化，把企业交到私人手中。在恰当的制度环境中，私有化当然可以确保市场的生命力。我们或许可以认为，大量企业的私有化是确立持续的市场体制的长期要求。可是，我们也必须慎重考虑私有化的步骤，以及更重要的，私有化的具体实现方式。

私有化不但是维护市场体制的关键，而且私有化过程影响着整个市场改革的可信度。一旦企业被私有化，就产生了支持市场体制、反对回归中央控制经济的新的利益群体。

然而，上述所有关于私有化的观点并不表示国有经济能够在短时期内（两三年甚至五到七年）实现私有化。这里又涉及我们要谈的资本转移问题，具体来说不是特定的资本品，而是在储蓄积累意义上的资本。如果私有化要求以公平的价值出售资产，显然快速的私有化是不可能做到的。转轨经济体并没有购买力储备来立刻购买经济活动中的资本性资产，每年的出售数量实际上受制于每年的储蓄水平。显然，需要很多年才能买下经济体中的厂房和资本装备。

以公平价值出售资产必然是个漫长的过程，还有第二条理由。在快速转轨的背景下，对公平价值并没有清晰的定义。给生产企业标价需要对其未来的盈利能力进行某种预测，进而要求预测未来的基本价格水平。可是在转轨过程中，这类预测缺乏基础。在高度发达的自由经济中，过去可以作为未来的向导。相反在转轨阶段，对未来的预期大不同于过去。所以，对企业价值的评估存在巨大的不确定性，其资产出售将在很大程度上取决于运气。没有理由认为企业所有权会落到最有能力实现高效经营的人手里。

还有第三条不利于私有化的理由。过去的产业结构（尤其是重工业）适应指令控制模式，往往不能满足市场的需要。一个重要的例子是，社会主义国家的企业经常占据垄断地位，至少是地区性的垄断者。这种安排可以简化中央计划经济的管理。可是在市场体制下，竞争会把价格压低到接近成本的水平，技术落后会受到惩罚，垄断并不是最优的经营方式。

社会主义的产业组织模式不止面对垄断这个结构调整难题，我想强调的是私有化（尤其是资本密集型产业的私有化）要求对所谓的重组做大量准备。特别是，要把现有企业拆分成可以私有化的企业，并非唾手可得，而是必须进行规划设计。

再概括一下之前的观点，私有化从长期而言对市场体制极为重要，并可以培育防止市场改革逆转的必要信心。但另一方面，私有化又面临很多困难，只能以较慢的速度推行，这出于三方面的原因：完成私人购买所需要的储蓄只能慢慢积累；市场的良好运转需要充足的时间，才能恰当评估企业的出售价值；从效率上考虑，生产部门应该在出售之前完成重组。

不过在俄罗斯和其他若干国家，企业向私人转手依然在推进。由于这些企业不能履行真正的私有化程序，实际的做法是把它们赠送给较为任意地选出来的个人，例如在俄罗斯，通常是交给之前的经理人。这种做法未能创造出一个有活力的体制，这在俄罗斯表现得非常明显。尽管波兰、捷克与匈牙利的效果与之相比要好得多。

我特意强调正确开展私有化所面临的困难，是为了说明有必要采取某些措施以缓解暴露的这些问题。我们必须抛弃对经济中的所有方面一刀切的想法，创造市场机制、实现企业私有化的困难对不同生产活动来说绝不是相同的。向市场机制和私有企业转轨的政策应该认识到其中的差异，并有效加以利用。

具体来说，私有化面临的最大难题来自资本密集型产业，其中最主要的是积累必要的私人资本来购买企业。企业重组对重工业也比对零售业等显得更有必要性。服务业向私人所有制转型更容易，特别是对涉及分销和贸易的产业部门。轻工业的转型则比钢铁、汽车等重工业更容易。因此，我们应该首先专注于这些产业的私有化。

更具体地看，应该率先推进私有化的是单位产品的资本要求较低、企业家在经营中直接参与度更高的产业。事实上对这些产业而言，“私有化”一词或许都没有传递正确的含义。出售现有的国有企业其实并无太大必要，我们更应该看到新的企业创建出来，并投入生产，应该看到企业家们开办新的餐厅、商店和批发企业等。当然在某些情况下，他们会买下国有企业的现成实物资产，但那不是关键所在。

有时我们会忘记，在资本主义体制下，供给的扩张甚至维持往往是采取新企业进入的形式，而非老企业的扩张或维持。这对小型企业、资本密集度较低的企业来说尤其如此。正是以这一形式，才会出现很多新的创意和经营技能。事实上大多数的新就业岗位是由新企业、成长中的小企业所创造的。出于相同的原因，转轨过程中的资本密集度较低，产业的发展不需要严格的规划引导。

但政府的确需要在创建良好的电信和交通基础设施，尤其是现代化的信贷体制方面发挥促进作用，还应该有意愿出售资本密集度较低产业的国有企业，或者关闭亏损企业。在俄罗斯，房地产目前依然控制在各城市当局手中，地方政府必须有意愿把房产出租或出售给新的企业。

在东欧和苏联的体制下，商业、分销和轻工业长期受到忽视，这个事实有利于转轨进程。马克思主义的意识形态强调物质生产优于销售，重工业优于轻工业，结果使得今天对这些受忽视领域的投资容易取得较高的生产率。

发展此类需要资本较少、需要企业家技能较多的产业，让这一自然过程持续下去，会促使储蓄资金进入有生产力的企业，而不是用于购买重工业企业的所有权，大量资本依然在政府手中。

当然重工业最终要转移到私人手中的问题依然存在。如前文所述，该进程必须要慢，但最终仍需完成。在我看来，这一进程也应服从资本密集度较低产业所遵循的基本原则，只是时间跨度更长。我们真正需要的并不是把现有的资产和企业转移给私人，而是逐渐用新的资产和企业去替代它们。

即使对重工业而言，资本资产与生产手段也在随时间改变，由此可以认为，现有的资产和企业在未来没有特殊地位。转轨时期尤其如此，因为前文提到，社会主义体制下的激励扭曲导致资本结构高度缺乏效率。德国的经验最能说明问题，在前社会主义国家中，德国的条件最适合开展有条不紊的私有化，但大多数东德企业的机器设备目前正在被废弃，土地以及某些厂房尚有价值，却都因为环境破坏而贬值。

因此我的预计是，随着资本密集度较低产业的兴起，其中产生的利润将可以用于创立新的重工业企业。有可能是轻工业企业进入重工业领域，或者利用轻工业和商业的资本积累而创立新企业。在发展过程中，新的重工业企业会发现值得从老企业那里购买某些厂房和设备，但它们还必须购买新的设备。我估计后者才是主要部分。

重工业里当然有许多部分可以成为新的经济体系的有活力和有用的成分。在完全私有化之前的较长时期里保持重工业运行的任何安排，都必须让那些有着适用的资本品和管理能力的单位成为私有化以后的有活力的企业。

下面我从两个方面对本文进行总结，一个较为宽泛，一个更具体。对于转轨的细节，我首先勾画出自己认为的实现向自由企业体制转轨的优先道路。在某种程度上，目前已经开展的私有化措施已经跨越了我所设想的步骤，但我认为其中的理论逻辑对未来的行动依然有所启示，特别是对俄罗斯而言。私人企业应该从商业和轻工业起步，让企业家们从现有储蓄中直接或间接取得融资，自由进入这些产业。从长远来看，这些产业中产生的利润可以用于支持新的企业进入重工业。在此期间，重工业还应该重组出有生存能力的企业。重组可以包含多个目标：企业应该尽可能具有竞争力，应该形成自然的、适合经营管理的经济单位，在有盈利能力后便于开展私有化等。政府在初期控制着这些企业的所有权，但只是扮演股东的角色，企业都应该是独立的公司。接下来政府可以卖掉行情看好的企业的股份。每家企业都需要自负盈亏，政府要做好关闭长期亏损企业的准备。这一过程将实现重工业的现代化，以高效率地生产出经济体和顾客真正需要的产品。这一过程需要时间，十年或者更久。政府需要发挥几方面的主要作用，其中包括建立现代经济所需要的法律和金融体制，为私人企业提供物质基础设施，以及妥善处理其中的衰退产业。

更一般地说，我不赞成对社会和经济弊病采取大爆炸式的解决方案。政府只是社会中的一个有限组成部分，现实生活中还有许多中间制度，形成了人与人之间交易的基础。政府采取的激进行动如果与这些制度的运行不协调，将产生无效甚至破坏性的结果。法律方面的改变必须与社会主流做法和预期相一致，虽然法律对改变预期很重要，但不是全能的。经济组织方式的剧烈改变，即便是为了削弱政府的权力，也并不容易落实。借用鲁道夫・瑞切特给我的建议，制度变革既是路径依赖的，也是预期依赖的。

（余　江　译）

# 中国与世界银行

## 伙伴关系是如何建立的

鲍泰利

过去27年来，中国非凡的经济增长比推动政策改革的深层努力与斗争更令人瞩目。中国从计划向市场的谨慎渐进转型，没有相似的历史可以借鉴。这一进程启动于1978年12月中共十一届三中全会，当时邓小平以杰出领袖身份，力劝其他领导人共同对中国的发展方向发起根本性变革。① 不到一年前批

---

* Pieter Bottelier，经济学家、中国问题专家，约翰·霍普金斯大学高等国际研究学院资深客座教授，美国大企业联合会（The Conference Board）中国问题高级顾问，1993—1997年任世界银行驻中国办事处首代，在此之前他陆续担任世界银行拉美和北非地区的主管，世行驻墨西哥代表处主管，世行驻印尼代表处首席经济学家等职位。他还撰写了许多关于中国经济的文章。本文原载于《当代中国研究》杂志（*Journal of Contemporary China*，16（51），2007，pp. 239－258）。感谢作者及《当代中国研究》杂志主编赵穗生教授同意我们翻译并发表此文。——编者注

非常感谢Steven Dunaway、Jessica Einhorn、Parvez Hasan、Bert Hofman、Nicholas Hope、Erch-eng Hwa、Shahid Husain、林重庚、Stephen McGurk、Anthony Saich、Douglas Scott、杨锦麟和邹加怡的有益评论。笔者曾任1993年1月至1997年7月世界银行常驻中国代表团团长，对文中可能存在的错误负全部责任。

① 在指出中美关系正常化是一个重要成就后，1978年12月的十三届三中全会发表公报提出（例如）了如下“新经济措施”：

- 积极扩大与其他国家平等互利的经济合作；
- 在领导层的指导下大胆下放权力，让地方政府、工业和农业企业获得更大的管理决策权；
- 切实解决因党政不分、政企不分而导致的失灵；
- 减少会议和文件数量，认真采取考核、奖惩、晋升和降职的做法。

其他评论参见Thomas G. Rawski，Reforming China’s Economy：What Have We Learned? 1999年1月 *The Chinese Journal* 第41期。

准实施的苏式十年发展规划（1976—1985 年）被弃置，转而实施临时“调整计划”，支持有利于投资增长和重/轻工业发展的消费。农产品支持价格被提高，重新引入家庭农业并恢复农村市场（已经作为地方举措在四川和安徽推行）获得认可。另外，1979 年四个经济特区开放，以吸引外资，打造通往外部世界的“窗口”。1984 年，市场改革延伸到了城市地区和国有企业。

直到 1993 年底，中国才推行勉强还算全面的国家改革议程；一年前，中国共产党第十四次全国代表大会正式通过以“社会主义市场经济”推动中国发展的概念框架。同时，在市场力量和国际承诺的推动下，包括 2001 年 12 月中国加入 WTO（世界贸易组织），改革进程不断深化，并逐渐步入自行推进阶段。中国应对经济转型及发展的独特模式，有时被称为“北京共识”。① 这个概念没有确切含义；主要用于比较中国务实的制度导向型改革和所谓“华盛顿共识”② 的政策导向型自由化策略。

中国的改革进程得益于和世界银行、国际货币基金组织等多边机构的积极关系。这两个机构为中国在专业和政治中立的国际环境中学习他国经验创造了独特的机会。尽管 1944 年布雷顿森林会议建立世界银行（以下简称世行）和国际货币基金组织（以下简称 IMF），以及 1947 年关税及贸易总协定（GATT）签署时，中国是创始成员之一，但直到 1980 年中国在这两个布雷顿森林机构董事会的代表权从台北移至北京，以及 2001 年加入 WTO（接替了关贸总协定）后，它才开始从中获益。③

中国没有使用 IMF 的任何融资工具。不过，它在 1986 年从 IMF 获得了 5.977 亿美元的储备金，用于支撑自身的国际储备。④ 中国与 IMF 的关系，集中在发展宏观经济制度、政策和统计的经济咨询与技术援助上。它与世行的关

---

① “北京共识”一词首创于雷默（J. C. Ramo）写给“外交政策中心”（英国首相托尼·布莱尔赞助发起的一个欧洲智库）的文章“The Beijing Consensus: Notes on the New Physics of Chinese Power”。

② “华盛顿共识”一词由国际经济研究所的约翰·威廉姆斯（John Williams）创造于 1990 年，意指 1989 年以来位于华盛顿的三大机构针对拉丁美洲国家提出的一系列基本政策主张。这类建议强调财政纪律、贸易和价格自由化、放松管制、竞争性汇率、国有企业私有化和保护产权的重要性，它关注的主要是政策而非制度。

③ 关于中国重返布雷顿森林组织的事件与思考，详见 Harold K. Jacobson and Michel Oksenberg, *China's Participation in the IMF, the World Bank, and GATT: Toward a Global Economic Order*. Ann Arbor, the University of Michigan Press, 1990。

④ 这是所有成员国的常规业务。

系则迅速变得极其广泛而深入，涵盖了大部分经济领域、社会和区域发展、环境保护和宏观经济改革。中国成为世行的最大借款人，也是20世纪90年代初最大的技术援助受益者之一，而这个项目在该十年末才开始缩减。

中国与世行的合作伙伴关系对双方来说都是紧密而重要的。世纪之交，一项有争议的青海扶贫项目导致中国与世行出现严重冲突①，但是双方的合作关系未曾动摇。当然，时光荏苒，这一关系的性质发生了变化。随着经济的发展，中国专家具备了专业知识和国际经验，中国抓住挺进世界资本市场的机会并可以从很多其他渠道获得建议，世行对中国的相对重要性逐渐下降。1999年，中国不再能获得世行的软贷款（即国际发展援助，IDA）。大致在同一时间，世行承诺的标准贷款规模也不得不压缩，以避免其银行资产负债表对中国的风险敞口过高。② 自那时开始，世行在中国的作为越来越小、越来越低调，这反倒是成功而非失败的标志。从20世纪90年代末起，中国主要依靠世行汲取发展方面的选择性技术、制度和概念创新。若想完整叙述中国与世行的合作伙伴关系，可能要写上一堆的书。③ 本文仅锁定重要事件，描述这一合作伙伴关系如何始于1980年，并发展到20世纪90年代中期。我将中国和世行的合作伙伴关系分为两个部分：

**联合研究、会议、项目融资和技术援助的作用**

这部分介绍双方为培育关系做出的努力；重点阐明世行如何通过分析研究和政策对话，助推政策思维改革和制度建设方面的改革；并解释由世行支持的项目如何作为技术援助和制度建设的工具发挥作用。

**经济再集权与现代宏观经济管理的兴起——1993年大连会议**

这部分是小型案例研究，主要讨论1993年大连会议（由世行、财政部和国家经济体制改革委员会共同组织）的作用。该会议致力于为20世纪80年代和90年代初中国经济增长的“走走停停”模式和通胀恐慌提供解决方案。这

---

① 这场冲突的相关分析参见：Pieter Bottelier, Was World Bank Support for the Qinghai Anti-Poverty Project Ill-Considered? *Harvard Asia Quarterly*. Vol. V. No. 1. Winter 2001。

② 世界银行的正式名称是国际复兴开发银行（IBRD）。国际开发协会（IDA）成立于1960年，专为最贫穷的发展中国家提供十分优惠的贷款。国际开发协会的资金每三年由捐助国补充。国际复兴开发银行基于商业目的资助全球资本市场的资本需求。

③ 关于中国和世界银行早期的合作关系，可参见 Edwin Lim 颇有洞见的个人记述，Edwin Lim, Learning and Working with the Giants. Chapter 5 in S. Gill & T Pugatch (editors), *At the Front Lines of Development. Reflections from the World Bank*, The World Bank 2005。

次会议帮助达成了一个共识，即推动局部的财政金融再集权，改变宏观经济管理方式。

## 一、联合研究、会议、项目融资和技术援助的作用

1979 年 1 月 1 日中美建交后不久，种种迹象表明，北京方面希望恢复中国在世行董事会的席位。① 1980 年 4 月，在行长罗伯特·麦克纳马拉（Robert McNamara）的领导下，世行代表团第一次正式访华，讨论中国政府恢复世行席位的请求。邓小平接见了代表团并表示：我们很穷。我们同世界失去了联系。我们需要你们帮我们迎头赶上。没有你们我们也能做到这一点，但有了你们，我们能做得更快更好。② 中国在世行的席位变更很快被排上日程；1980 年 5 月，董事会批准了北京的请求。

麦克纳马拉窥见了一个历史机遇，也意识到帮助中国重新调整发展模式，世行将面临空前巨大的挑战。他无视美国政府对中国政府早日返回世行的保留立场，亲自率队首次访华。就这样，麦克纳马拉为世行作为一个对中国非常重要的独立多边机构树立了信誉。

最初的几年，世行专家与中国同行通过联合研究和相对简单的项目，致力于知识和工作关系的建设。经年累月，这些研究和项目变得日益庞大和复杂。1989 年“政治风波”才过数周，1986—1991 年任世行行长的巴尔伯·康纳伯（Barber Conable）便不顾美国反对，批准世行代表团前往中国，巩固了世行的独立声誉。此次代表团的目的是讨论如何在政治动荡时期维持经济改革势头。当时很多国家都撤回了使馆工作人员并对中国实行制裁。

尽管 1980 年 5 月重新加入世行之后中国渴望尽快获得大量资金援助，但是对世行需要仔细选择优先项目、进行全面评估、了解相关行业背景、然后才会提交董事会批准的过程，中国表现出了耐心和体谅。许多领导人最初的确感到失望，可中国仍然理解为什么世行不可能立即提供大量优惠的国际发展援助资金。

---

① 自 IMF 和世行 1946 年开始运行时起，中国就一直是它们的成员。不过在 1949 年中华人民共和国成立之际，中国在这些机构的董事会代表权随国民党政府转移到了台北。

② 与 Caio Koch-Weser 的个人交流，1980 年 5 月中国重新加入世行后，Caio Koch-Weser 是第一任世行中国项目部主任，他还作为世行行长麦克纳马拉先生的私人助理参加了邓小平的首次会见。

中国不仅承认开展前期经济研究和行业研究的必要性，而且积极参与其中。自20世纪50年代初以来一直闭关自守的中国，1980年的时候对世行来说就是一个黑匣子。只有少数中国政治领导人和高级公务员接触过国际大环境，而了解西方经济学的人更是少之又少。世行被视为宝贵源头，可以提供技术建议、相关国际经验以及其他国家发展成败的各种信息。世行扮演了引导者的角色。由于它是政治上中立的独立组织，所以在改革初期，它能够充当中国与西方世界之间的“缓冲气垫”。双方都很认真地对待这种关系，并精心做好准备。了解中国的经济、它存在的问题和发展选择，一开始就是一场联合演习。

中国派人访问世界各地，学习世行的其他发展中成员国的经验，随后国务院把与世行往来的任务交给了财政部。财政部迅速在其内部和政府机构之间建立行政管理机构，以便处理彼此的关系。① 国家计划委员会（2003年起改为国家发展和改革委员会）也在推动中国与世行的合作伙伴关系中起着重要作用，特别是在确定优先项目上。这些举动确保世行项目成为中国发展规划不可分割的一部分。起初，外交部同样接待过世行的代表团，但它始终很少参与项目，很快就被终止了这方面的活动。几乎没有哪个成员国像中国这样，在各个层面上有目的、高效率地与世行打交道。

## 1.1 研究及会议在合作项目中的作用

1980年5月中国恢复席位以来，世行面对两个紧急任务：（a）同意中国请求世行支持的优先项目，（b）了解这些项目更广泛的经济和行业背景。世行同时开展这些任务。1980年6月/7月，东亚地区副行长沙希德·侯赛因（Shahid Husain）率队访问中国，讨论优先项目以及项目评估、监督、采购和资金拨付等程序。当时中国没有处理世行贷款的行政管理架构。侯赛因代表团与中方就关键的程序与管理原则达成一致，并赞同有必要对中国的经济进行总体研究。1949年以来头一回，在中国专家的积极参与下，“西方”机构被邀请前来全面研究中国经济。② 代表团还同意派遣技术专家，评估中国是否有能力制定并实施适合世行支持的项目。

---

① 财政部设立了一个分支结构式的世行部门，对应于华盛顿世行的中国部门。

② 自从1960年苏联顾问撤出中国后，直到20世纪70年代末市场改革开始之前，几乎还没有外国顾问直接参与中国的经济事务。由于邓小平的领导能力和务实思维，当时西方经济顾问普遍抱持的疑虑很快就消除了。

1980年秋天，世行向中国派出首个经济代表团。从10月到12月，32名世行人员多次参加，其中包括经济学家、农学家、工程师、卫生专家、教育专家和其他领域的专家。另外，来自美国、欧洲和日本各所大学的11位杰出中国专家负责提供背景文件。① 访问团由帕尔韦兹·哈桑（Parvez Hasan，当时世行最有经验的经济学家之一）和林重庚（Edwin Lim）领导。② 中国组织了与此匹配的团队，其中就有朱镕基（1998—2003年担任总理），他刚刚获得政治平反，是中国社会科学院工业经济研究所的一名经济学者。③ 世行首次访华经济代表团的阵容和意义，在该机构的历史上几乎都是无与伦比的。

世行代表团惊讶地发现，中国用于中央计划的苏联式物资平衡表预测存在严重缺陷。例如世行代表团预测，倘若中国不投资新的石油提炼技术，不寻找新的石油储量并投入生产，那么大约在20世纪80年代中期，中国将成为石油净进口国。④ 报告还强调，必须制定一套提高能源效率的综合战略。政府对这些结论大为吃惊，因为它刚刚签署了一份主要向日本出口石油的长期协议，期待中国可以无限期享受石油贸易盈余。实际上，当时的中国将石油和其他原材料出口视为创造足够外汇收入，以支付国家现代化所需进口物资的最大希望。结果，1993年中国就成为石油净进口国。

代表团在一份1000页的多卷本报告中陈述了调研结果，报告题为“中国：社会主义经济发展”（China：Socialist Economic Development），并在1981年6月第一笔项目贷款提交审批之前呈交给世行董事会。报告分析了中国的经济形势和规划方法，不仅涵盖大多数经济部门，还追溯了中华人民共和国1949年成立以来的部分经济历史。它被译成中文，并在经济工作者之间传阅。政府最高层对总结报告进行了讨论。两年后的1983年，中国同意无限制公开该报告。这是扩大开放的一次突破。虽然中国同行已经做好合作的准备，但最终的报告仍由世行专门负责。报告主要是回顾性的，探索中国在技术和生活水平方面落

① 他们是Randolph Barker、Wlodzimierz Brus、P. C. Chen、Mark Elvin、Shigeru Ishikawa、Nicholas Lardy、Dwight Perkins、Thomas Rawski、Ashwani Saith、Peter Schran和黄佩华（Christine Wong）。

② 林重庚在20世纪80年代推动世行的中国项目中扮演了重要角色。他成为世行首任驻华代表（1985年），并一直任职到1990年。

③ 加入该团队后不久，朱镕基成为国家经贸委技改局局长。

④ *China：Socialist Economic Development*，第1卷，第185页及以后各页，第2卷第200页及以后各页。World Bank（1983）。

后的原因。报告概述了为中国经济问题寻找解决之道的方向，建议抱持耐心和谨慎态度。世行的报告与当时中国一些主要经济学家薛暮桥、于光远、刘国光、马洪、董辅礽等人给出的结论是一致的，但又超越了这些结论。①

报告的基调和重点反映在第 19 页的摘要和结论部分："因此，对当前问题的恰当回应可能是，在未来几年更加重视设计一套平衡的综合改革计划。这不一定仅仅针对温和的改革过渡阶段，也不意味着应该迅速推进这样的改革，鉴于目前的结构性失衡、价格扭曲、金融机构和金融工具薄弱，这样做其实并非明智之举。但是，应当更认真地思考不同改革层面之间的关联，以及怎样相互步调一致、循序渐进地在不同战线取得进展。同样重要的是应该认识到，眼下就想恢复中央对投资和价格的控制未免操之过急：中国和其他国家的经验表明，中央计划者往往不是'全知全能'的，试图自上而下直接、僵化地计划一切很可能导致总体效率低下，有时甚至是系统崩溃。"② 尽管 1980 年的时候，"制度经济学"不像今天这么流行，不过报告清楚、敏锐地察觉到了快速改革的制度约束。

20 世纪 80 年代初世行给中国提出的改革方式和 90 年代初它给俄罗斯提出的改革方式可谓对比鲜明。尖锐分歧的主要原因无疑在于政治背景——共产主义政治运动在苏联已经站不住脚，但在中国则完全不同。而且，苏联集团的经济互助委员会（COMECON）贸易体系已经坍塌。处理俄罗斯问题的世行经济学家顶着巨大压力，想拿出快捷的解决方案。许多人无疑受到 20 世纪 80 年代拉丁美洲经历的影响，当时的重点是把价格搞对（通过快速开放市场）以及稳定宏观经济。根据所谓"华盛顿共识"的经济改革方式，正如世行同意拉丁美洲推行的改革一样，俄罗斯的改革对制度的强调不如中国，尤其是 1991 年以后。世行在中国的压力较小，因为中国经济运行正常，政府运作良好，知道自己想从世行那里得到什么。它鼓励世行从长期观点看待中国的改革需求——政策和制度，同时希望分享相关的国际经验。

起初，中国对诸如匈牙利等东欧国家的经验兴趣盎然，匈牙利 20 世纪 60 年代末开始实施由国家主导经济的市场机制。为促进学习，世行与东欧专家组织了一场探讨这类改革的会议——1982 年莫干山会议。会议结束时中国认为，

① 1978 年以后中国市场改革的一个突出特点是，获得了在苏联和中国大学接受过马克思主义经济学培训的中国经济学家的启发和支持。

② 这些写于苏联解体的十年前！

东欧经济改革更侧重价格调整而非实际市场改革，于是渐渐转向东欧以外寻求自己的改革策略。① 这种重新定位还反映在 1985 年巴山轮会议上，该会议也是世行组织的。会议为期 4 天，在从重庆航行到武汉的长江轮船上召开，高级官员和政府经济学家从 7 位著名国际经济学家②那里，切身学习现代市场经济的运作和其他发展中国家的经验。

世行第二份关于中国经济的正式报告在第一份报告的 4 年后（1985 年）提交给了董事会。当时的世行行长汤姆·克劳森（Tom Clausen，麦克纳马拉的继任者）在 1983 年访华期间与邓小平等国家领导人会晤时，已对第一份报告的重点达成共识。邓小平对世行关于 2000 年国民收入翻两番的政府规划的可行性评估很感兴趣，并请世行就如何实现这个宏伟目标提出建议。③ 林重庚和阿德里安·伍德（Adrian Wood，世行驻中国代表处的副手）领导的 1984 年经济代表团中有 31 名世行专家和顾问。包括中国专家在内的许多人负责提供背景文件和其他资料。

和第一份经济报告不同，第二份经济报告重在前瞻性，专注于经济转轨的管理。它涉及所有主要的经济部门，强调有必要制定制度和政策措施实现间接的宏观经济管理。其结论是，在一定条件下，到 2000 年国民收入有望翻两番。这一次，中国又毫不迟疑地同意无限制发布报告。④ 事实上，就像后来有关中国经济和产业的许多世行文件那样，该报告被翻译成中文，并在全国的书店公开发行。虽然国外建议和中国政策决策之间的联系总是难以查证，但这第二份经济报告和第一份一样，无疑也对中国产生了巨大影响。

世行第二份中国经济报告的基调和重点，反映在以下引述的概要和结论中：

---

① Edwin Lim, *Learning and Working with the Giants* (p. 106). Chapter 5 in S. Gill & T. Pugatch (editors), *At the Frontlines of Development. Reflections from the World Bank*. The World Bank 2005.

② 他们是：匈牙利经济学家兼哈佛大学教授 János Kornai，耶鲁大学教授 James Tobin（几年后摘得诺贝尔经济学奖），德意志银行前总裁 Otmar Emminger，法国国家保险公司负责人兼前国家规划办公室主任 Michel Albert，牛津大学教授 Alexander Cairncross 爵士，南斯拉夫“自我管理”研究专家 Alexander Bajt，以及有韩国规划经验的美国专家 Leroy Jones。

③ Edwin Lim, *Learning and Working with the Giants* (p. 106). Chapter 5 in S. Gill & T. Pugatch (editors), *At the Frontlines of Development. Reflections from the World Bank*. The World Bank 2005.

④ 第二份经济报告包括一份主报告 *China: Long Term Development Issues and Options*（由约翰·霍普金斯大学出版社 1985 年出版）和六卷关于教育、农业、能源、交通、经济预测和经济结构的补充资料。中文版《中国：长期发展的问题和方案主报告》由中国财政经济出版社 1985 年出版。

“中国的经济前景将取决于……成功的经济管理体制改革，包括三个方面的协调进展：一是更多地利用市场监管来刺激创新和效率；二是加强规划，将直接和间接的经济控制相结合；三是修改与扩展社会制度和政策，维持作为社会主义根基的公平分配，虽然市场监管和间接控制将造成更大的不平等和不稳定。”报告在提出必须谨慎实行转轨管理的同时，也警告要小心不全面改革的危险：“很少有国家能将国家和市场监管结合起来，以便实现快速有效的增长；更少有国家还能设法让大部分国人免于赤贫。”最后的评论确实极有先见之明。中国的社会不平等现象经过最初的下降之后，从 20 世纪 80 年代中期开始大幅加剧。这是在 2006 年中国启动第十一个五年规划之际，政府最关注的问题之一。

虽然世行报告建议将城市地区的私人房屋所有权作为家庭储蓄和经济发展的强效动力，可总的来说，报告并没有明确讨论私人投资和私营部门发展（农业和外商直接投资除外）。①“私有化”在当时不是世行与中国对话所用的词汇。世行在后来的中国报告中强调了私营部门发展的重要性。至于外商投资的作用，世行的第二份中国经济报告称：“……鼓励外商直接投资看起来是明智的，它不仅可以带来外国资本和先进技术，还可以带来现代管理技术的示范效应。来自运行良好的外国公司的示范作用和竞争，有助于国内企业认识到管理、产品设计、物资供应等方面的薄弱环节，激励它们做出可能从未思考过的改变……这需要在广泛的地区和各种活动中……发展外资和合资企业，而不是局限于特区或特定部门。”

1985 年之后，世行几乎每年都会撰写中国经济报告。每份报告都分析实际发展状况，并尝试预测下一轮改革需求，同时透视整体经济形势。多年来，世行和国际金融公司（IFC，负责发展中成员国贷款和私营企业股权投资的世行子公司）的经济学家和行业专家编写了数百份报告，介绍中国经济的各个方面和各个部门。通常，这些基础研究几乎都是应参与其中的中国对应机构的要求而开展。许多报告译成中文后出版，并通过图书馆和书店向公众开放；其他报告则属于草案文件，仅仅作为对话的资料。20 世纪 80 年代和 90 年代初，世行报告在中国比在其他成员国发布和使用得更广。随着中国日益认识到私营部门发展的重要性，以及私人外国融资变得更加容易，国际金融公司的作用不

---

① 甚至在农业集体化时期，农村房屋在中国也一直是私人所有。然而在 20 世纪 50 年代，剩下的私营企业逐渐被纳入或转变为国有单位时，城市房屋变成了 100% 的公共所有（通过工作单位系统）。大约从 1996 年起，中国才开始实施城市住房私有化。

断扩大，世行继而退出了私营部门可以接管的领域（如电信、商业港口、常规火力发电厂和高速公路等）。与此同时，世行的中国项目的重点从基础设施转向了农村发展、卫生与教育、扶贫、制度建设（包括法制建设）和环境保护。项目开展的地理位置慢慢从沿海转移到了欠发达的内陆省份，特别是在20世纪90年代末。国际金融公司支持的项目同样如此，它最初就瞄准了四川。

世行赞助的不少部门研究为投资项目打下基础，这类项目随后能得到世行和/或其他捐助者的资金支持。包括：中国铁路现代化、发电与配电、海港系统、内河航道和港口、公路与桥梁、电信、农村供水、城市供水和废水处理、城市环路和交通管理、农业、乡村卫生保健服务、消除传染病、高等教育、职业培训、小学教育和师资培养、劳动力市场开发、金融部门和财政改革、国有企业改革、环境保护、养老金改革和落后地区扶贫。

世行研究院（World Bank Institute，前身为经济发展研究所EDI）在华盛顿和世界各地给中国官员举办大量的课程和培训，为打造世行与中国的关系做出了重大贡献。专门面向中国的经济发展研究所［由联合国开发计划署（UNDP）资助］提供各式各样适合中国需求的中英文课程。世行还在牛津大学为中国高级经济学家安排了为期一年的特别培训（由联合国开发计划署和福特基金会资助）。如今在中国政府和研究部门任职的人士，不少人曾参加过世行赞助的这些培训项目。①

### 1.2 优先项目和项目程序

1980年4月，中国向麦克纳马拉代表团表示，他们正在为农业、轻工业、重工业、能源、交通，以及特别是港口和铁路项目寻求资金和技术援助。代表团建议再纳进高等教育和海外培训。② 数月后，侯赛因代表团同意，在最初的几年筹备5个项目，涉及高等教育、农业、港口和产业改革。如前所述，代表

---

① 更进一步的细节参见 Edwin Lim, *Learning and Working with the Giants*. Chapter 5 in S. Gill & T. Pugatch（editors）, *At the Frontlines of Development. Reflections from the World Bank*. The World Bank 2005。

② 和许多报道（例如1999年3月31日《纽约时报》的一篇社论）相反，世行没有参与三峡工程。它从未提出向世行融资，因此也无从谈起拒绝。世行的唯一角色是（1987年）主持来自世界各地的水坝专家会议，讨论由加拿大国际开发署资助的该项目的可行性研究。中国政府最终在1993年决定依靠自己的财政资源继续进行这个项目。它选了两个大坝高度选项中的较高者。1987年会议则倾向于选择较低的坝高。

团还一致同意，需要对中国的经济和关键操作问题进行基本研究，同时还要研究合同和招标程序（包括准备英文招标文件）、聘用外国顾问以及监督项目实施等问题。

令人振奋的是，代表团发现中国希望尽快将国家投资率从（当时）占GDP异常高的33%（为搁置的苏式十年计划做准备）减少到25%左右。1978年底通过的临时“调整计划”偏好消费大于投资增长，支持轻工制造大于重工业。人们认为这些新的优先事项会给国有企业带来压力，从而更有效地使用资源。那时的效率主要被认为是技术效率。只是到了后来，更广泛的配置效率概念（通过更多地依赖市场力量）得到了普遍接受。颇为有趣的是，过度投资和消费不足的问题再次成为2006年中国启动第十一个五年规划时激烈辩论的主题。

根据侯赛因组团访问期间的约定，作为筹备活动的一部分，世行还派出一批经验丰富的项目工程师，按照世行的核算和采购要求，评估中国是否有能力制定和执行适宜世行支持的项目。由基尔马尼（Kirmani）领导的这个代表团发现，与世行的大多数借款人相比，中国在规划、设计和实施超大型项目上已经具备较高水平的技术能力。然而，中国欠缺创新、经济成本收益分析、现代会计准则和项目管理技术方面的能力。世行面临的三个最棘手挑战是说服中国承认：

（1）在某些情况下需要聘请外国顾问进行技术咨询，哪怕为此支付的费用非常高（按中国标准）；

（2）通过国际竞争性招标（ICB）获得世行支持项目的设备和土建工程合同的必要性和优势；

（3）任命（并支付）“独立工程师”监督实施土建工程项目并推动业主和承包商之间解决冲突的优点。

直到一家日本企业以低于中国国有企业30%的报价拿下世行支持的首个重大基建项目后，中国人才相信了国际竞争性招标的优点。1980年之前，中国的技术部门包括业主以及他们所承担项目的顾问、承包商、制造商、供应商和运营商。为了组织符合世行规范的竞标和国际合同，政府设立了几个专门的采购机构，为各个部门和机构提供服务。中国人不得不从头开始学习如何编制项目说明书和招标文件（英文），如何评估投标项目和按照国际标准签署合同。起初他们拒绝高薪聘用外国顾问，但后来还是（高度）选择性地接受了这一需求。

继基尔马尼代表团之后，世行设计项目，以系统地解决已发现的体制缺陷和其他弱点。就这样，那些项目成了世行在许多经济领域提供大量技术援助的主要手段。在开发适合世行支持的项目初始“管道”过程中，联合国开发计划署资助的中国项目人员培训方案对双方都起了极大的推动作用。后来，本地人员培训计划被列为世行在中国的几乎所有支持项目不可或缺的一个步骤。

提交董事会批准的第一个投资项目（1981 年 6 月）是高等教育项目。世行一年前建议的这个“大学发展”项目，为 26 所大学升级设备和材料落实融资，并提供大量海外留学奖学金。第二个“华北平原农业”项目一年后获批准。项目为大片由于土壤盐碱化而生产率急剧下降的农田提供灌溉、排水设施和农业支援服务。第三个项目（1982 年 11 月批准）支持“三港”现代化建设：上海/黄浦、天津、广州。其中包括提供能促进贸易快速增长的集装箱装卸设备。这最初的三个项目都按计划得以实施并实现了各自的目标。这些加上世行的第一份中国经济报告，为成就多边发展援助史上最大和最成功的方案之一奠定了基础。1993 年，中国成为世行最大的借款人，一直到 20 世纪 90 年代末（不包括 1997—1998 年亚洲金融危机之后对韩国等其他一些国家的大额国际收支贷款）。

20 世纪 90 年代，世行在中国的项目变得相当浩大。为管理项目，政府在中央、省、市和县级设立了项目单位。90 年代下半叶世行项目达到巅峰之时，参与管理项目的中国政府雇用人员估计有 1 万人。那些年里，任何时候在中国帮助准备或监督项目或进行研究的现场世行工作人员/顾问很少低于 100 人。同步实施的世行支持项目（雇用了数十万人）大约有 125 个。

除了 20 世纪 80 年代末的一笔快速“调整”贷款外，世行给中国的全部贷款都用于投资项目或技术援助。① 这类贷款通常在 5—8 年内支付，具体取决于项目的性质。贷款条件与商定的项目目标有关。严重的合规性问题相对较少。有一次，上海市水务局起初拒绝根据世行支持的废水处理项目的要求提高水费，但是，当世行（非正式）警告要暂停支付项目时，问题就解决了。还有一次，某世行监督考察团发现广东一个农业项目出现采购违规行为，该项目

① 在这方面，中国是例外。从 20 世纪 80 年代初开始，快速支付“调整”贷款在许多发展中成员国变得习以为常。中国抵制这种趋势，因为：（a）它不需要国际收支支持；（b）它认为世行项目中体现的技术援助比贷款更重要。

被暂停支付，世行更是要求广东相关项目主管部门（按照标准的法律补救办法，并在中央政府的全力支持下）立即偿还了已经支付的款项。根据世行内部的评级，中国的项目实施质量平均而言是极高的。世行给中国的贷款总是按时送达。每当中国的地方项目主管部门无力支付，财政部就会履行其对世行的担保。

通过世行支持的投资项目对中国的发展和现代化做出最大贡献的，或许是制度建设，即按照良好的经济、技术、会计和工程标准，建设管理和监督项目实施的规则、制度和组织。譬如，中国国家审计署最初成立的目的，是负责审核世行支持的中国项目的账目。国家的采购和招投标法律均以世行的准则为模板（除了某些例外）。20 世纪 90 年代早中期，有关住房和社会保障改革的世行报告无论对制度建设还是政策制定，都极具影响力。在 90 年代中期，世行依据适度的赠款机制与福特基金会一起提供财政支持，以启动北京大学的中国经济研究中心（CCER，后更名为国家发展研究院）；中国经济研究中心现已成为世界级经济研究和教学中心。

从 1980 年恢复席位直到 2005 年中期，世行在中国支持了约 270 个项目，贷款总额约为 400 亿美元（约 300 亿美元是基于 IBRD 条款的硬贷款，约 100 亿美元基于 IDA 条款的软贷款）。虽然金额庞大，但应该注意自 1981 年首笔贷款以来，世行给中国的贷款总额不足中国投资的 1%（以人均来算，较小的发展中成员国都获得了比中国更多的世行金融支持）。中国从自己的资源中贡献了相当于 600 亿美元的资金。世行支持的投资项目（与技术援助项目不同）平均总成本约 4 亿美元。中国几乎在各个方面都从世行支持的项目中获得了益处。

从 1985 年在中国开展业务以来到 2005 年中期，国际金融公司用自己的资源给 100 多个私营部门项目贷款和投资股权，总额约 16 亿美元（9. 34 亿美元投于贷款，6. 73 亿美元投于股本），并通过银团贷款从其他来源筹集了 6. 26 亿美元。① 多边投资担保机构（MIGA：世界银行子公司，负责筹办在发展中国家的第三方私人国外投资）帮助给中国调动了 9100 万美元的私人外国投资。自 1991 年该方案实施以来，全球环境基金（GEF）为世行推动的中国全球环境基金项目提供了 3. 09 亿美元的赠款和软贷款。同样，蒙特利尔议定书多边

① 与世行不同，国际金融公司的贷款无须政府担保，也可以对其支持的项目进行股本投资。

基金（MP）提供了4.49亿美元用于世行促进的MP项目，旨在减少中国生产的臭氧消耗物。

## 二、经济再集权与现代宏观经济管理的兴起——1993年大连会议

像早前的莫干山会议和巴山轮会议那样，1993年6月的大连会议是中国与世行关系发展的关键事件与基石。这次会议标志着引发全国争议的两个主要问题出现了转折点：（a）适合中国的经济集权程度，和（b）经过一定程度改革后的中国经济的总需求管理。自1978年以来，许多有关中国改革的报道切实强调经济分权的重要性和好处。几乎无人关注大连会议之后1993/1994年出现的局部再集权。

20世纪90年代初，一些中央政府领导人渐渐觉得，中国80年代的不规范停停走走式经济表现（伴随着投资高企和恶性通胀）是过度行政权力下放所致。通过将财政权力下放给下级政府，同时把大多数国有企业的所有权转移给这些政府，邓小平如其所愿地成功刺激了经济增长。然而，这套制度也导致中央政府失去对下级政府投资计划和地方融资的掌握。北京必须时不时控制地方信贷过度扩张，以避免通货膨胀失控。由于缺乏更成熟的宏观经济政策工具，北京不得不依靠见效快的直接行政管理，但是产生了增长模式“走走停停”的顽症。为解决这个问题，有人认为需要实施部分再集权的行政管制，显然这样的做法在哪个省份都不受欢迎。

中央投入巨大精力和政治资本，努力与省级政府就如何恢复整个经济体制中的财政纪律取得共识。当时的国务院副总理朱镕基是指导中国经济改革的核心人物，包括对中央/地方经济权力进行重大调整。通过磋商和技术援助项目，世界银行大量参与了重新设计中国的宏观经济政策和管理的制度框架。大连会议标志着这一进程的突破。

### 2.1 经济过热后暂时的经济不确定性

在继续讲述1993年大连会议的历史之前，有必要回顾一下20世纪80年代末和90年代初的某些政治和经济发展。

1989年“政治风波”之后的柏林墙倒塌以及导致两年后苏联解体的一连串事件，加剧了中国未来的不确定性。对中国来说，这些都是痛苦的经历。邓小平认为，苏联的崩解与经济增长乏力有关。他急切地想要证明中国经济可以

恢复增长势头，改革不会像外国观察家预期的那样被逆转。1988—1990年经济衰退后，通过国内外投资拉动增长的主要努力很快结出了果实。1991年经济开始回升。1992年1月和2月邓小平视察广东、湖北、上海之后①，公共和私人外国投资爆炸式激增，创造了中国现代史上最热的经济繁荣。1992年的GDP增长达到了史无前例的14.2%，并在接下来的3年始终保持在10%以上。

投资的机会和资金似乎无穷无尽。一些沿海省份出现了劳动力短缺。许多中国城市甚至部分农村地区到处都在施工，就像21世纪早期的情景。和之前一样（20世纪80年代期间），国有商业银行地方分行及其子公司扩大的地方投融资额度，远远超出国家信贷计划授权的范围。此外，邓小平南方谈话和增长快速恢复所激起的信心与热情，使海外华人和世界各地的外商直接投资（FDI）以前所未有的规模蜂拥而至。欧洲、美国和日本企业也在20世纪90年代初增加了对中国的投资。

地方政府竞相通过新的投资项目促进增长。在许多地区，整个党组织都被动员起来投入经济发展。但是，项目评估、风险分析、市场监管和保护金融机构财务完整性的适当制度框架尚未形成。许多人更担心的是，政府明显无力防止80年代那种走走停停式经济周期的复发。行政权力过度下放被认为是诱因之一；不过，地方层面的过度投资和过度信贷扩张与通胀或经常账户赤字形式的国家宏观经济失衡之间的关联，也尚未得到政治领导人的充分认识。

领导层一致担忧高通货膨胀②和随之引发的社会失调，却不能就采取什么行动达成共识。有人认为，更高的投资增长将消除供给瓶颈，缓解通货膨胀。另有人认为，投资增长和信贷扩张已经过高，必须及早刹车。可是怎么刹车？由于一半的总投资和生产早已不在国家的直接控制之内，那些在80年代尚能有效纠正宏观经济失衡的行政手段如今已经力不能支，至少要补充新的但未经检验的间接宏观经济政策工具。

朱镕基认为，信贷扩张失控造成的过度投资是经济过热的主要原因。早在

① 在视察期间，邓小平鼓励地方官员加快发展，加大市场化改革力度。他把社会平均主义视为过去的事物，主张“致富光荣”。

② 通货膨胀是中国领导人心中根深蒂固的担忧；他们认为，高通胀削弱了内战期间国民政府的权威（1945—1949年），也是1989年“政治风波”的一个重要因素。

1992 年，他就已经指示国家经济体制改革委员会（SCRES，简称国家体改委）① 展开一系列宏观调控研究，目的是大力改革中国的宏观经济管理体系。② 其中的若干研究与世行经济学家联合进行。朱镕基对下级政府不负责任的投资和疏于监控信贷扩张表示强烈不满。他经常外出视察，当发现有人欠缺良好的判断力时，一些省级干部总要被批评，有时甚至当场被撤职。

如果没有朱镕基的个人威信、果断和聘用国内外经济顾问（包括世行）的睿智，中国应对 20 世纪 90 年代初经济过热时就有可能出错。中国的经济也许会失控，进而陷入拉丁美洲式的恶性通货膨胀。倘若局势如此发展，改革进程将会停止，中国还可能无法避免一场金融危机。当然，并非朱镕基一人在独力担当。他得到了江泽民主席等领导人的支持，更有一批了解市场环境下的宏观经济的中国技术官僚作后盾。

## 2.2 大连会议及其序幕

1993 年 3 月初，一组中国经济学家（包括朱镕基的顾问③）在马萨诸塞州的坎布里奇举行为期三天的中国经济改革研讨会。该活动获得福特基金会资助，由哈佛国际发展研究所（HIID）、世行和国务院发展研究中心（DRC）联合主办。这类研讨会对中国经济改革和制度建设的观念变化起着重要作用。中国通常会准备讨论材料，以寻求国外参与者的反馈。在这些交流会上，中国总是确保自己处在主导地位；外国人不会因为做出错误决定而受到责备。坎布里奇研讨会的重点是中国未完成的改革、日益加剧的宏观经济失衡以及可能一发不可收拾的通胀风险。会议提高了对问题的重视，但是没有得出明确的政策结论。于是大家同意 6 月份齐聚大连继续切磋。

大连会议由财政部、国家经济体制改革委员会和世行共同主办。与会者除 3 月份参加过坎布里奇研讨会的同行外，还包括 IMF、联合国开发计划署、中

---

① 在 2003 年政府改革中，作为独立机构的国家经济体制改革委员会停止运作，并被纳入国家发展和改革委员会。

② 这些研究的负责人是时任国家体改委宏观调控体制司司长楼继伟。他后来把其中一些研究编辑成了英文出版：World Bank Discussion Paper No. 374：Macroeconomic Reform in China—Laying the Foundation for a Socialist Market Economy，Washington DC，1997。

③ 朱镕基喜欢和各个机构中聪明的青年经济学家头脑风暴，避免繁文缛节和官僚作风。他在其他政策领域（省级）配有非正式的内部顾问网络，这让他能够获得充分信息并为艰难的决策做好准备。

国人民银行、海南省改革发展研究院和韩国发展研究所（Korean Development Institute）的代表。会议召开前几周，世行北京办事处受政府的非正式请求，邀请台湾著名经济学家李国鼎（几十年前台湾经济奇迹的缔造者）担任世界银行顾问。李国鼎的应允爽快利索。自 1948 年以来他就没踏入过大陆。尽管已经 83 岁高龄，但是李国鼎仍然积极参加这三天的会议。

朱镕基副总理会见了大连会议的所有与会者。他兴趣盎然地倾听外国与会者的意见，并引用了一句古老的中国谚语："外来的和尚好念经"。世行中国事务主管沙希德·杰夫·布尔基（Shahid Javed Burki）代表外国与会者毫不犹豫地指出，中国的经济过热的确已经非常危险，迫切需要采取有力的补救行动。

会议得出了同样的结论。最后，中国的参会者给朱镕基副总理提交了各种建议。① 几周后，在 1993 年 7 月，中共高层领导人就通胀问题的性质达成共识，商定出旨在逐步减少经济过热的宏观经济稳定计划。计划总结了 16 个要点，终于在 1996 年成功实现了中国经济"软着陆"。这是第一个至少部分利用间接政策工具的宏观经济稳定计划。它对随后几年的宏观经济管理和制度变革产生了深远影响，并促成了财政和金融领域的部分再集权。

## 2.3 从大连会议到 1993 年 11 月的三中全会

国内和国际对 1993 年 7 月的 16 点宏观稳定方案反响十分热烈。② 以至于投资者信心和消费支出居然大增，在 1994 年经济开始趋冷之前进一步推高了通胀。方案有效性滞后的另一个原因是现有的宏观经济管理机构存在弱点。地方银行分支机构甚至央行分支机构仍然受地方政府的有力控制，财政体制依旧混乱不堪。银行间市场实质上是作为信贷渠道在信贷计划之外运作。无论官方信贷计划怎么说，所谓的"领导项目"都能获得资金。虽然制度变革的需求已经达成广泛共识，可几个具体的宏观管理问题尚未敲定：

---

① 大连会议的论文精选和会议记录由世界银行发表于 Discussion paper No. 222（1993），编辑是 Peter Harrold、E. C. Hwa 和 Lou Jiwei。

② 例如，在 1993 年 7 月 29 日《华尔街日报》的一篇专栏文章中，David Malpass 将中国有效的经济改革计划与俄罗斯无法应对其问题做了比较："中国最新的经济措施将允许私营部门扩张，而俄罗斯的做法却阻止了这一点。因此，中国将很有可能以稳定的货币、较低的通胀和持续的快速增长向前推进。"

• 如何控制地方投资增长和信贷扩张，同时确保信贷继续流向非商业的国家指导项目（比如三峡工程）？

• 如何创建现代税收制度，并为中央与地方政府的收入征集和分享以及支出义务制定严格的规则？

• 出于财政纪律考虑，在决定停止以中央银行信贷为预算赤字融资的情况下，如何为未来的预算赤字融资？

• 如何、何时以及在何种水平上统一混乱扭曲的多重汇率制度？

这些问题以及其他复杂的问题，都是1993年秋政府内部激烈辩论的主题。世行参与了中国组织的几场征询外国建议的研讨会。北京方面的技术委员会花数周时间，悄悄准备将于11月份提交给中共十四届三中全会批准的决定。世行驻北京高级经济学家华而诚（Er Cheng Hwa）对中国宏观经济形势和推行更多改革的必要性给出了8页纸的评估，深受朱镕基认可，他请世行立即将全文刊登在《人民日报》上。一时间，全国掀起了对改革优先事项的辩论。

1993年11月，十四届三中全会通过了包含50项相关经济改革决策的一揽子方案，为中国市场改革进入崭新的决定性阶段埋下伏笔。1993年11月的十四届三中全会“决议”详细阐述了一年前十四大的主要结论，即建立“社会主义市场经济”。自1978年12月改革开始以来第一次，中国至少在大方向上确定了经济转型的目标和方法。大连会议是整个改革过程中不可或缺的一部分。1993年11月十四届三中全会触发了许多领域的后续制度变革和政策行动，包括以下四个方面：

（1）财税改革。1994年1月1日，中国历史上首次出现国家税务机关，同时引入现代增值税、统一的个人所得税、其他税收改革和明确的中央和地方政府的收入分享规则。以前所有的税收，除关税外，均由地方政府征收，并根据不透明的方式（往往是谈判）上解。① 国家必须在资本市场上（而不是从中央银行）借入资金弥补预算赤字，这一（新）要求推动了初级和二级债券市场的迅速发展。

（2）国企改革和民营化。十四届三中全会确立了以国有企业公司化和其他改革建立“现代企业制度”的目标，这促使中国在1994年颁布了第一部

① 在IMF和世行的技术援助下，中国1994年的税收改革已经进行了几年的准备工作。

《公司法》。① 其背后的想法是，公司化需要清晰界定企业所有权，从而推动国有企业实现专业化管理。1995 年，中国政府做出了“抓大放小”的国有企业改革决策。随着官方认可的民营化成为改革战略的一部分，国内民营企业逐渐得到支持，私有财产逐渐获得保护。② 从 20 世纪 90 年代中期开始，国企改革的关键挑战比之前受到更多的重视，国有企业的就业人数在 1995 年达到峰值便是其中一例。从那一年到 2003 年，国企就业人数下降了 4500 多万。自 1995 年起，中国的全部净就业增长都来自非国有部门，包括国内的私人公司。

（3）汇率改革。也是在 1994 年 1 月 1 日，中国的多重汇率制度实现统一，当时通行的市场汇率为 1 美元兑 8.7 元人民币，只能以官方（高估）汇率买入的外汇兑换券（FEC）被废除。这些操作消除了腐败和市场扭曲的两个重要源头，进而帮助淘汰了（针对外国人和当地人的）双轨定价和双轨零售店。几个月后的 4 月 1 日，银行间外汇市场在上海成立。③

（4）银行业改革。为促进四大国有商业银行的改革，中国三家国有“政策性银行”——国家开发银行（模仿世界银行和日本开发银行）、进出口银行和农业发展银行，分别于 1994 年不同时期成立。这些政策性银行旨在负责国家指导计划和项目的融资，让现有的国有银行能够专心发展为真正的商业银行。将政策贷款与商业贷款分离的努力由于 1997/1998 年亚洲金融危机而搁浅，至今尚未完全实现。直到 1993 年底仍在讨论中的第一部《中国人民银行法》和《商业银行法》于 1995 年上半年获得通过。这两部法律虽然有些笼统且需要进一步完善，但是加强了中央政府对经济的掌控。两年后（1997 年），

① 《公司法》于 2005 年 10 月修订（2006 年 1 月 1 日起执行），以加强公司治理，为中小股东提供更好的保护，降低建立新公司（包括个体企业）的最低资本要求。

② 一系列宪法修正案也反映了这一点。1988 年宪法第十一条规定：“国家允许私营经济在法律规定的范围内存在和发展。”1999 年宪法规定：“在法律规定范围内的个体经济、私营经济等非公有制经济，是社会主义市场经济的重要组成部分。”现行宪法（2004 年）规定：“国家保护个体经济、私营经济等非公有制经济的合法的权利和利益。国家鼓励、支持和引导非公有制经济的发展，并对非公有制经济依法实行监督和管理。”

③ 新的统一汇率最初从 8.7 元人民币兑 1 美元升值到 8.3 元人民币兑 1 美元。这主要是由于 1994 年中国的贸易收支大幅增加，尽管它的通胀率远高于主要贸易伙伴国。汇率自 1995 年 5 月起维持在 8.3 元（或小幅波动），从 1997 年底到 2005 年 7 月 21 日为 8.28 元，当时中国宣布小幅（2.1%）升值，并用一篮子货币替代与美元的单一挂钩。篮子货币的权重尚未公布，但从 2005 年 7 月以来的实际汇率变动情况看，美元的权重明显偏高。

中央银行进行改革，使地方政府不再控制其当地的分支机构。①

20 世纪 90 年代早中期的宏观经济制度和政策方面的改革，令中国的改革进程在范围上变得无可逆转也不可分割。在制定若干关键决策和新机构的人员培训方面，世行起到了支持作用。其间世行继续以项目的形式，为中国提供政策发展和制度建设方面的技术援助。最引人注目的是养老金改革、城市住房改革、能源市场改革、环境保护、劳动力市场开发、社会保障体系发展、利率市场化和对外贸易自由化等方面的工作。继 20 世纪 90 年代早中期激动人心的经济改革之后，2001 年 12 月加入 WTO，是中国推进经济转型并担当起全球市场重要角色的又一个里程碑。

中国无疑受益于世行的援助，但世行也从互动中获益匪浅。在我看来，世行得到的三个最重要的经验是：

（1）“次优”解决方案往往胜过转轨经济体的最优解决方案；

（2）政府的长远眼光、政治稳定、求真务实以及当地与外国合作伙伴的相互信任至关重要；

（3）世行可以加强，但不能取代国家对改革和发展的承诺。

（颜超凡　译）

① 1979 年以前，中国的央行是财政部的一个下属机构；1984 年成为国务院独立机构。1995 年 3 月的《中国人民银行法》规定，“货币政策的目标是保持币值稳定，并以此促进经济增长”。IMF 和世行通过由顶级国际专家参与的背景文件和研讨会，促成了 1995 年《中国人民银行法》和《商业银行法》的制定。1997 年中国人民银行的改革使地方分支机构受 7 个区域的中心支行办公室控制。

# 前沿

Guide

Comparative

# 行为经济学与公共政策

## 一个实用的视角

拉贾·切蒂

自西蒙（Simon，1955），卡尼曼和特沃斯基（Kahneman and Tversky，1979）以及塞勒（Thaler，1980）开始，大量研究将心理学观点纳入经济学模型,① 如损失厌恶（loss aversion）、即时倾向（present bias）和疏忽（inattention）等。虽然这些行为经济学分支发展非常迅速，但是新古典模型仍然是大多数经济应用中的基准。作为一种替代范式，行为经济学的有效性仍有待讨论。

有关行为经济学的讨论通常被视为对新古典经济学基础假设的质疑。行为

---

* Raj Chetty，现为斯坦福大学经济学教授，2013 年获约翰·贝茨·克拉克奖，以表彰他在税收政策、社会保险和教育政策方面的研究贡献。本文为 2015 年 1 月 3 日美国经济学会的 Richard T. Ely 演讲所写。原文见 *America Economic Review*：*Paper & proceedings*，Vol. 105，2015，第 1—33 页。作者感谢 Stefano DellaVigna、Nathaniel Hendren、Emir Kamenica、Lawrence Katz、David Laibson、Benjamin Lockwood、Sendhil Mullainathan、Ariel Pakes、James Poterba、Matthew Rabin、Josh Schwartzstein 和 Andrei Shleifer 提出的中肯意见。也非常感谢合作者 John Friedman、Nathaniel Hendren、Lawrence Katz、Patrick Kline、Kory Kroft、Soren Leth-Petersen、Adam Looney、Torben Nielsen、Tore Olsen 以及 Emmanuel Saez 对本文的贡献。Augustin Bergeron、Jamie Fogel、Michael George、Nikolaus Hildebrand and Benjamin Scuderi 也对研究提供了很大的帮助，本研究由美国国家科学基金（National Science Foundation）资助。

① 虽然近几十年才开始运用数学模型的形式衡量心理学对经济学的影响，但包括亚当·斯密在内的古典经济学的创始人都曾对其中一些理念进行过定性的讨论（Ashraf、Camerer and Loewenstein，2005）。

人是理性的吗？在市场环境中他们是否会优化其行为？这些争论颇为激烈，每种观点在不同情景下都有令人信服的论据（如 List，2004；Levitt and List，2007；DellaVigna，2009）。

本文将从一个更为实用的、以政策为导向的视角讨论行为经济学。更务实的方式是从政策问题入手，如“怎样提高储蓄率”，而非“新古典经济学模型的假设是否有效”等理论问题，然后将行为因素纳入模型，以改进经验预测和政策制定。① 这种方法遵循弗里德曼（Milton Friedman，1953）提出的、被广泛应用于实证经济学的方法论，即在评估经济模型时，应该更多地依据实证预测的准确性，而非模型假设的合理性。② 弗里德曼当初是以此观点来支持新古典模型的，而我认为，新的研究证据表明需要将行为经济学纳入对重要经济问题的分析之中。

本文将行为经济学对公共政策的影响分成三个领域。每一个领域在经济学中都有着悠久的学术传统，表明从实用的角度看，行为经济学代表着新古典经济学模型的自然发展进程（而非挑战）。

第一，行为经济学提供了能够影响行为的新政策工具。心理学的洞见提供了新的工具，例如改变默认选项（default options），或者以损失而非收益来设计激励体系，这些工具又扩展了政策实施空间。对政策选择的扩展类似于在公共财政研究中由线性商品税（Ramsey，1927）转向一系列更为丰富的非线性税收政策（Mirrlees，1971）。

第二，行为经济学能够更好地预测当前政策效果。将诸如惯性等因素纳入新古典模型，能够更好地预测养老储蓄补贴政策或者所得税政策等。此外，这些行为特征能够帮助计量经济学家建立新的反事实结果（控制组），以识别政策影响。

第三，行为经济学产生了新的福利含义。行为偏差（如疏忽或短视）往往会导致行为人视角的决策效用（以效用最大化为目标进行选择）与政策制定者视角的福利（根据行为人的体验效用，即实际福利水平）之间存在差异。关注决策效用与体验效用（experienced utility）的差别，能够改进对政策福利

---

① 本文关注可以用政策加以改变的那些因素，但大多数分析也同样适用于预测其他外生因素，如技术变革。

② 在一个被广泛引用的例子中，Friedman 指出，一个职业台球手的行为也许能够通过复杂的数学公式被准确地模型化，即使不太可能假设台球选手了解并应用了这些公式。

效果的预测。在行为模型中，政策制定者与行为主体之间的目标差异，类似于在最优政策选择中采取非福利主义方法（Sen，1985；Kanbur、Pirttila and Tuomala，2006），而分析行为人的体验效用所使用的工具，则类似于大量文献研究外部性时使用的工具（Pigou，1920）。

通过把近期的研究成果应用于实践，本文阐明了行为经济学对公共政策的影响。这些应用主要集中在人们终其一生需要做的三个重大决策上：存多少钱、花多少时间工作以及在哪里生活。每一个应用都受到政策问题的驱动，且这些政策均已在新古典框架下有广泛的研究。本文旨在阐明如何结合行为经济学的见解为这些长期存在的政策问题提供更好的答案。

在第一个例子中，本文展示了行为经济学如何为提高养老储蓄提供新的政策工具。当前美国联邦政府每年需要花费约 1000 亿美元补贴 401(k)计划和个人退休金账户（IRA accounts，Joint Committee on Taxation 2012）中的养老储蓄。本文对近期的证据进行了总结，发现这些补贴对储蓄率的影响比助推措施（nudges）的影响要小得多（Thaler and Sunstein，2008）。这些助推措施包括由被动选择行为模式驱动的默认选项以及自动参与等。新的政策工具使我们能够实现新的储蓄率水平，这是新古典模型提供的政策工具所无法达到的。这些经验研究结果极具价值，它们并不依赖于基本的行为经济学模型。当然有关的理论对预测（如预测在其他环境中的行为）以及福利分析（如确定政策制定者是否应该从一开始就尝试提高储蓄率）依然至关重要。

第二个例子说明，即便行为模型没有提供新的政策工具，它在预测现有政策的影响方面也大有用处。本文集中讨论了美国最大的现金援助项目，即劳动所得税抵免（以下简称 EITC）政策对家庭劳动供给决策的影响。EITC 政策旨在通过提供补贴，鼓励低收入群体延长工作时间。当前的证据显示，居住于高密度 EITC 申请者区域的人对 EITC 计划更为了解，相应地也对该项目有着更积极的回应。不同地区对项目了解程度的差异，为识别 EITC 政策对劳动供给决策的影响提供了新的对照组，同时也揭示出该政策在增加低收入群体的收入方面十分成功。这些结果说明，即使不能直接控制个人对 EITC 政策的感受，通过分析跨区域的认知差异，也有助于理解现行激励措施的效果。

前两个例子侧重于行为经济学的实证（positive）影响，即预测政策对行为的影响。第三个例子表明行为模型如何为福利效果与最优政策设计提供新思路。本文通过旨在改变低收入家庭社区选择的住房券补贴政策，来说明这些规范性（normative）的影响。近期的经验研究表明，一些社区更有利于孩子的成长，且这些社区的居住成本并不更高。新古典模型与存在行为偏差特征的模型（如即时倾向或者不完全信息）都能够解释为何许多家庭不会移居到这类社区中，但是两类模型给出的政策建议截然不同。新古典模型认为除非存在外部性，否则没有必要进行干预。行为模型则呼吁采取鼓励家庭移居到这些社区以改善其子女长期表现的政策，例如住房券补贴或者为寻找新寓所提供帮助。

在这种情况下，最优政策取决于行为人的体验效用，也即在无行为偏差的情况下，他们愿意为更好的社区环境支付更多的费用。出于对父爱主义的担忧，许多经济学家不愿采纳行为模型提供的政策建议，即优先考虑政策制定者对行为人体验效用的认知，而忽略行为人自己的选择。本文讨论了近期研究中提出的三种识别体验效用的非家长主义方法：（1）直接根据自报幸福度（self-reported happiness）来测度体验效用；（2）在行为人最大化其体验效用的情形中，采用其显示性偏好；（3）构建一个结构模型以反映决策效用与体验效用的差异。相比于新古典模型，当面临行为偏差时，这些方法能够为最优政策提供更准确、更可靠的建议，并最终增进社会福利。

在某些情况下，包括社区选择方面的理论应用在内，人们必须在不知道现有数据是源自新古典模型还是行为模型的情况下对最优政策做出判断。在面临这一不确定性时，经济学家们习惯于把新古典模型视为默认结果。而更实事求是的方式，则是在确定最优政策时充分说明模型的不确定性，这类似于研究鲁棒控制（robust control）的文献所采取的做法（Hansen and Sargent，2007）。运用这些简单的例子，本文旨在说明模型的不确定性并不足以证明在福利分析中需要固守新古典模型。相反，在面临模型的不确定性时，最优政策也许是采取助推的方式（比如改变默认值或认知框架），因为如果存在行为偏差，这些助推措施能改变行为并增进社会福利，在行为人追求最大化目标时，也不会对行为造成任何扭曲。因此，模型的不确定性可以为采用助推措施提供新的论据，而这显然不同于“自由论者的父爱主义”（liberatarian paternalism）赖以成立的理论依据（Thaler and Sunstein，2003）。

这三个例子共同说明，在回答某些政策问题时，将行为特征融入经济学模型具有重大的实践价值。当然，行为因素并非在所有应用中都很重要。对于是否将行为特征纳入模型，应采取类似于其他标准决策模型的建模方式来处理，比如效用函数是否采用非连续的假设，或者是否假设行为人是价格接受者等。

在某些应用中，一个简单的模型可能获得足够准确的预测；在另一些应用中，融入行为因素可能有帮助，类似于假设效用函数非连续。对行为经济学采用这种务实的、针对特定应用的方法，或许比在一般意义上解决新古典与行为经济学的假设孰是孰非的问题，能产生更多的积极成果。①

本文建立在大量相关文献的基础上。在以实用方法研究行为经济学与公共政策的大量文献中，我们所讨论的例子也仅仅是非常小的一部分。塞勒等人（Thaler and Sunstein，2008；Congdon、Kling and Mullainathan，2011；Keller-Allen and Li，2013；Madrian，2014；Bernheim，2009；Mullainathan、Schwartzstein and Congdon，2012）提供了与行为经济学有关的新政策工具与预测方面的例子。伯恩海姆等人（Bernheim，2009；Mullainathan、Schwartzstein and Congdon，2012）对行为经济学的规范问题（normativeissues）进行了更深入的探讨。所有这些有关行为经济学的应用都直接将心理学的研究成果运用到经济学中，并表明经验证据与新古典模型出现背离。拉宾等人（Conlisk，1996；Rabin，1998；DellaVigna，2009）为这些早期工作提供了精彩的文献综述。

最后，本文讨论的例子都是目前在应用微观经济学研究中使用的例子，这些研究运用的数据库包含数百万条观测数据。大数据方法经常导致研究者发现的经验规律与其最初的假设不相关、与新古典模型的预测不相符，但可以从行为经济学提供的洞见中获益。随着经济学日益成为一门经验科学，经济理论将更直接地源于经验证据。本文所描述的有关行为经济学的实用方法或许也将变得更为普遍和有用。②

本文结构如下：第Ⅰ部分运用特征化模型描述行为经济学对公共政策的三个实际影响。第Ⅱ部分讨论行为经济学提出的新政策工具，重点讨论养老储蓄

---

① 行为经济学的意义之所以与特定的应用相关，是因为偏离理性的现象广泛存在于不同情景中。在某些市场上，行为现象通过消除异质性错误的经验效应、套利或加总，可以减少偏离理性的行为（例如，List，2004；Farber，2014）。但是，少数重要决策（如购买房屋或者选择去哪里读大学）、限制套利（Shleifer and Vishny，1997）以及消费者纠正行为偏差很少带来回报（Gabaix and Laibson，2006）等因素可能导致行为异常在其他情景中持续存在。这种情景依赖使我们难以判断行为人在一般意义是否“理性”。本文讨论的实用方法关注行为经济学对行为人在一般意义上是否理性这一问题的启发，进而来处理理论的外部有效性和可一般化问题。

② Daniel Havnermesh 通过研究论文发表模式，揭示了经验证据在经济学中的影响正日益增加。他的研究表明，1980—2010 年，在普通经济学期刊上发表的经验研究文章占比由 38% 上升至 72%。

政策。第Ⅲ部分解释行为模型如何帮助我们更好地预测所得税政策对劳动供给的影响。第Ⅳ部分讨论行为经济学在社区选择中的福利含义。以上每一部分还都简要回顾了其他应用，以阐述行为模型对其他问题的含义。第Ⅴ部分是本文的结论，同时也讨论了未来的研究课题。

## Ⅰ. 概念框架

这一部分使用简单的代表性行为人模型，将行为经济学对公共政策的影响模型化。令 $c$ 表示行为人的选择集。通常来说，$c$ 表示一系列不同的消费或者不同时点的消费。但是同样可以将 $c$ 解释为其他选择，例如劳动供给或者不同类型的社区。$P$ 代表商品的税前价格，$Z$ 表示个人财富。

参照卡尼曼等人（Kahneman、Wakker and Sarin，1997）的方法，令 $u(c)$ 表示行为人的体验效用——他的实际福利是一系列选择的函数，$v(c)$ 表示行为人的决策效用 —— 他的目标是选择 $c$ 以最大化决策效用。

如德拉维格奈（DellaVigna，2009）所讨论的，在没有不确定性的情况下，行为人的决策效用可能与典型的新古典设定（specifications）不同。这一方面是因为行为人具有非标准的偏好，例如，效用函数表现出参照系依赖（reference dependence）；另一方面是因为行为人受附加条件（ancillary conditions）的影响（Bernheim and Rangel，2009），例如选择的方式被框定。这些附加条件并没有被纳入行为人的体验效用以及预算集中，因此并不影响新古典模型中的行为。有必要将这些外在条件分成两组：一组是那些能够被政策制定者控制的助推措施（比如默认选项），按照塞勒和桑斯坦（Thaler and Sunstein，2008）的做法，令其为 $n$；另外一组是外在条件，令其为 $d$，代表那些虽影响行为人的行为但不能通过政策加以控制，比如认知或者过度自信。

政策制定者的目标是选择一组税率 $t$ 和助推措施 $n$，以最大化行为人的体验效用 $u(c)$，在收入固定为 $\overline{R}$ 以及行为人激励相容的约束条件下①，

$$\max_{t,n} u(c)\, s.\, t. \tag{1}$$

$$t \cdot c = \overline{R} \tag{2}$$

① 假设政策制定者应当最大化行为人的体验效用，这是一个自边沁提出功利主义以来就被规范经济学所采纳的基本准则。但是许多研究也提出了其他目标（例如 Sen，1985）。Kahneman and Sugden（2005）讨论了最大化体验效用在行为模型中是不是一个合理的准则。

$$c = \text{argmax}_c \{v(c \mid n,d) s.t. (p+t) \cdot c = Z\} \tag{3}$$

新古典经济学解决的是有关最优政策问题中的特例，这些特例通常对（1）式施加了额外约束。①

**假设 1（新古典约束）**。政策制定者没有施加任何政策压力 $n$，行为人的决策效用对消费选择来说是一条平滑的递增凹函数，其体验效用与决策效用相同。

$$n = \phi \tag{4}$$

$$d = \phi, v(c) \text{ 是平滑的递增凹函数} \tag{5}$$

$$u = v \tag{6}$$

行为经济学可以理解为放松（4）式、（5）式、（6）式中的约束条件。在经济学中放松这些约束条件有着悠久的方法论传统，从这个意义上讲，行为经济学是经济学文献中被广泛认可的方法的一个自然演进。本文依次考虑放松这三个条件带来的影响。②

放松（4）式可以得到新的政策工具。例如，政策制定者可以通过将选择集的某些特征塑造得更为重要或者改变默认选项，从而影响行为人选择的消费集 $c$ 。政策集的扩大也拓展了可行的配置方案，这些最终能够提高 $u(c)$ 。政策集的这种拓展类似于从研究线性商品税（Ramsey，1927）转向研究更具一般性的非线性税收的机制设计（Mirrlees，1971）。③不考虑默认选项或者信息提供的变化可以视为一个特别的假设，即只考虑线性税收或者只考虑对部分商品的税收。虽然这些假设有助于简化具体的应用，但是并没有充分理由认为对政策集进行限制的模型应该优先采用。例如，众所周知，一旦在普遍的条件下允

---

① 不同研究对“新古典”的定义有所不同。最基本的要求包括选择集要满足一致性和可传递性，但是大多数应用经济学家加入了更强的假设，如效用函数是平滑的、凹的（排除如点状偏好的情形）或者指数贴现的（排除了时间不一致的选择）。对新古典模型与行为模型进行准确的描述是一个术语问题，这对本文的主要论点来说并不重要。本文的重点在于探究放松现有模型中的假设会产生什么影响。

② 假设（6）式包含假设(4）式，因此，放松(4）式也就同时放松了(6）式。如果决策效用与体验效用相一致，则政策助推(根据定义不进入体验效用）不能影响行为。本文将(4）式作为一个单独的假设以区别对假设(6）式的违背，从而产生了新的政策工具。

③ Ramsey（1927）将（2）式—（6）式作为约束条件，将并非所有商品可以被征税作为附加条件，得到了（1）式。如果所有商品都可以征税，那么困难就小得多：最优政策就是对所有货物以同样的税率进行一次性征收以满足收入要求，因为这样可以使行为不受扭曲。Mirrlees（1971）提出征收非线性所得税，从而扩充了一系列政策工具。此后，有关机制设计的研究中提出了一系列针对消费和收入的税收政策。

许征收非线性所得税，那么线性消费税将成为多余的选项（Atkinson and Stiglitz，1976）。这一结果促使研究者采用莫里斯的框架重新评估资本所得税与商品税的合理性，而非继续按照拉姆齐框架进行研究。同样地，如果人们发现有关养老储蓄计划的默认选项发生变化而不再需要税收补贴，那么很难证明在研究最优储蓄政策时需要继续保留（4）式的假设。

放松（5）式可以更好地预测当前政策的影响。在决策效用模型中引入非标准偏好与附加条件有助于预测税收效应（$dc_j/dt_i$），不管是否提供了控制行为模式（$n = \phi$）的新工具。建立一个预测与经验数据更准确匹配的行为模型是实证经济学关注的焦点。例如最近有证据显示，一个具有消费与劳动力互补特征的效用函数能更好地解释退休金支出的下降（Aguiar and Hurst，2005）。根据这一证据，在研究退休期间的消费模式时，很少人会坚持保留可分效用的假设。同样地，如果能在个人决策模型 $v(c \mid n,d)$ 中引入疏忽或者参照系依赖等特征，从而更好地解释相关应用中的数据，那就没有理由排斥这些因素。重要的是，据此构建的决策模型是针对特定应用的：在一些应用中（如研究所得税对劳动供给的影响），具有可分效用的模型可以产生完全合理的预测，在这种情况下大多数经济学家不会坚持认为消费与劳动力存在互补。在行为经济学研究中采用同样的方法时，只需引入那些对准确预测相关的理论应用来说至关重要的行为因素即可。

到目前为止，本文集中讨论了行为经济学的实证影响，类似于弗里德曼（1953）的分析。放松（4）式—（6）式还能产生新的福利含义。如果行为人具有非标准的体验效用，如偏好参照系依赖，那么政策的福利结果自然不同于新古典模型的预测。然而，只要决策效用与体验效用是相同的，如（6）式所示，那么在进行福利分析时，仍然可以像新古典模型那样采用显示性偏好的研究方法，因为可观测到的行为人的选择反映了他的体验效用 $u(c)$。

在体验效用不同于决策效用时，行为模型在福利分析中将变得越来越具有挑战性，例如在行为人具有诸如疏忽或者即时倾向的例子中。由于政策制定者的目标不再与行为人的决策效用直接相关，所以不能以行为人可观测到的选择来推导福利函数 $u(c)$。如坎布尔等人（Kanbur、Pirttil and Tuomala，2006）所讨论的那样，这一难题类似于在最优政策中运用非福利主义方法，即政策制定者的目标与行为人最大化其个人效用不同。例如阿玛蒂亚·森（1985）在享乐类型的效用之外，还将个人能力与自由等观念纳入社会福利函数。贝斯利和科特（Besley and Coate，1992）则将政策制定者的目标视为收入水平的函数，而非效用的函数。

由于体验效用与决策效用不同，导致对社会福利函数的测度存在困难，这与因存在外部性而难以测度社会福利函数的经典难题有许多相似之处（Pigou，1920）。通常来说，可以将（1）式中政策制定者的目标记为 $v(c)+e(c)$，此处 $e(c)=u(c)-v(c)$ 用来衡量行为人做出次优选择对自己造成的“外部性”。由于这个原因，在行为公共经济学研究文献中，$e(c)$ 项也常常被冠以“内部性”（internality）的标签（如 Mullainathan、Schwartzstein and Congdon，2012）。对内部性 $e(c)$ 的测度需要确定行为人的选择对其体验效用的影响，这类似于在测度传统的外部性时需要确定一个行为人的选择对另一个行为人的体验效用有何影响。① 相应地，当前的研究已经发展出估计内部性 $e(c)$ 的大量方法，与相关文献在测度外部性时所使用的方法类似，第Ⅳ部分将对此进行讨论。

关于行为经济学的实用价值——提供新的政策工具，更好地预测现行政策效果，以及产生新的福利含义——最终只能在现实世界的应用中进行评估。接下来的三个部分将依托这些具体应用来阐明上述观点。

## Ⅱ. 新政策工具：增加养老储蓄

在这一部分，本文阐明了行为经济学通过拓展一系列政策工具如何为政策制定者提供帮助。我着重要讨论的主要政策应用是增加养老储蓄。在这一领域，行为经济学已经显著影响了政策（Madrian，2014）。首先，本文总结了目前新古典政策工具的影响，即对养老储蓄的税收补贴。随后，本文讨论了新的政策工具——默认选项以及自动参与计划——这些都源自行为模型。本节最后则简要地回顾了源自行为模型的其他政策工具，如提供相关信息以提高大学入学率，通过“以罚代奖”（loss framing）以增强薪酬激励对教师的影响。

### A. 新古典工具：对养老储蓄补贴

许多人可能不会为退休进行足够的储蓄，这个问题日益突显（如 Poterb，

① 外部性与内部性在概念上的一个区别是：在外部性的情形中，某一行为人对其他行为人的效用所产生的影响是外生的；而在内部性的情形中，行为人自己做出相关选择，因此政策制定者在干预或影响行为人的内生决策时，需要更强有力的理由。也就是说，一个由行为人自己做出的选择 $c$，增加了这一选择成为最优选择的可能性，从而更难以找到改变选择 $c$ 的政策。

2014)，为此，政策制定者也致力于提高家庭储蓄率。那么实现这一目标的最优途径是什么呢?

增加养老储蓄的传统方法是对缴纳养老储蓄进行补贴。通过 401(k)计划与个人退休金账户制度，美国联邦政府每年为缴纳养老金储蓄提供 1000 多亿美元的补贴，对这些账户中的储蓄给予税收优惠（Joint Committee on Taxation，2012)。大量实证研究通过检验新古典周期模型所做的预测，来评估对储蓄进行补贴的效果。受数据可得性和新古典模型不能很好地预测储蓄模式（如下文所述）所限，这一评估得出了不同的结果（Poterba、Venti and Wise，1996；Engen，Gale and Scholz，1996)。

在最近的研究中，切蒂等人（chett et al.，2014a）运用 4100 万个 1995—2009 年所有丹麦居民储蓄的观测值，分析了为储蓄提供补贴所产生的影响并提供了新的证据。本文着重讨论这一研究，因为它说明了将行为经济学纳入规范政策问题分析的价值。

丹麦的养老金制度与美国相似，不过在丹麦有两种类型的税收递延型储蓄账户：一种是退休后一次性支付的资本型养老金；另一种是按年支付的年金型养老金。1999 年，丹麦政府针对那些适用最高所得税税率的个人，将其资本型养老金账户的税收扣除率由 59% 减少至 45%。1998 年对最高一档税收的减免额为 251200 丹麦克朗（约合 38600 美元），该数值约排在收入分布中的第 80 百分位。其他较低纳税档次的税收抵扣并没有改变，并且针对年金型养老金的课税方式同样没有改变。

切蒂等人首先分析了这项改革对平均资本型养老金的影响。分析结果如图 1a 所示，其中描绘了平均资本型养老金与应税收入之间的关系。根据当前应税收入与最高税收起征点，图 1a 以 5000 丹麦克朗收入对个人进行分组，并以垂直虚线作为界限。然后在每一组内绘制 1996—2001 年的平均资本型养老金缴费与收入。收入与资本型养老金缴费之间的关系在 1996—1998 年是稳定的，该时期正值改革前夕。到 1999 年，那些高资本型养老金缴费组的边际储蓄倾向迅速下跌：收入每增加 1 丹麦克朗，只能带来较小的资本型养老金缴费的增加。这一变化影响巨大：对于收入水平位于最高所得税起征点之上 25000—75000 丹麦克朗的人来说，平均资本型养老金缴费跌落近 50%。

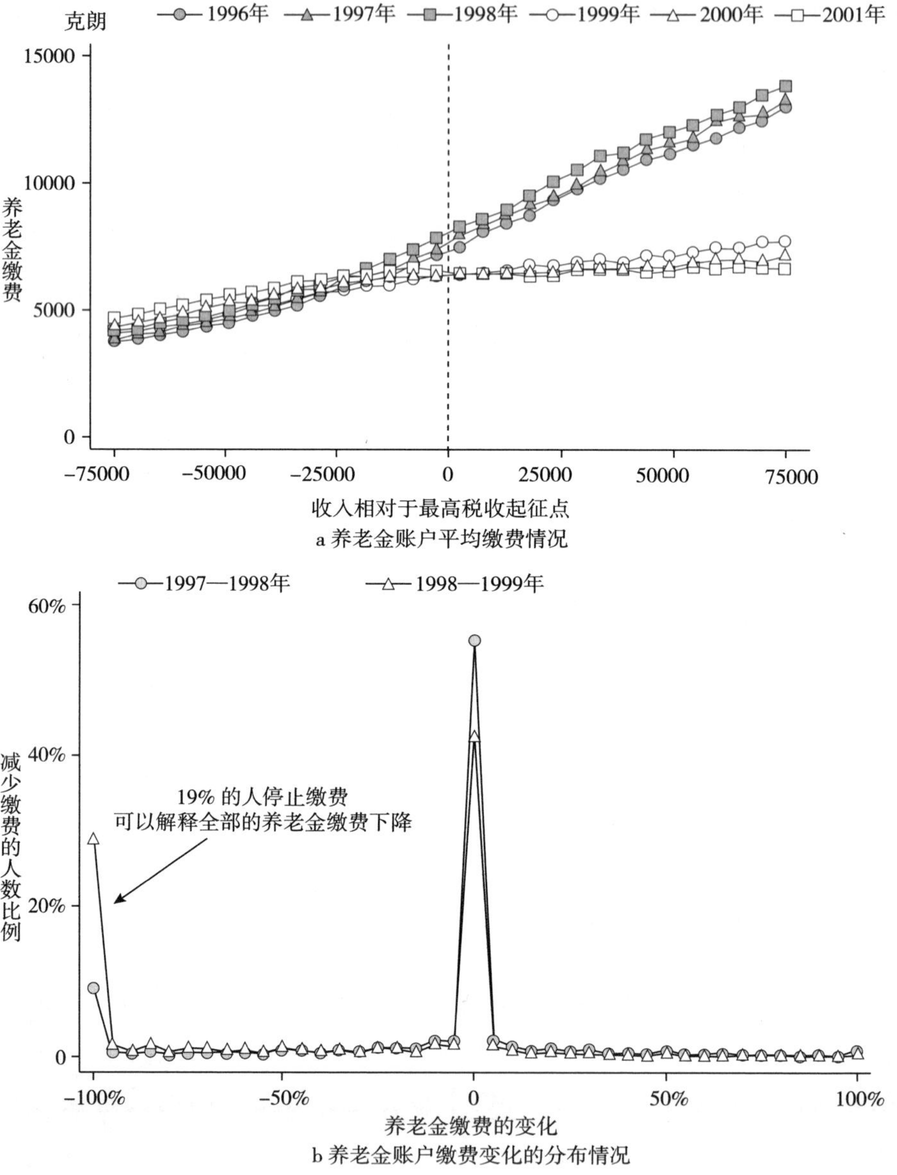


**图 1　丹麦减少养老储蓄补贴所产生的影响**

注：该图再现了 Chetty、Friedman、Leth-Petersen、Nielsen and Olsen（2014）一文中的图 Va 和 VIb（2014）。图 1a 描绘了 1996—2001 年那些收入水平在最高所得税起征点之上 75000 丹麦克朗之内的人每年向资本型养老金账户的平均总缴费（个人与雇主的加总）情况，其中每隔 5000 丹麦克朗绘制一个点。图 1b 描绘了个人资本型养老金缴费变化的分布情况，适用于 1998 年和 1999 年的收入在最高所得税起征点之上 25000—75000 丹麦克朗的人，用滞后的个人养老金缴费比例来表示（对照组受到补贴减少的影响）。图 1b 将样本限定为那些前一年有过养老金缴费的个人。

图 1a 呈现的总趋势支持了关于新古典生命周期模型对储蓄行为的预测：对特定账户的储蓄减少补贴，向该养老金账户的缴费将下降。然而，个体层面的反应则与总体趋势呈现相反的特征。图 1b 描绘了个人的资本型养老金分布的变化（作为递延缴纳的一小部分），这一群体主要是指前一年度缴纳资本型养老金的个人。图中的样本由收入水平位于最高所得税起征点之上 25000—75000 克朗之间的群体构成，这一群体受到了补贴减少政策的影响。① 图 1b 还描绘了这一群体在 1998—1999 年（政策实施的年份）养老金缴费变化的分布情况，同时将 1997—1998 年的变化作为对照组。

图 1b 显示，在 1999 年，许多处于最高纳税档次的人，其资本型养老金缴费几乎没有变化，尽管事实上对于资本型养老金的补贴在减少。由于最优化其行为的行为人理应在补贴减少的情况下改变其资本型养老金账户的缴费，所以图 1 中的事实揭示了新古典模型并没有描述经济中所有个体的行为。② 此外，还有很大一部分个人完全停止缴纳资本型养老金，例如在 1999 年养老金缴费变化的分布情况中，最高点对应于 -100%。切蒂等人指出，图 1a 中显示的资本型养老金总量减少主要源于其中 19.3% 的人，这些人在 1999 年税收补贴减少时停止缴纳养老金。其余 80.7% 的人并没有因为补贴的变化而改变自己的储蓄计划，这也与新古典模型的预测相矛盾。因此，80.7% 的人属于“被动储蓄者”，他们对边际激励没有反应，而另外 19.3% 的人属于“积极储蓄者”，他们的行为模式与新古典模型预测的一致。

接下来，切蒂等人还评估了这 19.3% 停止向资本型养老金账户缴费的人是否减少了总储蓄金额，或将这部分钱转移到了其他账户。他们发现，约有一半的资本型养老金减少被增加的年金型养老金账户所取代，其余部分则几乎全被转移到其他应税储蓄账户（如银行以及股票交易账户）。基于这一分析，他们得出结论，养老储蓄补贴每增加 1 美元的税收支出，养老储蓄大约能够增加 1 美分，这一结果在 95% 的置信区间上以 10 美分为上限。

---

① 我们把控制组界定为，收入达到 25000 丹麦克朗、超过最高税收起征点的个人（而不是恰好处于最高税收起征点），因为当个人在某年向其养老金账户缴费时，其应税收入具有不确定性。由于收入接近起征点的个人可能无法预期到年底是否会按最高一档税率缴费，他们可能会低估自己对补贴变动的真实反应。

② 如果财富效应与价格效应恰好相互抵消，那么新古典生命周期模型得出的结果是 0。但这是一个极端的例子。

对上述分析，从行为经济学视角可以得到两点启示：第一，与总体最优化相一致的各种行为反应可能掩盖了个体之间的显著差异。第二，新古典模型提出的标准政策工具在提高储蓄率方面并不十分奏效，因为这些工具仅仅使一小部分熟悉金融活动的行为人对政策做出了回应，并且这些人也只是简单地将资产转移到不同的储蓄账户。这些结果很自然地引发了一个问题：是否存在其他更有效的政策工具能增加储蓄，这些工具或许能直接以被动储蓄者为目标。

### B. 新政策工具：默认选项和自动参与

过去十年间，大量研究发现雇主默认选项尽管不会改变个人激励机制，但对养老金缴费的影响很大。在一篇重要的文献中，马德里安和谢伊（Madrian and Shea，2001）表明，雇员自动参与公司的401(k)计划，但是有权选择退出这一养老金计划，这一退出机制选择使401(k)计划的参与率由20%提高到80%。这一结果已经在许多其他研究中被证实（如Choi et al.，2002）。同样地，伯纳兹和塞勒（Benartzi and Thaler，2004）也指出，在接下来的数年中，加入401(k)计划的个人增加了养老金缴费，并很少退出这些安排。

虽然默认选项对养老缴费显然有重大影响，但确定这些增加的退休金缴费是否导致其他非退休金账户储蓄的减少，或者导致个人消费减少（总储蓄率提高的必然结果），仍是需要澄清的关键所在。迄今为止，大多数研究没有估计这种挤出效应，因为并没有关于个人完整投资组合的数据。切蒂等人(2014a)能够解决这一问题，是因为他们使用的丹麦数据包含了所有账户的储蓄信息。他们根据不同公司雇主对养老金账户缴费的变化，研究了默认选项对全部储蓄的影响。在丹麦，雇主和个人均需要向同一账户缴费，因此改变雇主缴费与改变默认选项有相似的效果。考虑一个向其养老金账户缴纳2000丹麦克朗的人。假设他的雇主决定从其工资中扣除1000丹麦克朗并存入其养老金账户，那么这个人的总报酬是固定的。由于个人完全可以通过减少缴纳1000丹麦克朗的养老金来抵消这一变化，因此在不改变个人预算集的情况下，雇主对养老金账户的缴费有效地改变了“默认”缴费率。事实上，新古典生命周期模型预测，个人应该完全以此种方式抵消雇主缴费的变化。

切蒂等人运用事件分析法跟踪跳槽换公司的个人，检验了这一预测并评估了雇主缴纳养老金与储蓄率之间的因果关系。这一研究结果如图2所示，该图描绘的是因工作变化导致的个人储蓄率变化，其中新公司要比以前的公司多缴

3 个百分点以上的养老金。令第 0 年表示个人换工作的年份，并以此为基准定义换工作发生的时间（例如，如果个人在 2001 年换工作，那么 1998 年则记为 -3，2003 年记为 2）。样本的组成包括个人换工作之前与之后的 4 年（为了获得平衡面板数据），同时，这些人在其换工作的前一年积极缴纳了个人养老金（使样本中只包括那些能够抵消雇主增加缴费的行为人）。

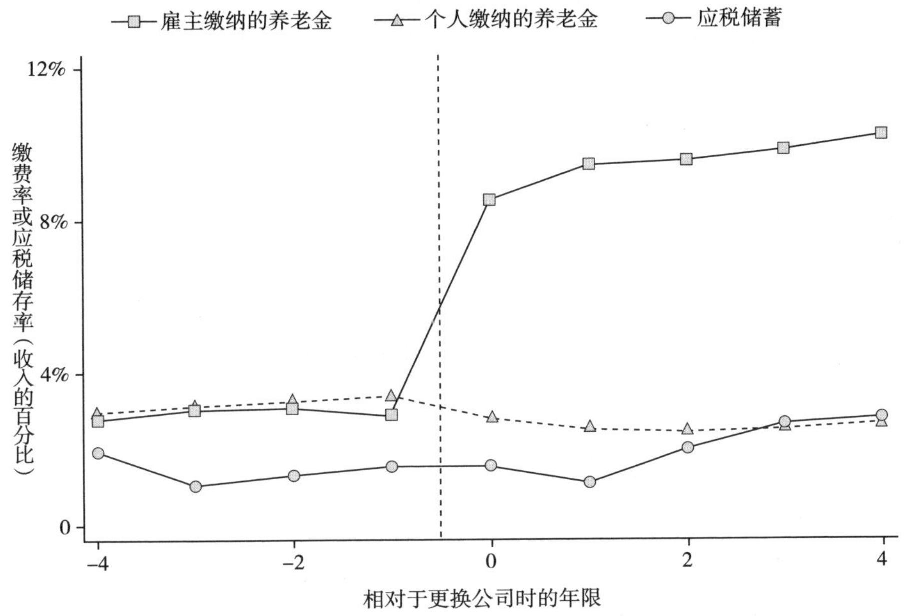


**图 2　雇主缴纳养老金产生的影响**

注：该图再现了 Chetty、Friedman、Leth-Petersen，Nielsen and Olsen（2014）中的图 1b。图中展现了那些换工作到新公司且新公司为其缴纳养老金的比例至少比旧企业高出 3 个百分点（占薪资收入的比例）的人。图中 x 轴是以换工作年份为基准的日历年，因此第 0 年表示行为人受雇于新公司的第一年。该图还描绘了每一年雇主和个人平均养老金缴费情况以及个人应税储蓄，这些都以其在劳动力收入中的占比表示。对样本中的工人来说，在他们更换工作年份的前后 4 年（即[ -4，+4 ]范围内）内，数据都是可以获得的，因此图中的观测值为常数。该样本还包括那些在换工作之前积极缴纳个人养老金的人，即那些在雇主增加养老金缴费时减少个人养老金缴费的人。该图列出了从 -1 年到 0 年各种形式的储蓄总量的变化（相对于劳动收入的百分比）。

图 2 中的正方形序列描绘了雇主的总缴费额（包括资本型养老金账户与年金型养老金账户）。雇主的缴费在第 0 年大幅上升，平均上升幅度为该样本中雇员收入的 5.64%。三角形序列描绘了雇员个人自己缴纳的养老金，显示从 -1 年到第 0 年，个人养老金缴费降低幅度为其收入的 0.56%，远低于雇主缴费的增加值。最后，图 2 中的圆圈序列描绘了所有其他应税账户中的储蓄。在

这些应税账户中，储蓄基本没有因公司的变化而发生变化。这些发现表明，雇主的养老金缴费增加并不会显著地由其他账户中的储蓄减少所抵消，也就是说，默认选项有效地增加了总储蓄。基于这种事件研究，切蒂等人估计雇主的养老金缴费每增加 1 美元，雇员工资同时减少 1 美元（从而总体薪酬保持不变），个人净储蓄大约增加 85 美分。这些储蓄的增加持续十多年，并在退休时带来更多的财富余额。这意味着，默认选项对储蓄行为有长期影响。

新古典模型预测雇主默认缴费将被完全抵消，而事实上，默认缴费每增加 1 美元，总储蓄增加 85 美分。这意味着，85%的人是“被动储蓄者”，他们没有明确的退休计划，只是被动地接受默认选项。① 这一估计与上述讨论结果一致，约有 80%的行为人对补贴的变化只是被动应对。15%—20%的人对价格激励做出了积极回应，这些人更可能通过减少其他账户的储蓄来抵消雇主的养老金缴费。这些积极的储蓄者往往对金融更为熟悉（例如，他们更频繁地调整其资产组合），拥有更多的财富，并更可能在大学学习过金融方面的课程。因此，默认选项对总储蓄影响更大，特别是对那些为退休储蓄最少的人而言，这一政策比补贴政策更有效。

这项研究在更广泛意义上的教训是，默认选项可以实现补贴政策无法实现的效果。给定增加储蓄这一外生政策目标，即便有关行为的基本假设有待讨论，但这一经验结果仍具有现实意义。② 事实上，马德里安和谢伊（2001）、伯纳兹和塞勒（2004）的研究都指出，私人公司与政府已经开始系统性地实施默认政策以增加养老金储蓄。

虽然关于默认选项的实证结果具有很重要的价值，理解有关储蓄行为的理论仍然至关重要，原因有二。一是推断：也就是说预测默认选项在其他情况下的影响，例如，默认缴费率的更大变化，而这需要有关储蓄的理论来解释默认选项为何重要，如卡罗尔等人（Carroll et al.，2009）提出的拖延模型。二是福利分析需要一个有关储蓄行为的模型。我们应当增加人们的储蓄以备退休后

---

① 即便是在新古典模型中，个人的养老金缴费接近于 0，挤出也将低于 100%。Chetty 等人的研究表明这种影响对观测到的不完全挤出的解释力有限，因为任何人都不能完全抵消大多数由雇主导致的变化。

② 例如，关于默认选项的证据可以用一个粗心行为人的模型或者信号模型来解释，在这些模型中，个人不确定他们应当储蓄多少，而将默认选项视为一个关于正确储蓄率的信号。只有当这两个模型在某些领域产生不同预测时，区分行为模型与理性模型才是有帮助的。从实用的角度看，如果没有提供更好的预测，那么理性信号模型就不存在固有优势。

使用吗？如果需要，最优的默认储蓄率是多少呢？如果没有对基础行为模型的具体说明，则无法回答这类最优政策问题。在第Ⅳ部分，本文将回过头来讨论这些规范性的问题。

从方法论的视角看，过去十年有关养老储蓄的研究抓住了行为经济学中的精髓——务实方法。文献中的大量研究都旨在寻找增加储蓄率的最有效的方式，而不是检验新古典模型的假设。例如，切蒂等人并没有检验行为人是否最优化其储蓄决策；相反，他们的研究旨在评估提高养老储蓄的不同政策的效果。研究重点起初是税收补贴，在对数据进行分析的过程中，越来越清楚的是，行为模型提出的被动选择能更好地解释个人行为。这自然而然地引发了对其他政策工具，如雇主默认选项的探索。尽管人们可以用严格的新古典视角处理这一政策问题，即着重分析价格补贴的影响，但源于行为模型的新政策分析工具提出了更丰富的见解，最终也为增加养老储蓄提供了更好的方法。

### C. 其他应用

这一部分简要总结了四个其他方面的应用。在这些应用中，行为经济学的见解已经被用于开发新的政策工具。①

**健康计划的简化与选择。**巴尔加瓦等人（Bhargava、Loewenstein and Sydnor，2014）研究了一家美国大型公司，该公司的雇员能够从一份健康保险计划的清单中进行选择。他们的研究表明，当面对复杂的选择清单时，许多人选择了严格占优的健康保险计划，也即在所有情况下都会减少其收益的计划。他们的研究结果意味着，减少有关健康保险的选择或许能够改善结果，这与延加和莱珀（Iyengar and Lepper，2000）提出的有关选择过载的行为经济学模型一致。有趣的是，巴尔加瓦等人发现，在低收入家庭中，次优选择尤其普遍，这意味着复杂性不仅导致平均福利水平的降低，还不利于分配。

**申请救助与大学入学。**贝廷格等人（Bettinger et al.，2012）的研究表明，在填写“免费申请联邦学生救助”（FAFSA）表格时，为低收入家庭提供信息

① 行为经济学已经为政策制定者扩充了一系列可行的政策工具，最具体的证据也许是：在美国和英国政府中创造性地设立了“助推小组”（nudge units），负责制定和监测那些不直接改变经济激励的新政策，如默认选项、框架效应（framing）以及社会说服。

与帮助增加了这类家庭子女上大学的可能性。同样地，霍克斯比和特纳（Hoxby and Turner，2014）的研究表明，为来自低收入家庭的成绩好的学生提供简单的有关申请流程方面的信息，并根据其家庭财务状况提供上学所需成本方面的信息，将会增加这些孩子申请并进入更顶级大学的机会。这两项研究中提出的政策措施成本并不高，例如，霍克斯比和特纳采取的政策措施在每个学生身上的花费仅为6美元。因此，在信息与申请方面提供帮助成为提高大学入学率的新政策工具，这比现有的政策工具（如捐赠或者贷款）更划算。

**以罚代奖与教师表现。**费赖尔等人（Fryer、Levitt and Sadoff，2012）的研究表明，相对于为取得好业绩提供奖金，将以罚代奖作为教师的激励机制更能提高学生的成绩。实际上，那些提前获得奖金但被告知如果学生的成绩提高不够多奖金会被收回的老师，比起拿传统业绩奖金的老师，会让学生的考试成绩提高得更显著。对政府来说，这种以罚代奖式的激励机制并不需要额外的财政成本，还为提高学生成绩提供了一个更有吸引力的新政策工具。

**社会比较与节能。**奥尔科特（Allcott，2011）的研究表明，给居民家庭寄信，告知他们相对于其邻居的能源使用情况，有助于减少平均能源消费。这一结果与社会比较模型相一致，即个人关心他们的行为与其他人相比的结果如何。这样的社会比较现在被应用于公用事业公司中，并与常规政策工具（如涨价）一起使用。

所有这些研究都是以实用方法研究行为经济学的典型例子，其目标是评估产生于行为模型的新政策工具的效果，而非检验新古典模型或行为模型的具体假设。在某些情况下，我们甚至对基础行为模型究竟是什么也没有充分了解。例如，为申请提供帮助可能很重要，因为个人在填写信息时往往表现出惯性、缺乏信息或者拖延等缺陷。同样，有多种潜在理论，例如基于信号效应的理性模型，基于相对效用比较的行为模型，可以解释用电消费中的一致性偏好。尽管这些假设存在不确定性，但是融入行为因素而得到的新政策工具仍然有助于扩大政策制定者可以实现的成果。①

---

① 如上所述，理解基础理论对做出推论和进行福利分析仍然是有价值的。例如，Allcott（2014）的研究表明，社会比较政策的干预效果在不同城市有很大差异。如果有一个精确的理论解释为何社会比较是重要的，那就可以更好地预测将新工具用在哪些地方最有益。

## Ⅲ. 更好的预测：所得税对劳动力供给的影响

即使行为模型不能创造新的政策工具，仍可以用来预测现有政策的影响。本节通过总结近来关于 EITC 对劳动供给决策影响的研究结果（Chetty、Friedman and Saez，2013）来说明这一观点。首先，我们将说明用各地区对 EITC 政策的不同了解程度来解释 EITC 的影响，有利于预测这一政策对应税收入申报额的影响，然后再讨论这一政策对实际劳动供给决策的影响。最后，介绍一些近期的实验，以评估信息供应（information provision）是否可以作为一种新的政策工具，增强 EITC 的效果。

### A. EITC 对收入申报额的影响

EITC 是美国根据收入调查结果制定的最大规模的现金转移支付计划。2012 年，2780 万报税人通过联邦 EITC 返还的税款总额超过 630 亿美元（Internal Revenue Service，2012，表 2.5）。联邦 EITC 自 1996 年达到这一规模后，在之后 15 年内基本保持不变（剔除通胀因素）。

EITC 返还额取决于报税人的应税收入、婚姻状况和子女数量。图 3a 将EITC 返还额看作应税收入的函数（2010 年不变价美元），将个体申报人划分为有一个或两个及以上子女。首先，EITC 返还额随收入上升而线性增长（递增区域），然后在一个较小的收入范围内保持稳定值（稳定区域），然后线性下降（递减区域）。拥有单一子女的纳税人在递增阶段的抵免率是 34%，拥有两个及以上子女的抵免率是 40%，相应地，递减阶段的抵免率分别为 16% 和 21%。由于个人面临工资和其他税收，只有当他们的应税收入位于 EITC 返还额安排（EITC Schedule）的第一个拐点时，可以获得最大额度的返还，对于单一子女的申报人来说，这个金额为 8970 美元，对于两个及以上子女的申报人则为 12590 美元。①

EITC 的主要目标之一是通过提升低收入劳动者的真实工资率来提高劳动供给。大量文献运用新古典劳动供给模型，通过估计劳动供给弹性来检验 EITC 能否有效地实现这一目标。这些研究发现 EITC 确实可以提高劳动参与率，但对工作时长和收入的影响并未得出一致结论（Eissa and Hoynes，2006；Meyer，2010）。

① 没有亲属的报税人只能获得很少的 EITC，2010 年时最大的返还额为 457 美元。

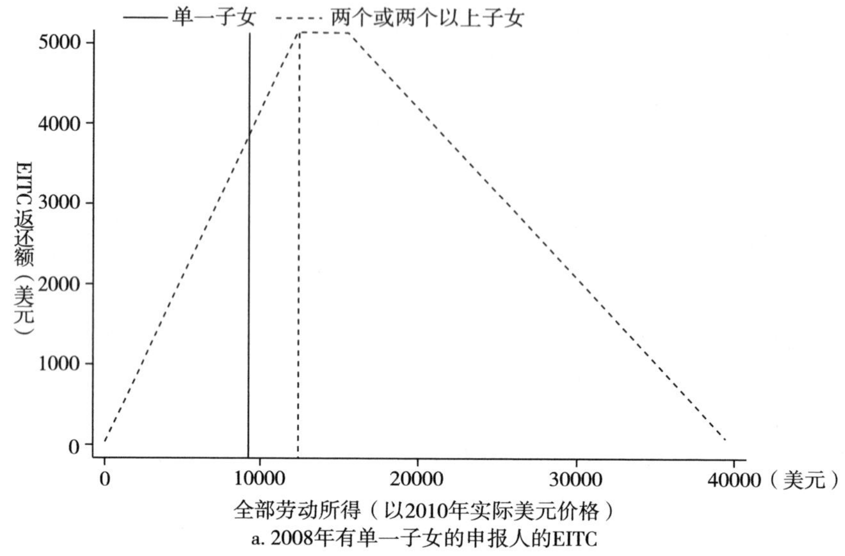


a. 2008年有单一子女的申报人的EITC

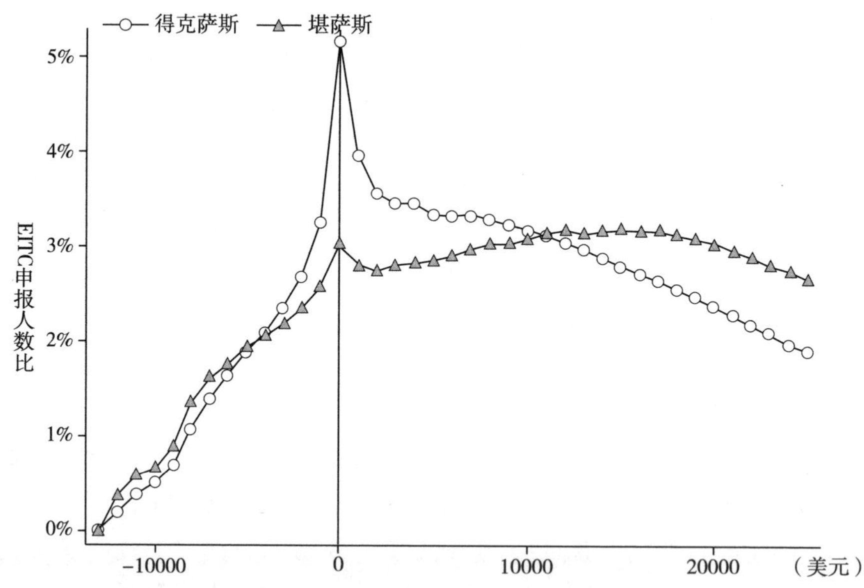


b. 堪萨斯州和得克萨斯州EITC申报人的应税收入分布

**图 3　EITC 对报税额的影响**

注：图 3a 显示 2008 年，针对有单一子女的申报人的 EITC。将 EITC 看作报税人申报收入的函数，垂直线对应不同群组的返还款最大化的拐点。图 3b 是 Chetty、Friedman and Saez（2013）一文中图 1a，使用了得克萨斯州和堪萨斯州有子女的 EITC 申报人的数据。该图是以 1000 美元为刻度、以 EITC 表为中心的申报比例分布图。应税收入是指用来计算 EITC 的全部收入，对大多数申报人来说，等于税表 1040 中的工资收入与自营收入之和。

切蒂、弗里德曼和赛斯（Chetty、Friedman and Saez，2013）使用1996—2009年美国联邦所得税报税单数据，研究EITC的影响。由于该数据量比之前研究使用的调查数据样本量大很多，因此可以更准确地分析EITC的影响。切蒂、弗里德曼和赛斯的核心分析样本包括7800万个纳税人和11亿个收入观测值。

切蒂、弗里德曼和赛斯的初步研究计划是利用各州有关EITC“附加政策”（top up policies）的差异来确定EITC的效果，这与行为模型无关。例如，堪萨斯州有一个州EITC计划，在联邦EITC之上提供17%的匹配，而得克萨斯州则没有州EITC计划。图3b显示了堪萨斯州和得克萨斯州EITC有子女的申报人的应税收入分布情况。图3b的x轴表示的是应税收入减去图3a中EITC计划第一个拐点（即返还额最大化拐点）的收入阈值，该图以返还款最大化拐点为中心，1000美元为刻度描绘申报人的分布比例。

赛斯（Sacz，2010）首次在全国数据研究中发现，在得克萨斯州，EITC申请人明显地过度聚集（salient）在返还额最大的拐点处。在得克萨斯州，有超过5%的EITC申请人的报税收入处于距离最优报税收入500美元的范围内，该比例远高于申报其他收入水平的人数比例。这恰恰是具有非线性预算约束的新古典主义模型所预测的行为反应：由于一旦收入超过拐点，真实工资率将下降40%，所以许多追求最优化的行为人会将申报收入选定在返还额最大的拐点水平上。

堪萨斯州的申报人聚集程度比得克萨斯州要低得多。在堪萨斯州，处于返还额最大化拐点的申报人比例仅略高于其他收入水平上的申报人比例。由于堪萨斯州为居民提供了更高比例的EITC，这种对EITC的低回应程度并不符合新古典主义模型的预测。

为了理解各地区对EITC回应的差异，切蒂、弗里德曼和赛斯估计了美国所有三位数邮政编码区域的申报人在返还额最大化拐点上的聚集情况。他们定义$b_{ct}$为第$t$年三位数邮政编码区域$c$的显著聚集，表示总收入在第一个拐点附近500美元之内且自雇收入不为零及有子女的EITC申请人的百分比。切蒂、弗里德曼和赛斯在定义显著聚集时关注自雇收入，是因为申报人在返还额最大化拐点上的过度聚集完全由自雇者驱动，工资收入阶层的分布密度则没有明显的高点（见下文图6a）。由于自雇者直接向国家税务局报告收入，更容易操纵其申报的应税收入，以获得最大返还额，所以显著聚集完全由自雇者造成。①

图 4 显示了 1996 年、1999 年、2002 年、2005 年和 2008 年美国三位数邮政编码区的自雇者显著聚集的热点图。该图将 $b_{ct}$ 的估计值划分成 10 个百分位，收集所有年份的样本，使分级在不同年份间保持不变。表示显著聚集的 $b_{ct}$ 的百分位越高，在图中颜色越深。1996 年，在 EITC 扩展到当前规模之后不久，只在极少数地区（得克萨斯州南部、纽约市和迈阿密）普遍出现显著聚集，然后随着时间的推移，逐渐从这些地区蔓延到其他地方。热点图中的大部分变化发生在州内，这再次表明，州 EITC 政策差异不是行为反应变化的关键决定因素。

鉴于以上证据，切蒂、弗里德曼和赛斯试图研究美国各地对 EITC 的行为反应存在巨大差异的根本原因。考虑图 4 中的空间扩散模式，一个合理的模型是，这种变化源于各地对 EITC 激励结构的了解度差异和随时间推移的学习能力。虽然新古典主义模型通常假定所有个体都完全了解税法，但在实践中，许多家庭对 EITC 创造的边际激励几乎没有了解（如 Smeeding、Ross-Phillips and O'Connor，2002）。

为了检验了解度差异是否可以解释上述空间差异，切蒂、弗里德曼和赛斯试图研究在三位数邮政编码区内迁移的人。知识模型预测，当行为人转移到显著聚集度更高的地区后（例如从堪萨斯州到得克萨斯州），行为人对 EITC 的反应应该会增强。但如果迁移到较低聚集度的地区后（如从得克萨斯州到堪萨斯州），行为人对 EITC 的反应不会变化，因为他们并没有忘记他们已了解的情况。图 5 显示了研究结果，该图是行为人迁移到不同地区后一年相对于前一年的 EITC 返还额，以及居住地显著聚集度相对于目的地显著聚集度之间关系的散点图。EITC 返还额是对返还额最大化拐点附近的收入分配集中度的简单度量。该图将 x 轴变量 $\Delta b_{ct}$ 划分为宽度为 0.5% 的间隔，并绘制每个间隔内 EITC 返还额变化的均值。虚线左边的人迁移到显著聚集度较低的区域，虚线右边的人迁移到显著聚集度较高的区域。可以发现，在斜率为 0 时有一个明显间断，这说明 $b_{ct}$ 的增加提高了 EITC 返还额，而 $b_{ct}$ 降低对 EITC 返还额没有影响。

① 由于雇主直接向国家税务局报告收入，所以工资收入者只有很小的余地操纵他们的收入申报额。我在下一部分讨论 EITC 对工资收入者的影响。

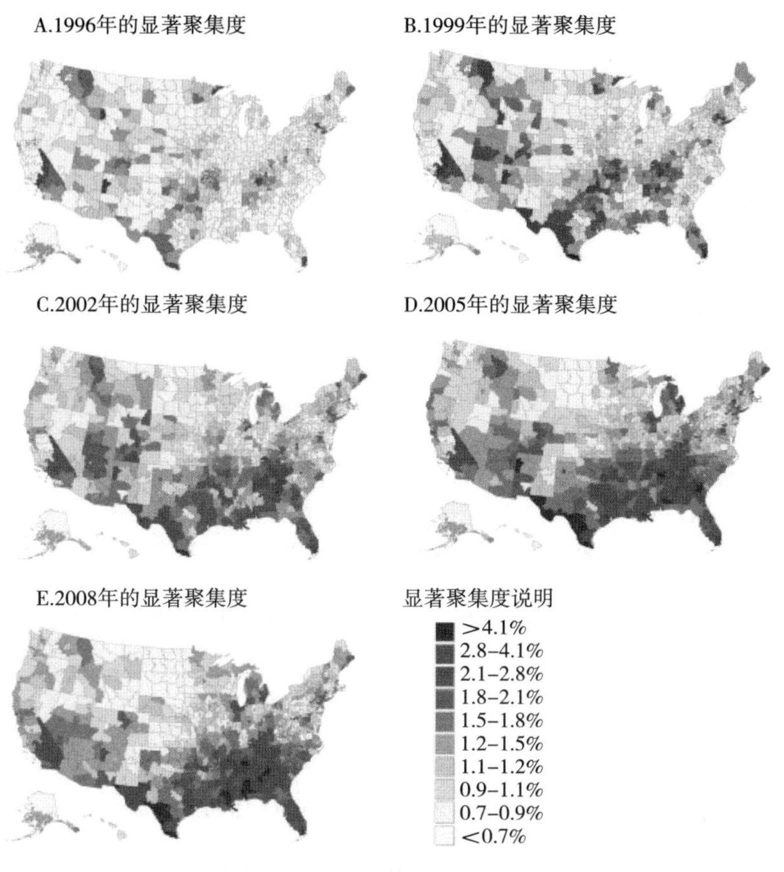


**图 4　不同年份 EITC 显著聚集度的区域变化情况**

注：该图是 Chetty、Friedman and Saez（2013）一文的附录图 3，他们以三位数邮政编码划分区域，绘制了 1996 年、1999 年、2002 年、2005 年、2008 年自雇者的显著聚集度。自雇者显著聚集度定义为符合 EITC 标准的、有子女且总收入水平在 EITC 返还额最大化拐点附近 500 美元内、自雇收入不为零的那部分家庭的比例。观测值按照各年的综合值划分为十分位，以使各年的十分位分界线不变。每个十分位都对应图中不同的颜色，颜色越深，表明显著聚集度越高。

切蒂、弗里德曼和赛斯进一步发现，EITC 申请人密度较大的地区倾向于具有更高的显著聚集度 $b_{ct}$，这与知识通过本地网络传播扩散模型的预测一致。总之，与假设所有行为人都完全了解税法相比，假定行为人在知识和学习方面存在差异的模型可以更好地预测 EITC 的效果。①

① 人们可能会认为，不完备的知识和学习模型不是“行为的”，因为它们可以通过新古典模型中获取信息的搜索成本来解释，这里强调的是将这些特征纳入税收和劳动供给分析是有益的。模型被标注为“新古典”还是“行为”并不重要，这个模型是否能准确预测行为才是重要的。

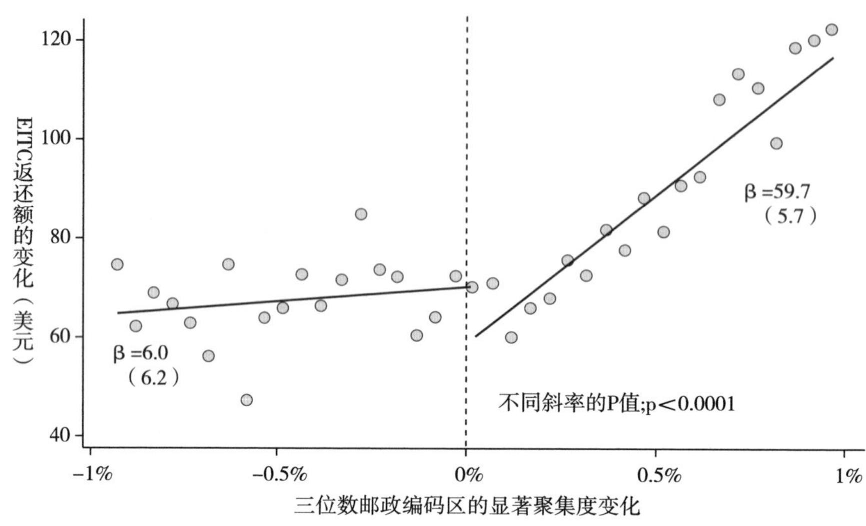


**图 5　移居到显著聚集度更高或更低地区的 EITC 返还额**

注：该图是 Chetty、Friedman and Saez（2013）中的图 3b，样本包括那些在三位数邮政编码区迁移的纳税人。该图显示了 EITC 返还额在移居前一年和移居后一年的变化，以及新旧三位数邮政编码区的显著聚集度的差异。根据其显著聚集度的变化，以 0.05 为单位分组，并绘制每个组内的 EITC 返还额的平均变化，其中实线显示了在 0 上下，个体层面数据的线性回归估计结果。估计的斜率及组间标准误分别标注在实线旁。

## B. 劳动收入反应：使用行为模型来进行反事实分析

如上所述，对 EITC 的显著聚集反应完全由自雇者造成。审计数据显示，多数的这种显著聚集是由误报自雇收入造成的，而非因为工作模式发生实际变化（Chetty、Friedman and Saez，2013）。尽管理解 EITC 对收入申报的影响是有帮助的，但 EITC 的根本目标是改变人们的实际工作量并为经济做出贡献，而不仅仅是改变他们向国家税务局报告的收入。为了研究 EITC 对劳动供给决策的影响，切蒂、弗里德曼和赛斯又刻画了该计划对工资收入分布的影响，并将自雇收入排除在外。由于雇主使用 W－2 表格直接向国税局上报员工的工资收入，所以个人没有太多余地谎报工资收入，工资收入的误报率低于 2%（Internal Revenue Seruice，1996 年，表 3）。因此，工资收入的变化可以看作实际劳动供给行为的变化，而不仅仅是申报收入的变化。

图 6a 显示了单一子女的 EITC 申报人在美国的工资收入分布（使用 W－2 表格的数据）。与自雇者不同，返还额最大化拐点处的密度没有急剧上升。这是

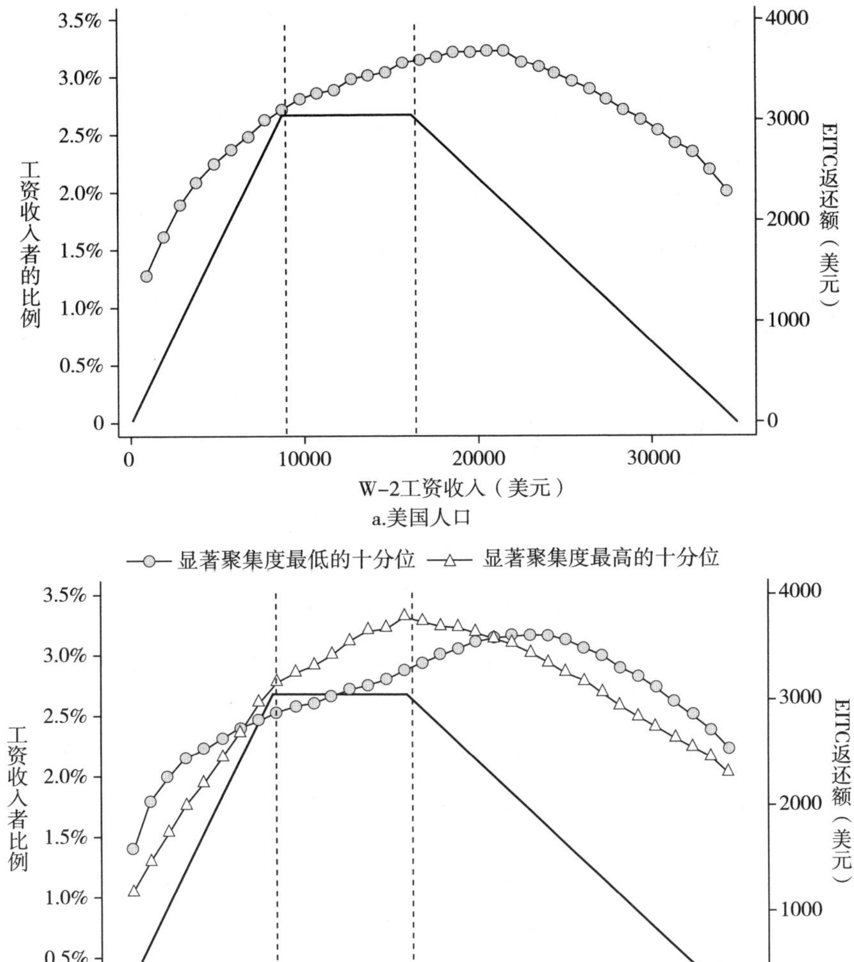


**图 6　EITC 制度对工资收入的影响**

注：该图是 Chetty、Friedman and Saez（2013）中的图 5a。图 a 使用 1999—2009 年全美数据，绘制有单一子女的工薪收入者的比例分布（根据 W－2）。图 b 重点绘制生活在自雇收入显著聚集度（即关于 EITC 计划的了解度）最高十分之一和最低十分之一地区的工薪收入者的比例分布。自雇收入显著聚集度定义为符合 EITC 标准的、有子女且总收入水平在 EITC 返还额最大化拐点附近 500 美元内、自雇收入不为零的那部分家庭的比例。三角形曲线和圆形曲线分别表示三位数邮政编码地区自雇收入显著聚集度最高和最低的十分位区域的分布比例。每一种分布都以 1000 美元为间隔的观察值比例来表示，EITC 在 Y 轴右侧坐标显示，垂直虚线表示行为人可以获取 EITC 最大返还额的平稳区域。

因为工薪族在选择劳动供给时面临摩擦。例如，在既定工作中，人们通常无法灵活选择工作时间，这使他们很难精确设定一个收入水平（Altonji and Paxson, 1992)。由于这些摩擦的存在，使得 EITC 对实际工资收入的影响模糊不清，需要在反事实的情况下进行检验，也就是说应该探究在没有 EITC 的情况下，图 6a 中的收入分布如何。这个问题的根本原因在于估计 EITC 的效果颇为困难，因为对于主要在国家层面实施并且鲜有变化的政策项目来说，几乎没有很好的反事实可以用于比较。

了解 EITC 方面的地区差异，对于获得这样的反事实和确定 EITC 对工资收入的影响是非常有用的。这个思路直截了当：将不太了解 EITC 的地区作为反事实案例，因为这些地区没有由 EITC 创造的边际激励。直觉上，不了解某个政策项目的人不会对其边际激励做出回应。

为了实施这一策略，切蒂、弗里德曼和赛斯用自雇者之间的显著聚集度 $b_{ct}$ 代表三位数邮政编码区对 EITC 的了解程度。图 6b 绘制了生活在三位数邮政编码区、显著聚集度最高的十分位（如南得克萨斯）与最低十分位（如堪萨斯州）且有单一子女的人的工资收入分布情况。与信息匮乏地区相比，信息丰富地区（自雇者的显著聚集度高）在 EITC 稳定区域（约为 9000—16000 美元）的比例显著增加。这表明，即使行为人不能完全瞄准返还额最大化拐点，EITC 也能引导行为人接受收入在最大 EITC 返还额附近的工作。

图 6b 中跨区域的比较可能受到遗漏变量影响，例如，南得克萨斯与堪萨斯州的产业结构不同，这可能导致与 EITC 的激励结构无关的工资收入分布差异。为解决这个问题，切蒂、弗里德曼和赛斯研究了生育前后工资收入的变化。无子女的行为人基本上没有资格申请 EITC，因此第一个子女的出生会导致边际激励的剧烈变化。图 7a 列出了第一个子女出生前一年，行为人中信息最丰富的十分位和信息最匮乏的十分位的工资收入分布情况，而图 7b 使用第一个子女出生当年的数据。子女出生前地区间工资收入分布没有差异，一旦第一个子女出生，信息丰富地区的位于 EITC 返还额最大化平稳区域的行为人数量上升。显然，在更好地了解 EITC 的激励结构的地区，当行为人有一个子女后，更有可能继续工作，并将收入维持在 9000—16000 美元。

基于上述方法，切蒂、弗里德曼和赛斯表明，EITC 主要促使了递增阶段的收入增加，而非递减阶段的收入减少。由此，他们得出结论，EITC 在提高劳动供给方面是相当有效的。在 EITC 人口密集的地区，知识更有可能传播，

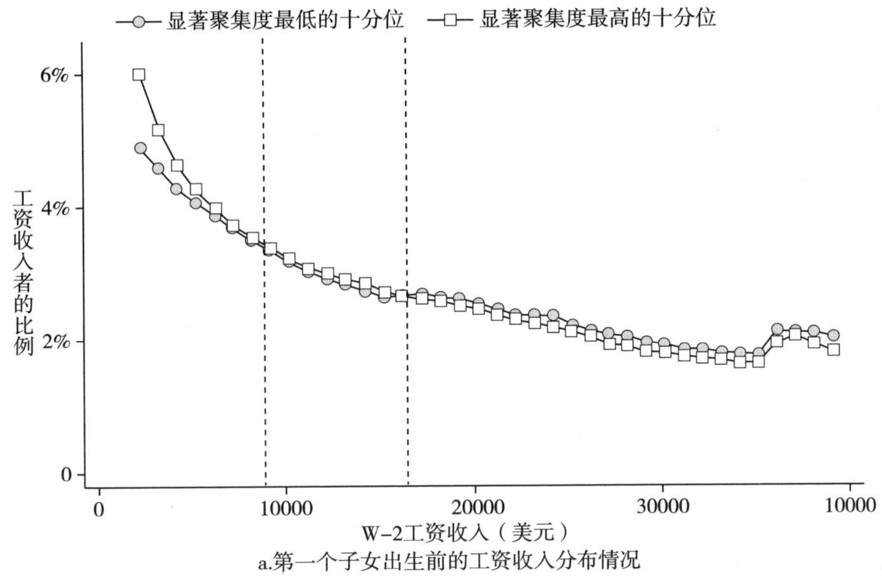

a.第一个子女出生前的工资收入分布情况

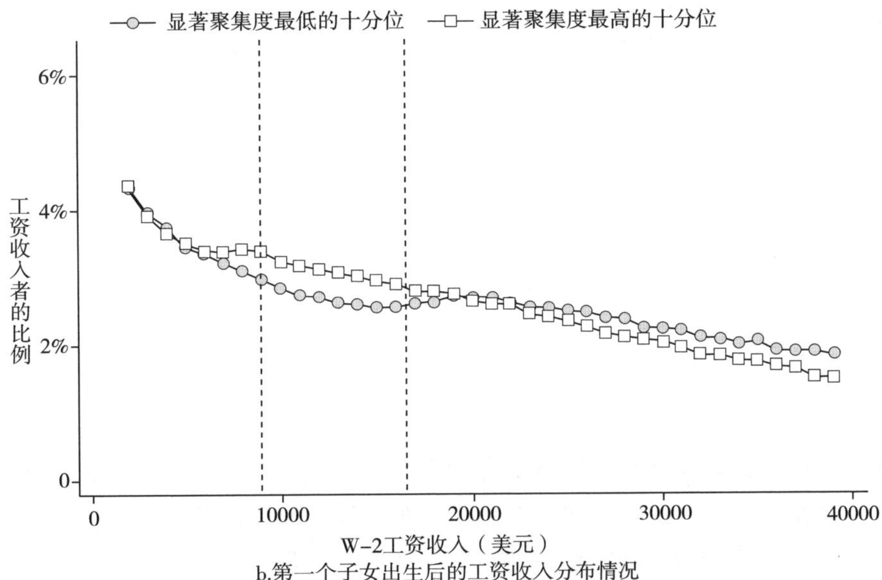

b.第一个子女出生后的工资收入分布情况

**图7　EITC与工资收入分布：生育前后的变化情况**

注：该图是Chetty、Friedman and Saez（2013）中的图6，样本包括居住在自雇收入显著聚集度（即关于EITC计划的了解度）最高十分位和最低十分位地区的工资收入者的比例分布。自雇收入显著聚集度定义为符合EITC标准的、有子女且总收入水平在EITC最大返还额附近500美元内、自雇收入不为零的那部分家庭的比例。图a和图b以1000美元为间隔，分别绘制了生育前一年和当年的工资收入者的比例分布（根据表W-2）。两条垂直虚线描绘了单一子女的行为人获得EITC最大返还额的平稳区域。

因此对 EITC 的响应程度最高。

除了解释 EITC 效应的空间差异外，信息传播还能解释已有文献中关于 EITC的研究发现。大多数对 EITC 的研究侧重于政策改革带来的行为短期变化。这些研究可能检验到了广延边际回应（extensive-margin response，参与度），因为关于更高的工作回报率所需的知识比关于如何最优化集约边际的知识传播得更快。事实上，研究发现，工作可以带来退税的信息（人们在广延边际上做出反应只需要了解这一信息），比起有关 EITC 创造的非线性边际激励的信息能得到更广泛的传播（Liebman，1998；Romich and Weisner，2002）。这一信息传播模式与理性信息获取模型一致，税收改革在广延边际上引起的再优化行为具有较大的一阶收益，而在集约边际上引起的再优化行为具有较小的二阶收益（Chetty，2012）。

切蒂、弗里德曼和赛斯的分析阐明了关于行为经济学在公共政策方面的两点实用价值，这些经验同样适用于其他应用。首先，将行为特征纳入模型（在切蒂、弗里德曼和赛斯的研究中表现为信息的差异）有助于我们更好地预测现行政策的影响（切蒂、弗里德曼和赛斯的研究指 EITC 对收入申报行为的影响）。第二，可以使用行为模型来产生新的反事实，从而估计那些难以确定的政策影响，例如 EITC 对工资收入的影响。在许多其他情况下，可以采用类似方法来简化处理，例如，最近的研究表明，个人在选择健康保险计划上表现出惯性（Handel，2013；Ericson，2014）。根据公司可提供的健康保险计划，这种惯性会导致个人健康保险计划的差异。合理地假定（并可以给出证明）一个公司内部同代人潜在的健康状况不会频繁地发生变化，根据这一假定，我们可以利用保险计划可得性差异导致的代际变化来确定保险计划对保健支出和健康结果的影响。另一个例子是，有学者（Gallagher and Muehlegger，2014）的研究表明，如果在购买节能型混合动力车时立即给予税收返还，而不是在其缴纳所得税时才予以退税，将更有利于汽车销售。通过比较以不同方式获得退税的个人的后续行为，可以评估拥有混合动力汽车与驾驶行为的因果关系。一般来说，行为模型能够为选择模型提供新见解，因此可以用于构建新的比较组以识别处理效果。

### C. 提供关于 EITC 的信息

鉴于上述证据，一个自然而然的问题是，可否通过提供更多有关 EITC 的信息来增强该计划的影响？也就是说，能否认为信息在影响 EITC 开发新的政策工具中发挥着关键作用（如第Ⅱ部分），而不仅仅是更准确地预测现行政策的效果？

最近的研究运用提供 EITC 信息的实验来研究这个问题。切蒂和赛斯（Chetty and Saez，2013）以美国布洛克税务公司的 43000 名 EITC 客户为研究对象，随机地由专业报税人向其中一半的申报人传递关于 EITC 边际激励结构的信息。切蒂和赛斯发现，这种做法对下一年的收入并没有影响。① 这一结果表明，虽然有关 EITC 的信息能够影响对该计划的行为反应，但是很难通过政策来操纵有关边际激励的信息。这可能是因为专业报税人提供的信息对申报人观念的影响要小于可信任的朋友定期提供的信息。鉴于向个人传递EITC 信息比较困难，可以考虑将 EITC 直接纳入个人薪资作为自动工资补贴。例如，如果雇主给雇员的工资为每小时 14 美元，而不是每小时 10 美元，那么在做出劳动供给决策时，他们根本不必考虑 EITC，而且更可能对高工资率做出回应。②

巴尔加瓦和马诺利（Bhargava and Manoli，2014）进行了一个实验，其中包括 35000 名有资格申请 EITC、却没有提供申请所需的税务表格的人。大约 25% 的合格 EITC 申请人没有填写申请抵免的表格。他们发现，将有关 EITC 的简要信息邮寄给符合条件的申请人可以提高 EITC 的申报率。对于提供信息可以提高 EITC 申报率却对收入影响甚微的可能解释是，申报比改变劳动供给能产生更大的净效用增加。行为人更理性地关注实实在在获得的收入（以很少代价或没有代价获得），而不是他们的边际工资是否与他们的期望有偏差（这需要实际工作来产生收入，因此是二阶收益）。检验这个解释并构建通过政策来调节信息传播时间和方式的新模型，将是未来的研究方向。

在确定是否需要提供有关 EITC 的更多信息时，同新古典模型一样，考虑一般均衡效应也很重要。利（Leigh，2010）和罗思坦（Rothstein，2010）给出的证据表明，EITC 也给雇主带来了部分好处，这是由于 EITC 引起劳动供给

---

① Chetty 和 Saez 发现了专业报税员处理效果差异的证据，一些专业报税员比其他报税员会带来更大的收入反应。他们将这解释为，税务人员的劝导可能比有关 EITC 参数的原始信息更重要。

② 在实施这一建议中有一个实际的复杂因素，即 EITC 的返还额目前是以年度家庭收入为基础的，因此边际补贴在家庭年收入完全确定之前是未知的。

曲线向外移动，使雇主可以降低均衡工资水平。使 EITC 效果更显著，特别是如上文所述的那样将其纳入个人薪酬，可能会进一步降低均衡工资率，从而降低 EITC 的再分配作用。因此，在选择如何让行为人了解 EITC 的激励措施时，需要权衡再分配与提高劳动供给之间的关系。一般说来，在行为模型中预测政策变化的效果时，综合考虑企业反应和均衡效应将是未来研究的重要领域。

## IV. 福利分析：社区选择

截至目前，我们主要着眼于行为经济学的实证意义，例如预测政策对行为的影响。虽然这些预测在经济分析中十分关键，但理解政策对社会福利的影响也同等重要。本节将讨论行为模型的福利含义，以社区效应和住房券政策为例来说明这些影响。本节首先总结关于社区效应的一些经验事实，然后讨论与这些经验事实相契合的新古典模型和行为模型。接下来讨论对新古典模型和行为模型的最优政策所做的最近研究，该研究对行为模型中的福利分析提出了非父爱主义的方法。最后讨论当我们无法确定潜在的有效模型究竟是新古典模型还是行为模型时，对最优政策的启示。

### A. 关于社区效应的三个事实

选择在哪里生活是每个家庭最重要的决策之一。大量心理学和经济学研究调查了社区环境对成年人和孩子的影响（Jenck and Mayer，1990；Cutler and Glaeser，1997；Sampson、Moreno and Gannon-Rowley，2002）。近来的研究利用最新公开的行政数据验证了本节所要分析的有关社区因果效应的三个实证结论。

首先，在根据父母收入水平划分的社区中，不同社区的孩子之间的长期表现差异十分显著。切蒂等人（2014b）利用 1980—1985 年涵盖了所有出生在美国的孩子的人口税收记录，研究了美国各地孩子与其父母相比，在未来收入分配中向上流动的情况。他们将美国划分为 741 个通勤区（commuting zones），它们是类似于城区的地理单元，但是根据通勤模式将美国划分为不同的区域，包括乡村地区。图 8 展现的是以通勤区简单测量的一幅向上流动的热点图：父母处于美国收入分配后五分位的孩子跻身美国收入分配前五分位的概率。这幅图根据上述概率将通勤区划分为若干个十分位数，其中浅色区域代表更高的向

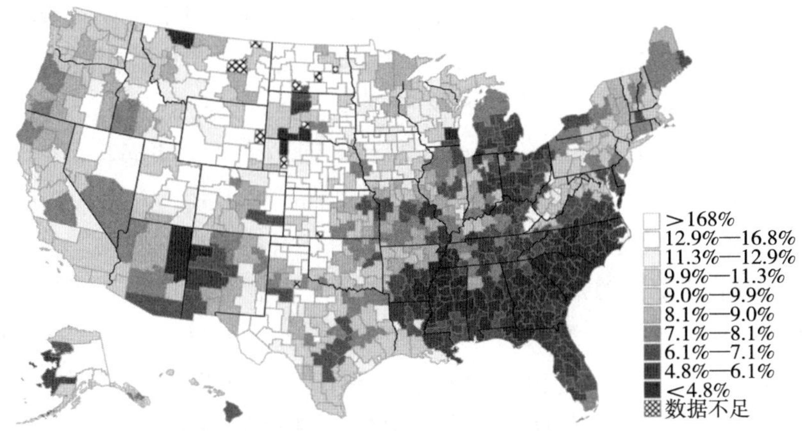


**图 8　美国收入向上流动地图**

注：上图再现了 Chetty、Hendren、Kline and Saez（2014）附图 VIb。它呈现的是一幅关于收入向上流动的热点图，基于去识别处理（de-identified）后的 1980—1985 年所有出生在美国的孩子的联邦所得税记录。该图分为 741 个通勤区。在每个通勤区中，收入向上流动是根据父母处于美国收入分配后五分位的孩子跻身美国收入分配前五分位（就出生组而言）的概率来测量。孩子归属哪一个通勤区是根据他们儿时的生活所在地（比如，他们首次被认定为税收返还依赖者的地方）而非成年后的生活所在地来确定。根据他们的向上流动率将通勤区划分为若干个十分位数，其中浅色区域代表更高的向上流动率。

上流动率。① 孩子实现“美国梦”的概率在不同通勤区呈现显著的差异。在一些通勤区，例如亚特兰大或印第安纳波利斯，父母处于收入分配后五分位的孩子跻身美国收入分配前五分位的比例不超过 5%。而在另一些通勤区，例如盐湖城和圣何塞，这种向上流动的比例接近 13%，几乎是前者的 3 倍。②

图 8 所反映的向上流动这一结果的大部分地理差异主要由地点的因果效应所致而非因为不同地点的居民类型差异所致。切蒂和亨德伦（Chetty and Hendren，2015）研究了 800 万户在不同通勤区之间流动的家庭，通过使用准实验

---

① 这里根据父母所在地来划分孩子所属的通勤区（孩子没有独立），而不像考虑成年人那样去考虑他们的居住地。孩子所适用的收入五分位数是根据他们 2011—2012 年的家庭收入，那时他们大概 30 岁左右，而父母的收入则基于他们 1996—2000 年的平均家庭收入。孩子的收入五分位数根据与其同一出生组的其他孩子进行比较来确定，而父母的收入五分位数则与构建收入时的其他父母进行比较来确定。五分位数的划分根据国民收入分配来确定，因此不随通勤区的不同而变化。关于收入和其他变量如何测量的详细论述请参见 Chetty et al.（2014b）。

② 在一个父母收入水平对孩子未来表现没有影响的社会，预计将有 20% 的家庭收入位于后五分位的孩子未来能跻身收入前五分位的行列。在给定这一统计变量的最大似真值（plausible value）为 20% 的条件下，不同地区之间的向上流动率有显著差异。

方法（一系列同类比较、外生位移冲击和安慰剂实验）说明了社区对孩子未来表现会产生因果效应。特别是，他们发现童年大部分时间生活在向上流动率较高区域（例如图 8 的浅色区域）的孩子成年后会有更高的收入。切蒂、亨德伦和卡茨（Chetty、Hendren and Katz，2015）回访了“向机遇移居”（Moving to Opportunity，MTO）实验，该实验通过随机抽签的形式，向列入住房计划的家庭提供住房券，让他们移居到经济条件稍好的社区。他们发现，在孩子年龄较小时（未满 13 岁）移居经济条件稍好的社区将显著提高孩子的大学升学率及成年以后的收入，这一发现同切蒂和亨德伦的准实验结论一致。这种移居的影响非常显著，那些获得住房券的家庭在孩子未满 13 岁时移居到一个经济条件稍好的地方，孩子 25 岁时的年收入要比控制组的孩子高 31%。更重要的是，“向机遇移居”实验中的移居是一种短距离移居，通常不超过 10 英里。因此，“向机遇移居”实验的证据表明，即使在一个较小的地域范围（例如普查区）内而非仅在如图 8 所示的广阔通勤区范围内，不同社区对孩子长期表现的因果效应也是显著不同的。

关于社区效应的第二个经验事实来自最近的另一项研究，该研究表明，移居经济条件稍好的社区对成年人收入的影响甚微。特别是，“向机遇移居”实验对那些移居经济条件稍好的社区的成年人收入和就业率的影响微乎其微（Sanbonmatsu et al.，2011；Chetty、Hendren and Katz，2015）。

关于社区效应的第三个经验事实是：那些有助于提高孩子未来表现的许多社区的房价和房租并非很高。切蒂和亨德伦（2015）的研究表明，在一定的通勤区范围内，社区对孩子未来表现的因果效应与当地房屋租金和房价的相关系数不超过 0.2。这意味着大多数家庭可以在同一个城区内找到能提高其孩子未来表现的社区，而这些社区的居住成本并非远高于目前所在社区的居住成本。

综上所述，这三个经验事实引出了一个简单的问题：既然所需付出的经济成本很小，为什么有些家庭不选择移居到那些有助于孩子成长的社区呢？在接下来的部分将通过一组模型来解答这个问题。

### B. 社区选择：新古典模型与行为模型

关于社区选择的新古典模型假定每个家庭遵循最大化自身效用的原则来选择居住地（Tiebout，1956；Epple and Sieg，1999；Bayer，Ferreira and McMillan，2007）。这类模型对一些家庭为什么不移居到那些更利于孩子成长的社区提供了两种解释。首先，家庭当前所居住的社区有一些优势（例如，交通成本较低或邻近亲朋好友）抵消了移居给孩子带来的好处。其次，父母的贴现率较高或不太看重孩子的长期表现。因此，低收入家庭理性地选择继续生活在高度贫穷的环境中似乎也是完全合理的，而这种选择使他们的体验效用最大化。

行为经济学理论对一些家庭为什么选择继续生活在不利于孩子成长的社区给出了一些不同的解释。这里主要考虑以下四点行为经济学的解释。首先，即时倾向（Laibson，1997）模型说明父母不移居的原因在于：孩子的长期收益要在移居后的10年或20年以后才实现，而移居的成本却必须在当下立即支付。① 这种即时倾向正是决定不移居的重要因素，因为虽然移居条件相对较好的环境能显著提高孩子的长期表现，但在给定的任意时点上推迟移居的边际损失非常小（Chetty and Hendren，2015）。既然对于这种移居没有具体的时间限制，那么即使以很少的固定成本就能获得更多潜在收益，具有即时倾向的行为人也会推迟移居（Carroll et al.，2009）。

其次，低收入水平的父母关于社区对孩子未来表现的因果效应缺乏认识。黑斯廷斯和温斯坦（Hastings and Weinstein，2008）的研究结果与上述观点一致，该研究表明：在选择各自社区内的学校时，与高收入水平的父母相比，低收入水平的父母选择好学校（就学生考试成绩而言）的概率更低。他们进一步发现，通过提供一些关于学校相对质量的简单信息后，低收入水平的父母随即改变了他们的选择，这意味着低收入水平的父母选择较差的学校并非出于其内在偏好，而是由于缺乏相关信息。

再者，投射偏差模型说明，行为人也许不能准确预测移居新社区后自己的偏好会如何变化（Loewenstein、O'Donoghue and Rabin，2003）。例如，行为人也许会过度看重因移居而远离朋友所带来的效用损失，而没有充分意识到他们在新社区可能结交新朋友。

最后，最近有关认知能力稀缺的模型表明，贫穷会让人更加看重眼前的需求（Shah、Mullainathan and Shafir，2012）。在生理层次上，贫穷所带来的生活压力将提高人体的皮质醇水平，从而提高个体的贴现率并强化其即时倾向

---

① 即时倾向不同于高贴现率的新古典模型，因为在具有即时倾向的行为人的决策效用（而非体验效用）中未来的权重很小，而在高贴现率的新古典模型中，未来在行为人的体验效用中权重较小。

(Haushofer and Fehr, 2014)。一般而言，在做出复杂决策时个人的认知水平相对有限，因此，那些生活在极度贫穷社区的人们往往关注眼前的需求，例如拥有足以撑过月底的食物（Shapiro，2005），而非搜集相关信息并制订长期计划以便在条件稍好的社区寻找住房。

值得注意的是，所有这些行为模型与下述事实一致：移居不同社区将对孩子的长期表现，而非对成年人当前的收入产生显著的因果效应。更高的当前收入水平是一种即时收益，可以消除贴现和投射偏差。此外，个体能了解到的也许只是附近社区的工作机会，而非移居对孩子长期表现的因果效应。因此，即使没有鼓励移居的住房券，个体也可能为了即时获得更高的薪水而选择移居到附近社区。

综上所述，在本文第Ⅳ节的 A 小节讨论的关于社区效应的三个事实与新古典模型和各种行为模型都是吻合的。鉴于新古典模型和行为模型有着截然不同的最优政策含义，对这些模型预测效果的检验为进一步的研究提供了方向，这正是下一小节将要详细讨论的问题。

### C. 行为模型的福利分析

下面将就政策制定者是否应鼓励低收入家庭移居到一个有利于孩子未来表现的社区（例如，经济条件稍好的社区），来重点分析上述社区选择模型的规范意义。① 这个问题具有非常现实的意义，因为目前美国每年要花将近 200 亿美元向那些低收入家庭提供住房券。这样的政策合理吗？

新古典模型强调，除非社区选择存在一定的外部性，而这些外部性是家庭在选择社区时不会考虑的因素，否则改变社区选择的干预政策会导致社会福利的下降。这些外部性包括因孩子未来表现的改善给其他公民带来的福利，例如犯罪率降低，以及财政上的外部性，例如因孩子成年后收入提高而增加的税收收入。如果相对于政策制定者对孩子的效用所赋予的权重而言父母对子女的投入过低，那就有可能产生代际外部性（Lazear，1983）。正如我们下面将要分析的那样，代际外部性的福利含义与行为模型的福利含义非常相似。

---

① 如现有的大多数行为福利经济学文献一样，上述应用主要分析存在行为偏差时行为人的决策效用与体验效用不一致的情况。正如本文第Ⅱ节所讨论的，若行为人具有非标准偏好，即使他最大化其体验效用，行为模型也能衍生出新的福利含义。例如，Rabin（1993）讨论了行为人具有公平偏好的模型的福利含义。这些非标准偏好对最优政策的影响有待进一步研究。

与新古典模型不同的是，上述行为模型皆认为，即使不考虑任何外部性，鼓励家庭移居到经济条件稍好的地方也能提高他们自己的个体福利，因此，这种政策是需要的。因而行为模型提倡运用传统政策工具（例如补贴）或助推措施（例如，提供寻找新房子方面的咨询或援助），在一定程度上影响社区选择。

为了公式化和量化这两种最优政策模型的含义，我们考虑在本文第Ⅰ部分分析框架下的一种特殊情形，在此框架下个体将做出两个决策：在哪里生活以及花费多少钱在其他消费品上（$y$）。为了消除因离散的社区选择导致的复杂性，假设对孩子未来长期表现产生不同影响的各社区是一个连续统，社区质量表示为 $q$。例如，可用 $q$ 来衡量一个社区的贫困率或教育支出水平。$p$ 表示单位社区质量的价格，并标准化 $y$ 的价格，即令其等于1。$Z$ 表示消费者的财富，上述关系可表示为 $y = z - pq$。为了简化模型，假设 $y$ 的效用是线性的。个体的体验效用是社区质量的函数，即：

$$u(q) + Z - pq$$

而个体的决策效用为：

$$v(q) + Z - pq$$

其中 $u(q)$ 和 $v(q)$ 都是光滑的凹函数。行为人选择 $q$ 以最大化其决策效用，假设 $v'(q) = p$。①

这个简单的分析框架囊括了上述新古典模型和行为模型。在新古典模型中，$u(q) = v(q)$。在上述所有行为模型中，当行为人选择居住地时，相对于他们真正愿意支付的成本而言，低估了社区质量所带来的收益，即 $v(q) < u(q)$。因此，他们对社区质量的观察到的需求 $q^D(p) = v'^{-1}(p)$ 低于真正愿意支付的成本 $u'(q)$，如图9所示。给定价格 $p_0$，个体选择 $q_0$ 个单位的社区质量，低于效用最大化时选择的 $q^*$，此时提高社区质量带来的边际体验效用等于价格。消费不足导致的盈余损失（如图9的三角形阴影所示）类似于新古典模型中因正的消费外部性（如代际外部性）而产生的净损失，$u'(q)$ 即为社

① 在此不限定 $u'(q) > 0$ 或 $v'(q) > 0$。生活在有利于孩子成长的社区也可能会有成本，例如移居有利于孩子成长的社区所能给父母带来的好处很少，当 $q$ 超过某一水平，其移居的边际效用将小于0。这种情况可能在经验上是相关的，因为如上所述，在一些地方，生活在有利于孩子成长的社区似乎并没有显著的经济成本，即 $p = 0$。唯一能解释为什么当 $p = 0$ 时，对 $q$ 的需求仍然有限，在于对某些 $q$，存在 $v'(q) < 0$。

会边际福利，即个体边际效用 $v'(q)$ 加上消费的外部性收益 $u'(q)-v'(q)$。正如以庇古税来消除外部性，消除图 9 所示的“内部性”的最优政策取决于 $u'(q^*)-v'(q^*)$。

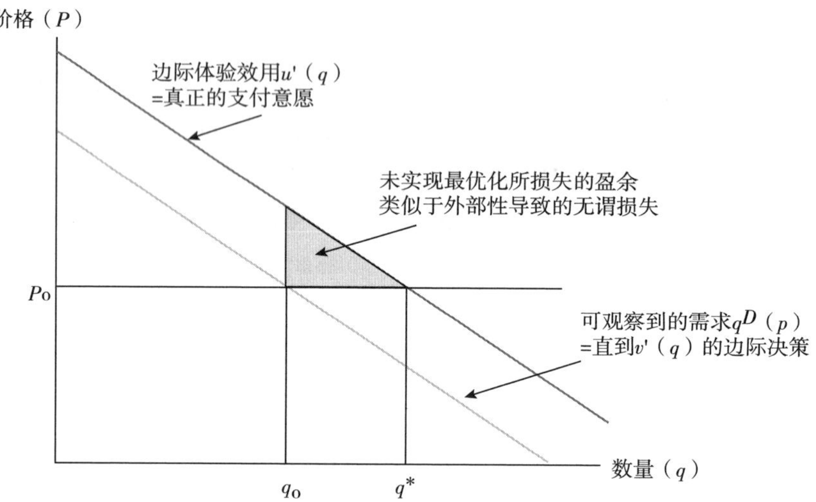


**图 9　行为模型的福利分析**

注：该图展示了行为模型中的福利分析及其与外部性福利分析的关系。下方的曲线是需求函数 $q^D(p)$，可以从数据中得知它是价格的函数，该需求函数等于行为人的边际决策效用 $v'(q)$。上方的曲线是行为人的边际体验效用 $u'(q)$，它代表行为人真正的支付意愿。在新古典模型中，这两条曲线是完全一致的。而在行为模型中，这两条曲线可能会不一致，图中的阴影三角形代表因所选消费水平未能最大化体验效用而导致的盈余损失。这个三角形类似于因正消费外部性而导致的净损失，其社会边际效用［等于这里的 $u'(q)$］高于个人边际效用 $v'(q)$。正如有外部性的模型所面临的困境，行为模型中福利分析所面临的挑战在于如何从经验研究的角度确定 $u'(q)$。

界定最优政策（例如，住房券补贴的最优规模）需要评估行为人的体验效用 $u'(q)$ 与其决策效用 $q^D(p)=v'(q)$ 之间的差异。这个课题触及了大家普遍担忧的关键问题，即行为经济学可能导致父爱主义，也就是说政策制定者对行为人体验效用 $u'(q)$ 的认知可能会凌驾于行为人自身的选择 $q^D(p)$ 之上。①在决定个体家庭应在哪里居住的问题上，为什么政策制定者的判断就必然优于个体家庭自身的判断呢？

① 在新古典模型（其中）中不存在这样的问题，因为根据假设，当 $v(q)=u(q)$ 时，$q^D(p)$ 与边际效用表一致，因此，支付意愿直接反映在观察到的需求曲线上。当决策效用与体验效用不一致时，这种显示性偏好方法就不再有效。

解决对父爱主义的这些担忧的一种实用方法是从经验分析的角度测算 $u'(q)$ ，而不将它作为政策制定者酌情决定的自由参数。最新的研究提出了三种非父爱主义的方法，以此来识别行为模型中的体验效用，新古典模型也曾用类似的方法界定外部性的大小。上述这些方法各有其优点和缺点，接下来将对此进行详细阐述。

**方法一：主观幸福。**方法一直接利用自报幸福数据来测量体验效用（Diener、Luca and Oishi，2000，Kahneman and Sugden，2005）。该方法类似于运用情景评估法来衡量外部性（Diamond and Hausman，1994），非常简单实用，因为在许多情境下个体设想的幸福是可以调查出来的。的确，在“向机遇移居”实验的情境下那些因获得住房券而移居经济条件稍好社区的成年人在移居后的主观幸福度显著提升（Kling、Liebman and Katz，2007）。该发现说明个体移居后的体验效用得到提高，这与社区选择中出现的行为偏差一致。

这种测算主观幸福的方法也和外部性的情境评估研究一样有其缺陷，戴蒙德和豪斯曼（Diamond and Hausman，1994）对此有详细的论述。自我报告的幸福度指标受选择性记忆与投射偏差的影响，可能会被临时的情景因素系统性地扭曲，因而形不成清晰明了的基本解释。但这些问题也不是没有解决办法。例如，研究者们通过测算真实幸福度（Stone、Shiffman and DeVries，1999）以及让个体重构其日常活动并回忆在每个情景中的具体感受（Kahneman et al.，2004），进而在回忆偏差的研究上取得了一定进展。在最近的一项研究中，伯恩海姆等人（2013）提出了将数据选择与主观偏好相结合来预测偏好的方法，该方法可以消除系统性偏差。而进一步的研究需要确定对主观幸福的度量能否可靠地用来衡量体验效用以及如何衡量。这至少能提供一些关于事后偏好的定性信息，从而使人们不再那么担心行为福利经济学中的父爱主义。

**方法二：充分统计量。**识别 $u'(q)$ 的第二种方法是回归到数据选择，并在行为人最大化体验效用的情景 $z$ 下使用显示性偏好，也就是说存在情景 $z$ 使 $v(q \mid z) = u(q)$ 。简而言之，如果可以找到一种能让我们相信行为人的选择真实地反映了其体验效用，那么可以直接从观察到的需求曲线 $q^D(p \mid z) = v'^{-1}(p \mid z)$ 中推导出 $u'(q)$ 。这一策略与公共经济学中最优政策的充分统计量法非常相似，它以灵活简化的方式而不是深涩的结构参数来界定最优政策

(Chetty，2009)。① 这种方式在一些案例中是最容易理解的。

切蒂、卢尼和克罗夫特（Chetty、Looney and Kroft，2009）在商店购买商品与消费税的情境中应用了这种方法。其分析主要受到了个体在做出消费决策时不考虑消费税（美国的商品标价不含消费税）这一现象的启发。为了还原消费者的真实购买意愿，他们在一家大型商店标出了商品的含税价格（标明包含了消费税的商品价格），并估计这种干预对需求的影响。在个体最大化体验效用的假设条件下，当价格为含税价格时，切蒂、卢尼和克罗夫特从观察到的需求中还原了相应的边际体验效用。他们利用这种估计来测算商品税的净成本。

奥尔科特和托宾斯基（Allcott and Taubinsky，2014）利用类似方法还原了个体购买节能小型荧光（以下简称“CFL”）灯泡的真实意愿。他们向消费者提供了关于CFL灯泡的真实成本及其相对于标准白炽灯的优点。他们分别估计了在提供上述信息提示和不提供上述信息提示这两种情境下的需求曲线。假设这种信息提示将消除所有的行为偏差，则在信息提示下的需求曲线正好等于边际体验效用，即图9的 $u'(q)$ 。他们利用这种估计得出对CFL灯泡的最优补贴政策，以及因矫正了内部性而获得的福利收益。

与主观幸福法类似，充分统计量法也不需要提出一个描述行为主体选择的具体行为模型。这一点很有吸引力，因为许多行为模型都会产生决策效用与体验效用不一致的问题，正如社区选择的例子所示。对行为经济学的一个普遍批评是它没有提供一个统一的分析框架来替代新古典模型。这种充分统计量法提供了在规范分析的情形中解决这一问题的方法，即如果能找到行为人最大化自身效用的情景，则可以直接提出有效的最优政策，而无须考虑其基本行为模型。例如，在社区效应的情景中，若行为偏差主要源于个体不了解较好的生活环境对孩子成长的好处，那么在提供了关于孩子在不同社区成长情况的完整信息后，就可以通过估计需求来识别体验效用。②

① 这种方式也被称为福利分析的“选择导向”法（Bernheim and Rangel，2009）或“简化”法（Mullainathan、Schwartzstein and Congdon，2012）。Bernheim and Rangel（2009）讨论了关于这种方法更一般的版本，其中人们通过各种辅助条件（d）从情景中选择数据，如本文第Ⅱ节注释所述。他们提出即使没有观察到决策效用与体验效用完全吻合的情景，人们也可以从观察到的选择中推导出体验效用的阈限。

② 正如这个例子所示，为了更好地理解何种条件才能做出无偏差的选择，需要在行为模型中设置一些结构。然而，没必要完全具体化和参数化这些实证模型（positive model）。例如，无须为了还原个体在信息充分条件下的体验效用而详细阐述个体为什么对社区效应一无所知。

充分统计量法的不足在于并不是总能发现完全消除行为偏差的情景 $z$。例如，施莱弗等人（Bordalo、Gennaioli and Shleifer，2014）提出了一个提示效应（salient effects）模型，其中切蒂、卢尼和克罗夫特（2009）令人意外地标示商品含税价格的做法引起了消费者对税收的过度反应，因此错误估计了体验效用。类似地，在奥尔科特和托宾斯基的例子中，即使接受了信息提示后，还是会担心消费者仍然不能充分理解和重视提供给他们的关于不同类型灯泡的相关信息，因此没有实现完全的"去偏差"。更为普遍的是，如果包括疏忽、即时倾向、认知局限等在内的诸多行为因素同时起作用，那么鉴别是否存在行为偏差的情形将变得尤为困难。

**方法三：结构建模。**第三种福利分析方法是指定并估计行为模型中的结构参数。这里的逻辑在于：先了解需求作为行为偏差程度的函数是如何变化的，再推导出没有行为偏差影响体验效用的情形。这种方法类似于为测算外部性而估计生产函数的结构参数。

在行为模型中运用结构法的最著名例子可能是莱布森（Laibson，1997）关于即时倾向的拟双曲贴现公式。在莱布森的生命周期模型中，个体在时间 $t=0$ 进行决策，以最大化 $u(c_0)+\beta\sum_t \delta^t u(c_t)$，其中 $c_t$ 代表在 $t$ 时期的消费，$u(c_t)$ 代表在 $t$ 时期消费获得的效用，$\delta$ 代表行为人的贴现因子，$\beta<1$ 表示因存在即时倾向导致未来效用低于当前效用。莱布森（1997）假设个体在其体验效用中按指数级（即 $\beta=1$）对未来收益进行贴现。如果这是行为的真实模型，那么可以通过以下两个步骤来识别体验效用。首先，利用各时点上的收入流变化来估计结构参数（$\beta$ 与 $\delta$）。然后，简单假设 $\beta=1$ 来识别体验效用并推导出福利影响。例如，有学者（Angeletos et al.，2001）利用消费数据调整莱布森的 $\beta-\delta$ 模型，并说明在个体进行储蓄决策时存在明显的即时倾向，因此主张本文第Ⅱ节所讨论的提高储蓄率的政策。类似地，帕塞尔曼（Paserman，2008）评估了一个双曲贴现就业模型，并用该模型来预测失业救济政策的效果。

类似的结构方法也可以用来评估其他行为模型。德拉维格纳等人（DellaVigna et al.，2014）评估了一个行为人偏好参照系依赖的就业模型，并运用它预测失业救济的最优时间路径。类似的结构方法也可以应用于社区选择，通过选择一个或多个上述行为偏差——例如即时倾向或有限认知——并借鉴拜尔等人（Bayer、Ferreira and McMillan，2007）在新古典模型中运用的分析方法来估计模型参数。

结构法的优势在于，即使我们无法找到完全不存在行为偏差的案例，也可以利用有关选择的信息来推断体验效用。而它的劣势在于和新古典模型的结构化估计一样依赖严格的建模假设。① 以下两个例子很好地展示了不同方法在现有研究中的应用：帕塞尔曼（2008）与德拉维格纳等人（2014）都研究行为模型的失业救济政策，其中帕塞尔曼（2008）只考虑即时倾向而不考虑参照系依赖偏好，而德拉维格纳等人（2014）的假设正好相反。最理想的情形是在模型中考虑所有的行为偏差，但这样的方式在理论层面和经验层面上往往都十分困难。②

虽然关于行为模型的规范分析还有许多问题有待研究，但上述三种方法表明，我们可以在识别体验效用和有约束的非父爱主义式的最优政策方面取得进展。更重要的是，如果行为人的体验效用与决策效用不一致，那么从新古典模型中得出的福利含义往往是错误的。因此，识别体验效用的困难不能成为固守新古典模型的理由。鉴于行为偏差已经引发了许多政策讨论，因此对行为模型的福利分析做进一步的研究显得尤为重要。有关强制退休和失业储蓄账户的政策建议（例如，Feldstein，1998；Feldstein and Altman，2007）或限制消费者选择集的消费者保护规定等，通常都可以用行为模型来证实其合理性。如果经济学家不用行为模型来分析这些政策的福利含义，那么这些政策制定可能会以父爱主义假设而非经验证据为基础。

### D. 模型的不确定性与最优政策

许多时候，人们不得不在对基本实证模型没有充分了解的情况下做出政策决策。例如，正如本文第Ⅳ部分 B 小节所述，新古典模型和行为模型都能很好

① Chetty、Looney and Kroft（2007）在其研究税收提示的工作论文中，运用福利分析的结构方法构建了忽视税收因素的有限理性模型。从该方式中得出的税收效率成本公式说明了在福利分析中关于充分统计量法与结构法之间的权衡。虽然充分统计量法更为普遍，但是即便在行为人最大化其体验效用的情形中无法获得相关数据，我们也能估计结构公式并对税收福利成本的决定因素给出更多的预测。

② 当同时考虑不同个体的偏好差异和行为偏差程度的差异时，识别体验效用的难度会变得越来越大。虽然上述方法都能兼容异质性，但对信息的要求会越来越高。Goldin and Reck（2014）运用了充分统计量法识别偏好的分布，而 Carroll et al.（2009）则利用了即时偏好的结构模型分析最优默认选项政策和不同行为人的拖延行为。

地解释社区效应的存在。① 虽然未来的研究将有望揭示理论应用中的行为偏差程度［如图9中所示的 $q^D(p)$ 和 $u'(q)$ 之差］，但在可得数据给定的条件下，最优政策是什么？

当面临真实模型的不确定性时，经济学家们往往倾向于直接将新古典模型作为默认选项。而一种更实事求是的方法是在确定最优政策时充分说明模型的不确定性。这种方法同样遵循了新古典经济学既有的方法论传统，比如鲁棒控制理论的相关研究（Hansen and Sargent，2007）。虽然关于模型不确定下的最优政策问题已超出本文的讨论范围，但一些简单的例子表明，在模型不确定的情况下，新古典模型不一定是最优选择。

**助推措施与模型的不确定性**。现在考虑两种情况：在居住选择问题上，家庭要么如新古典模型所述的那样，理性地选择移居到经济条件稍好的社区，要么如本文第Ⅳ部分B小节所述因存在行为偏差而选择继续生活在较差的社区。假设理性的行为人对诸如提供不同社区相对收益的信息提示等助推措施不敏感。但是，行为人会受社区差异的形成方式的影响。那么在这种假设条件下，我们会直觉地认为行为偏差是正相关的。如果行为人能够完全理性地选择社区，同时也可能对社区差异的形成方式不敏感。而如果他们在选择社区时存在行为偏差，则可能受这种选择的形成方式所影响。

在此情况下，最优政策应当遵循行为模型提供的解决方法，通过助推措施让行为人移居到更有利于孩子成长的环境中（比如经济条件稍好的社区）。无论对两种模型的先验信念（prior briefs）如何，助推措施都是最优的政策选择。如果这些家庭是完全理性的，那么通过助推措施鼓励他们移居到环境较好的社区并不会带来任何损失，因为他们会忽略这些助推措施。② 但如果这些家庭存在行为偏差，政策制定者就能通过助推措施鼓励其移居到更有利于孩子成长的社区，以增进福利。

最优政策应当遵循行为模型提供的解决方法，这一结论是基于以下严格的假设：如果行为人是理性的，那么助推措施在理论上不会产生任何成本。但是这个简单的例子说明，当我们不了解真实模型时，不一定非得优先考虑新古典

① 行为模型和新古典模型有不同的规范意义，虽然它们在一定情景下给出了类似的实证预测。当然，进一步的检验可以区分这两种模型；但如果并不存在这两种模型会产生不同行为的领域，那就意味着这两种模型的基本决策模型其实是一样的。

② 这里假设助推措施（比如提供信息咨询）的边际成本可忽略不计。

模型。事实上，我们有充分的理由优先考虑行为模型。

**补贴与模型的不确定性。**现在让我们在上述两状态例子（two-state example）中考虑另一种政策工具：通过一次性税收筹集资金以提供住房券补贴。住房券补贴对完全理性的行为人和存在行为偏差的行为人都会产生一定的行为影响。如果这些家庭是完全理性的（不考虑外部性），最优补贴为零，因为任何补贴都会令他们的选择偏离其真实偏好。另一方面，如果这些家庭存在行为偏差，则最优补贴就是正的。在真实模型不确定的情况下，若政策制定者为了最大化期望效用，则最优住房券补贴应严格为正，这与拉宾等人（O'Donoghue and Rabin，2006）关于最优罪孽税（sin tax）的研究结论一致。原因在于，引入小额补贴会给完全理性的行为人带来一个二阶成本（因为他们已经处于最优状态），但存在行为偏差的行为人则获得了一个一阶收益（因为他们在没有补贴的情况下做出了次优选择）。因此，需要再次强调的是，最优政策不是严格遵循新古典模型的解决方法，而是应该更多考虑行为偏差的可能性。然而与助推措施不同的是，仅考虑行为模型也并非最优方式，因为这种补贴会给新古典主义的行为人带来扭曲成本。

从这些例子中我们可以得出一个有趣的启示，即模型的不确定性可以证明用助推措施来替代传统政策工具（如补贴）有其合理性。学者们常常根据“自由论者的父爱主义”来论证助推措施的合理性，因为它们只会影响而不会限制个人的选择（Thaler and Sunstein，2003）。但是，上述例子为助推措施的合理性提出了另一种解释：在模型不确定的情况下，它们可以最大化预期福利。当行为人出现行为偏差时，助推措施的效果非常明显，而当行为人未出现行为偏差时，助推措施不会产生任何影响，因此，它能提供一种比税收激励更有效的方式来矫正内部性。研究助推措施和价格激励在模型不确定情况下的最优组合，将成为未来行为福利经济学能结出丰硕成果的研究方向。

## V. 结论

本文旨在说明应当从实用而非理论的角度来考虑是否将行为因素纳入经济学模型。在某些应用中，通过借鉴心理学或者其他社会科学的研究视角，能够提出新的政策工具，更准确地预测现行政策的影响，产生新的福利含义，从而有助于我们在经济学研究中找到更好的答案。而在另一些应用中，我们可以直接忽略行为因素而使用新古典经济模型。当我们决定是否将行为因素纳入某个模型时，应当像处理其他的标准决策模型那样来处理，例如是否假设准线性效用或时间可分效用。在某些情况下，设定假设条件也是为了简化分析过程；而在另外一些情况下，为了把握问题的关键特征，放松假设条件又非常必要。从这个意义上讲，行为经济学应被视为经济学家研究问题的工具之一（与应用理论的其他工具一样），而非独立的分支。那种将经济学领域截然划分为行为经济学和新古典经济学的做法，就如同将那些持有“时间可分”观点的经济学家与其他经济学家完全区分开来一样。

尽管本文重在讨论行为经济学的应用，但这种着眼实用的视角对那些研究并检验新行为理论的学者而言，也具有一定借鉴意义。行为经济学家常常设法应用理论来解释行为异象，进而推翻新古典模型的假设。就此而言，探究行为模型如何有助于解释核心经济问题，也许才是一种更为有效的研究方式。同样地，从一系列行为异象中提炼出可用于常规理论应用的最重要的现象，对心理学家和经济学家的研究也是大有裨益的。对致力于整合行为理论的研究者来说，挑战之一就在于需要考虑的因素众多，但又很难判断其中哪些因素是最重要的。新古典模型也面临同样的问题，但经济学家们随之建立了一套简化应用的惯例。例如，经济学家们当然明白吉芬商品（需求随价格提高而增加的商品）只是一种理论上的可能，在大部分现实应用中并不重要。像识别吉芬商品那样去识别行为异象，可以简化研究所用的模型，最终有助于扩大行为经济学的应用范围。

为什么经济学家们应该以这种实用主义的方法来对待行为经济学？理由之一在于，这是对经济学界普遍认可的方法论传统的自然延伸。从实证的角度来讲，本文回顾的各种应用实际上是对弗里德曼就经济学建模倡导的“比拟”方法（Friedman，1953，通常被视为捍卫新古典模型的主要论据之一）的一种全新解读，同时也呼吁将行为经济学应用到对重要经济问题的分析之中。从规范的角度而言，行为经济学能为最优政策的制定提供更精准的指引，因为它是建立在涵盖了个体偏好的一般方法论基础之上，该方法论最早可追溯到庇古（Pigou，1920）关于外部性的论述。这种实用的视角除了有其方法论的合理性外，最重要的意义也许在于它有助于回答我们这个时代面临的各种关键问题。

（杨白冰　井浸丁　陈　慧　译）

译者感谢杨志刚在翻译过程中提供的帮助与指导

## 参考文献

Aguiar, Mark, and Erik Hurst. 2005. "Consumption versus Expenditure." *Journal of Political Economy*, 113 (5): 919 – 948.

Allcott, Hunt. 2011. "Social Norms and Energy Conservation." *Journal of Public Economics*, 95 (9 – 10): 1082 – 1095.

Allcott, Hunt. 2014. "Site Selection Bias in Program Evaluation." Unpublished Working Paper.

Allcott, Hunt, and Dmitry Taubinsky. 2014. "The Lightbulb Paradox: Evidence from Two Randomized Experiments." Unpublished Working Paper.

Altonji, Joseph G., and Christina H. Paxson. 1992. "Labor Supply, Hours Constraints and Job Mobility." *Journal of Human Resources*, 27 (2): 256 – 278.

Angeletos, George-Marios, David Laibson, Andrea Repetto, Jeremy Tobacman, and Stephen Weinberg. 2001. "The Hyperbolic Consumption Model: Calibration, Simulation, and Empirical Evaluation." *Journal of Economic Perspectives*, 15 (3): 47 – 68.

Ashraf, Nava, Colin F. Camerer, and George Loewenstein. 2005. "Adam Smith, Behavioral Economist." *Journal of Economic Perspectives*, 19 (3): 131 – 145.

Atkinson, Anthony B., and Joseph E. Stiglitz. 1976. "The Design of Tax Structure: Direct Versus Indirect Taxation." *Journal of Public Economics*, 6: 55 – 75.

Bayer, Patrick, Fernanado Ferreira, and Robert McMillan. 2007. "A Unified Framework for Measuring Preferences for Schools and Neighborhoods." *Journal of Political Economy*, 115 (4): 588 – 638.

Benartzi, Shlomo, and Richard H. Thaler. 2004. "Save More Tomorrow: Using Behavioral Economics to Increase Employee Saving." *Journal of Political Economy*, 112 (1): 164 – 187.

Bernheim, Douglas. 2009. "Behavioral Welfare Economics." *Journal of the European Economic Association*, 7 (2 – 3): 267 – 319.

Bernheim, Douglas, and Antonio Rangel. 2009. "Beyond Revealed Preference: Choice Theoretic Foundations for Behavioral Welfare Economics." *The Quarterly Journal of Economics*, 124 (1): 51 – 104.

Bernheim, Douglas, Daniel Bjorkegren, Jeffrey Naecker, and Antonio Rangel. 2013. "Do Hypothetical Choices and Non-Choice Ratings Reveal Preferences?" NBER Working Paper No. 19269.

Besley, Timothy, and Stephen Coate. 1992. "Workfare versus Welfare: Incentive Argumentsfor Work Requirements in Poverty-Alleviation Programs." *The American Economic Review*, 82 (1): 249 – 261.

Bettinger, Eric. P., Bridget Terry Long, Philip Oreopoulos, and Lisa Sanbonmatsu. 2012. "The Role of Application Assistance and Information in College Decisions: Results fromthe H&R Block Fafsa Experiment." *The Quarterly Journal of Economics*, 127 (3): 1205 – 1242.

Bhargava, Saurabh, and Dayanand Manoli. 2014. "Why are Benefits Left on the Table?

Assessing the Role of Information, Complexity, and Stigma on Take-up with and IRS Field Experiment." Unpublished Working Paper.

Bhargava, Saurabh, George Loewenstein, and Justin Sydnor. 2014. "Health Insurance and Sub-Optimal Choice." Unpublished Working Paper.

Bordalo, Pedro, Nicola Gennaioli, and Andrei Shleifer. 2014. "Memory, Attention and Surprises." Unpublished Working Paper.

Carroll, Gabriel D., David Laibson, Brigitte C. Madrian, and Andrew Metrick. 2009. "Optimal Defaults and Active Decisions." *Quarterly Journal of Economics*, 124 (4): 1639 – 1674.

Chetty, Raj. 2009. "Sufficient Statistics for Welfare Analysis: A Bridge Between Structural and Reduced-Form Methods." *Annual Review of Economics*, 1: 451 – 488.

Chetty, Raj. 2012. "Bounds on Elasticities with Optimization Frictions: A Synthesis of Micro and Macro Evidence on Labor Supply." *Econometrica*, 80 (3): 969 – 1018.

Chetty, Raj, Adam Looney, and Kory Kroft. 2007. "Salience and Taxation: Theory and Evidence." NBER Working Paper No. 13330.

Chetty, Raj, Adam Looney, and Kory Kroft. 2009. "Salience and Taxation: Theory and Evidence." *American Economic Review*, 99 (4): 1145 – 1177.

Chetty, Raj, and Emmanuel Saez. 2013. "Teaching the Tax Code: Earnings Responses to an Experiment with EITC Recipients." *American Economic Journal: Applied Economics*, 5 (1): 1 – 31.

Chetty, Raj, and Nathan Hendren. 2015. *The Effects of Neighborhoods on Children's Long-Term Outcomes: Quasi-Experimental Estimates for the United States.* Harvard Univ. mimeo (in preparation).

Chetty, Raj, John Friedman, and Emmanuel Saez. 2013. "Using Differences in Knowledge Across Neighborhoods to Uncover the Impacts of the EITC on Earnings." *American Economic Review*, 103 (7): 2683 – 2721.

Chetty, Raj, John N. Friedman, Soren Leth-Peterson, Torben Heien Nielsen, and Tore Olsen. 2014a. "Active vs. Passive Decisions and Crowd-out in Retirement Savings Accounts: Evidence from Denmark." *Quarterly Journal of Economics*, 129 (3): 1141 – 1219.

Chetty, Raj, Nathan Hendren, and Larry Katz. 2015. *The Effects of Exposure to Better Neighborhoods on Children: New Evidence from the Moving to Opportunity Experiment.* Harvard Univ. mimeo (in preparation).

Chetty, Raj, Nathaniel Hendren, Patrick Kline, and Emmanuel Saez. 2014b. "Where is the Land of Opportunity? The Geography of Intergenerational Mobility in the United States." *Quarterly Journal of Economics*, 129 (4): 1553 – 1623.

Choi, James J., David Laibson, Brigitte C. Madrian, and Andrew Metrick. 2002. "Defined Contribution Pensions: Plan Rules, Participant Decisions, and the Path of Least Resistance." *Tax Policy and the Economy*, 16.

Congdon, William J., Jeffrey R. Kling, and Sendhil Mullainathan. 2011. "Policy and Choice:

Public Finance through the Lens of Behavioral Economics." Washington, D. C.: Brookings Institution Press.

Conlisk, John. 1996. "Why Bounded Rationality?" *Journal of Economic Literature*, 34 (2): 669-700.

Cutler, David M., and Edward L. Glaeser. 1997. "Are Ghettos Good or Bad?" *The Quarterly Journal of Economics*, 112 (3): 827-872.

DellaVigna, Stefano. 2009. "Psychology and Economics: Evidence from the Field." *Journal of Economic Literature*, 47 (2): 315-372.

DellaVigna, Stefano, and Ulrike Malmendier. 2004. "Contract Design and Self-Control: Theory and Evidence." *The Quarterly Journal of Economics*, 64 (2): 353-402.

DellaVigna, Stefano, Attila Lindner, Balazs Reizer, and Johannes F. Schmieder. 2014. "Reference-Dependent Job Search: Evidence from Hungary." Unpublished Working Paper.

Diamond, Peter A., and Jerry A. Hausman. 1994. "Contingent Valuation: Is Some Number Better than No Number?" *The Journal of Economic Perspectives*, 8 (4): 45-64.

Diener, Ed, Richard E. Luca, and Shigehiro Oishi. 2000. "Subjective Well-Being: The Science of Happiness and a Proposal for a National Index." *American Psychologist*, 55 (1): 34-43.

Eissa, Nada, and Hilary Hoynes. 2006. "Behavioral Responses to Taxes: Lessons from the EITC and Labor Supply." *Tax Policy and the Economy*, 20.

Engen, Eric M., William G. Gale, and John Karl Scholz. 1996. "The Illusory Effects of Saving Incentives on Saving." *Journal of Economic Perspectives*, 10 (4): 113-138.

Epple, Dennis, and Holger Sieg. 1999. "Estimating Equilibrium Models of Local Jurisdiction." *Journal of Political Economy*, 107 (4): 645-681.

Ericson, Keith M. 2014. "Consumer Inertia and Firm Pricing in the Medicare Part D Prescription Drug Insurance Exchange." *American Economic Journal: Economic Policy*, 6 (1): 38-64.

Farber, Henry S. 2014. "Why You Can't Find a Taxi in the Rain and Other Labor Supply Lessons from Cab Drivers." NBER Working Paper No. 20604.

Feldstein, Martin, and Dan Altman. 2007. "Unemployment Insurance Savings Accounts." *Tax Policy and the Economy*, 21.

Feldstein, Martin S., ed. 1998. *Privatizing Social Security*. University of Chicago Press.

Friedman, Milton. 1953. "Essays in Positive Economics." University of Chicago Press.

Fryer, Roland G., Steven D. Levitt, and Sally Sadoff. 2012. "Enhancing the Efficacy of Teacher Incentives through Loss Aversion: A Field Experiment." NBER Working Paper No. 18237.

Gabaix, Xavier, and David Laibson. 2006. "Shrouded Attributes, Consumer Myopia, and Information Suppression in Competitive Markets." *The Quarterly Journal of Economics*, 121 (5): 505-540.

Gallagher, Kelly Sims, and Erich Muehlegger. 2014. "Giving Green to Get Green? Incentives and Consumer Adoption of Hybrid Vehicle Technology." *Journal of Environmental Economics and Management*, 61 (1): 1 – 15.

Goldin, Jacob, and Daniel H. Reck. 2014. "Preference Identification Under Inconsistent Choice: A Reduced-Form Approach." Unpublished Working Paper.

Hamermesh, Daniel S. 2013. "Six Decades of Top Economics Publishing: Who and How?" *Journal of Economic Literature*, 51 (1): 162 – 172.

Handel, Benjamin. 2013. "Adverse Selection and Inertia in Health Insurance Markets: When Nudging Hurts." *American Economic Review*, 103 (7): 2643 – 2682.

Hansen, Lars Peter, and Thomas J. Sargent. 2007. "Robustness." Princeton University Press.

Hastings, Justine S., and Jeffrey M. Weinstein. 2008. "Information, School Choice, and Academic Achievement: Evidence from Two Experiments." *Quarterly Journal of Economics*, 123 (4): 1373 – 1414.

Haushofer, Johnanes, and Ernst Fehr. 2014. "On the Psychology of Poverty." *Science*, 344 (6186): 862 – 867.

Hoxby, Caroline, and Sarah Turner. 2014. "Expanding College Opportunities for High-Achieving, Low Income Students." Stanford Institute for Economic Policy Research.

Internal Revenue Service. 1996. "Federal Tax Compliance Research: Individual Income Tax Gap Estimates for 1985, 1988, and 1992." Government Printing Press.

Internal Revenue Service. 2012. "Statistics of Income: Individual Income Tax Returns, 2012 Publication 1304." Government Printing Press.

Iyengar, Sheena S., and Mark R. Lepper. 2000. "When Choice is Demotivating: Can One Desire Too Much of a Good Thing?" *Journal of Personality and Social Psychology*, 79: 995 – 1006.

Jencks, Christopher, and Susan E. Mayer. 1990. "The Social Consequences of Growing up in a Poor Neighborhood." *Inner-city poverty in the United States*, 111: 186.

Joint Committee on Taxation. 2012. "Estimates of Federal Tax Expenditures for Fiscal Years 2011 – 2015." Government Printing Press.

Kahneman, Daniel, Alan B. Krueger, David A. Schkade, Norbert Schwarz, and Arthur A. Stone. 2004. "A Survey Method for Characterizing Daily Life Experience: The Day Reconstruction Method." *Science*, 306 (5702): 1776 – 1780.

Kahneman, Daniel, and Amos Tversky. 1979. "Prospect Theory: An Analysis of Decision under Risk." *Econometrica*, 47 (2): 263 – 292.

Kahneman, Daniel, and Robert Sugden. 2005. "Experienced Utility as a Standard of Policy Evaluation." *Environmental & Resource Economics*, 32: 161 – 181.

Kahneman, Daniel, Peter P. Wakker, and Rakesh Sarin. 1997. "Back to Bentham? Explorations of Experienced Utility." *The Quarterly Journal of Economics*, 112 (2): 375 – 405.

Kanbur, Ravi, Jukka Pirttilä, and Matti Tuomala. 2006. "Non-Welfarist Optimal Taxation and Behavioural Public Economics." *Journal of Economic Surveys*, 20 (5): 849 – 868.

Keller-Allen, Chandra, and Rose Maria Li. 2013. "Psychological Science and Behavioral Economics in the Service of Public Policy." Meeting Summary, National Institute of Health, National Institute on Aging, Washington, D. C.

Kling, Jeffrey R., Jeffrey B. Liebman, and Lawrence F. Katz. 2007. "Experimental Analysis of Neighborhood Effects." *Econometrica*, 75 (1): 83 - 119.

Köszegi, Botond. 2014. "Behavioral Contract Theory." *Journal of Economic Literature*, 52 (4): 1075 - 1118.

Laibson, David. 1997. "Golden Eggs and Hyperbolic Discounting." *Quarterly Journal of Economics*, 112 (2): 443 - 477.

Lazear, Edward. 1983. "Intergenerational Externalities." *Canadian Journal of Economics*, 16 (2): 212 - 228.

Leigh, Andrew. 2010. "Who Benefits from the Earned Income Tax Credit? Incidence among Recipients, Coworkers and Firms." *The B. E. Journal of Economic Analysis and Policy*, 10 (1).

Levitt, Steven D., and John A. List. 2007. "What do Laboratory Experiments Measuring Social Preferences Reveal about the Real World?" *Journal of Economic Perspectives*, 21 (2): 153 - 174.

Liebman, Jeffrey. 1998. "The Impact of the Earned Income Tax Credit on Incentives and the Income Distribution." *Tax Policy and the Economy*, 12.

List, John A. 2004. "Neoclassical Theory Versus Prospect Theory: Evidence from the Marketplace." *Econometrica*, 72 (2): 615 - 625.

Loewenstein, George, Ted O'Donoghue, and Matthew Rabin. 2003. "Projection Bias in Predicting Future Utility." *Quarterly Journal of Economics*, 118 (4): 1209 - 1248.

Madrian, Brigitte C. 2014. "Applying Insights from Behavioral Economics to Policy Design." *Annual Review of Economics*, 6 (1): 663 - 688.

Madrian, Brigitte C., and Dennis F. Shea. 2001. "The Power of Suggestion: Inertia in 401(k) Participation and Savings Behavior." *The Quarterly Journal of Economics*, 116 (4): 1149 - 1187.

Meyer, Bruce. 2010. "The Effects of the Earned Income Tax Credit and Recent Reforms." *Tax Policy and the Economy*, 24.

Mirrlees, James A. 1971. "An Exploration in the Theory of Optimum Income Taxation." *The Review of Economic Studies*, 38 (2): 175 - 208.

Mullainathan, Sendhil, Joshua Schwartzstein, and William J. Congdon. 2012. "A Reduced-Form Approach to Behavioral Public Finance." *The Annual Review of Economics*, 4 (17): 1 - 30.

O'Donoghue, Ted, and Matthew Rabin. 2006. "Optimal Sin Taxes." *Journal of Public Economics*, 90 (10 - 11): 1825 - 1829.

Paserman, Daniele M. 2008. "Job Search and Hyperbolic Discounting: Structural Estimation and Policy Evaluation." *The Economic Journal*, 118 (531): 1418 - 1452.

Pigou, Arthur C. 1920. *The Economics of Welfare*. London: Macmillan.

Poterba, James M. 2014. "Retirement Security in an Aging Population." *American Economic*

*Association*, 104 (5): 1 – 30.

Poterba, James M., Steven F. Venti, and David A. Wise. 1996. "How Retirement Saving Programs Increase Saving." *Journal of Economic Perspectives*, 10 (4): 91 – 112.

Rabin, Matthew. 1993. "Incorporating Fairness into Game Theory and Economics." *The American Economic Review*, 83 (5): 1281 – 1302.

Rabin, Matthew. 1998. "Psychology and Economics." *Journal of Economic Literature*, 36 (1): 11 – 46.

Ramsey, Frank P. 1927. "A Contribution to the Theory of Taxation." *The Economic Journal*, 37 (145): 47 – 61.

Romich, Jennifer L., and Thomas S. Weisner. 2002. "Making Work Pay.", ed. Bruce Meyer and Douglas Holtz-Eakin, Chapter How Families View and Use the Earned Income Tax Credit: Advance Payment Versus Lump-Sum Delivery. Russell Sage Foundation.

Rothstein, Jesse. 2010. "Is the EITC as Good as an NIT? Conditional Cash Transfers and Tax Incidence." *American Economic Journal: Economic Policy*, 2 (1): 177 – 208.

Saez, Emmanuel. 2010. "Do Taxpayers Bunch at Kink Points?" *American Economic Journal: Economic Policy*, 2 (3): 180 – 212.

Sampson, Robert J., Jeffrey D. Morenoff, and Thomas Gannon-Rowley. 2002. "Assessing Neighborhood Effects: Social Processes and New Directions in Research." *Annual Review of Sociology*, 28 (1): 443 – 478.

Sanbonmatsu, Lisa, Jens Ludwig, Lawrence F. Katz, Lisa A. Gennetian, Greg J. Duncan, Ronald C. Kessler, Emma Adam, Thomas W. McDade, and Stacy Tessler Lindau. 2011. "Moving to Opportunity for Fair Housing Demonstration Program: Final Impacts Evaluation."

Sen, Amartya. 1985. "Commodities and Capabilities." Amsterdam: North-Holland.

Shah, Anuj K., Sendhil A. Mullainathan, and Eldar Shafir. 2012. "Some Consequences of Having Too Little." *Science*, 338 (6107): 682 – 685.

Shapiro, Jesse M. 2005. "Is There a Daily Discount Rate? Evidence from the Food Stamp Nutrition Cycle." *Journal of Public Economics*, 89 (2 – 3): 303 – 325.

Shleifer, Andrei, and Robert W. Vishny. 1997. "The Limits of Arbitrage." *The Journal of Finance*, 52 (1): 35 – 55.

Simon, Herbert A. 1955. "A Behavioral Model of Rational Choice." *The Quarterly Journal of Economics*, 69 (1): 99 – 118.

Smeeding, Timothy M., Katherin Ross-Phillips, and Michael A. O'Connor. 2002. "The Earned Income Tax Credit: Expectation, Knowledge, Use, and Economic and Social Mobility." *National Tax Journal*, 53 (4): 1187 – 1209.

Stone, Arthur A., Saul S. Shiffman, and Marten W. DeVries. 1999. "Ecological Momentary Assessment." In Daniel Kahneman, Edward Diener, and Norbert Schwarz (eds.) *Well-Being: The Foundations of Hedonic Psychology*. New York: Russell-Sage.

Thaler, Richard. 1980. "Toward a Positive Theory of Consumer Choice." *Journal of Economic Behavior and Organization*, 1: 39 – 60.

Thaler, Richard H., and Cass R. Sunstein. 2003. "Libertarian Paternalism." *The American Economic Review*, 93 (2): 175 – 179.

Thaler, Richard H., and Cass R. Sunstein. 2008. "Nudge: Improving Decisions about Health, Wealth and Happiness." Penguin Books.

Tiebout, Charles M. 1956. "A Pure Theory of Local Expenditures." *The Journal of Political Economy*, 64 (5): 416 – 424.

# 论全球化

Globalization

Comparative

# 主流经济学家眼中的全球化

## 李嘉图—穆勒模型给出的证明

保罗·萨缪尔森

新兴的中国和印度凭借低水平工资、外包和神话般的出口导向式发展，致使美国流失了大量好的工作岗位，大部分非经济学者对此心怀恐惧。这是当下的热点话题，未来十年其热度也不会减退。

一群才华横溢的主流经济学家加入了这场争论，试图教导和规劝那些热衷于反对全球化的抗议者。艾伦·格林斯潘、贾格迪什·巴格瓦蒂、格里高利·曼昆、道格拉斯·欧文等经济学家最近提出了一个论点并在学界广泛流传，其基本意思如下：

> 是的，短期内我们有可能失去好的工作岗位。但是，根据比较优势这一经济法则，美国总的净国民产值长期来看会得到提高（中国也是如此）。合理的测算表明，自由贸易给赢家带来的收益最终会超过输家的损失。这不是什么神秘的模糊戏法，而是因为国际贸易促成了民主国家人民所需要的全球商品和服务总量的增加。除了承认生产者在熊彼特所谓的

---

* Paul A. Samuelson，1970 年诺贝尔经济学奖得主，经济学一代宗师，2009 年去世，享年 94 岁。本文原载于 *Journal of Economic Perspectives*，Volume 18，Number 3，Summer 2004，pp. 135－146。有关商品贸易、需求弹性通过技术进步影响福利的模型推导省略，特向作者和读者致歉，有需要者可向《比较》编辑室索取：bijiao@ citicpub. com。——编者注

“创造性破坏”过程中可能遭受的损失之外，切不要忘了计算消费者获得的好处。

> 正确的经济学法则承认，美国某些利益集团会受到方兴未艾的国际自由贸易的伤害。在美国，赢家的所得超过输家的损失，这证明了经济学法则所采用的“创造性破坏”一词的正确性。

有些讽刺的是，收益一定大于损失可能是一个大错特错的论断，我的“1972 年小诺贝尔演讲”（Little Nobel Lecture of 1972，1972b）以及本文所引用的其他文献（参见 Johnson and Stafford，1993；Gomory and Baumol，2000）证明了这一点。本文将对那些广为流传且引发争论的不实之词予以说明。

本文的李嘉图均衡分析假设中国和美国不存在永久性的工作岗位流失，而是关注一个关键问题：“发明 A 或发明 B 是降低还是提高了支撑两国市场充分就业的新的市场出清实际工资?”

本文第Ⅰ节首先用 21 世纪的李嘉图—穆勒模型来严谨分析如下理论场景：在自给自足无任何贸易的情形下，中国人均实际收入可以精确测算为美国的 1/10。由此，中国的劳动生产率也可被设定为平均是美国的 1/10。大致来说，中国的劳动总人口是美国的 10 倍，因此自给自足条件下地区总规模差异的有偏影响可以不纳入分析。此例中，只有商品 1 和商品 2，按约翰·穆勒的方式假定中美两国的需求偏好相同，更确切地说，消费者总是将可支配收入平均分配在商品 1 和商品 2 上。

尽管美国在绝对生产率上一开始占据 10∶1 的优势，我的例子却假定，在商品 1 上，中国的生产率不及美国的 1/10；在商品 2 上，中国的生产率不低于美国的 1/10。判断上的差异导致赛马赌博下注方向不同。商品 1 和商品 2 的相对地理生产率差异（注意是相对!）解释了为什么专业化生产和贸易可带来回报。差异万岁!

在本文的第Ⅰ（a）节，我分析地理上的专业化和公平自由贸易如何使两国自给自足的实际收入倍增。到这里为止，参与争论的经济学家们值得赞扬。

第Ⅰ（b）节继续解释为何美国和中国沿着各自的方向发展，直至熊彼特所言的技术进步在中国发生，并将它在商品 2 上的劳动生产率提高了 4 倍，而这是中国一直在向美国出口的商品。在我假设的例子中，中国平均生产率依然远远落后于美国，中国实际工资水平也远远低于美国。

简而言之，在公平贸易的新均衡点上，美国会有更好的实际国民净产出，美国人能以更低的价格购买进口商品。在李嘉图—穆勒模型中，中国在商品 2 上提高了生产率，这也增加了实际的国民净产出，美国碰巧也是如此。此时，尽管中国的贸易条件某种程度上有所恶化，但在穆勒式的需求弹性下，中国的人均国民总产出并不会下降。

在本文的第Ⅱ节，我将痛击经济学家们在全球化问题上过分简单的洋洋自得。本节转而关注中国新的技术创新。中国在原来美国有比较优势的商品 1 上取得进展（也许是靠模仿，也许是靠心灵手巧，也许是其他原因）。纽约银行信用卡业务的电话中心设在美国南达科他州，那里高智商的中学毕业生接线员的工资是美国最低工资的 1.5 倍，而这些接线员 90 年代之后遭解雇；孟买的服务外包中心接收了这部分市场需求。孟买的工资水平远远低于南达科他州，但在印度是高工资，远远超过他们的叔叔阿姨挣的钱。对于这种外包给美国带来的长期影响，李嘉图—穆勒模型能告诉我们什么？在本文第Ⅱ节，新的李嘉图生产率告诉我们，创新使中国在原本美国有比较优势的产品上获得了比较优势，这种外国的创新可能会给美国造成长期的人均实际收入损失。这种损失甚至等于自给自足情形下的全部收益。记住这不是短期效应。在其他条件不变的情况下，这可能会造成长期损失。（“长期”指的是新发明后的技术继续得到应用）。

在李嘉图均衡分析中，从来不会有长期失业。因此，关键不在于美国的长期失业，而在于活跃的自由贸易拉低了新的劳动力市场出清工资。（本文第Ⅱ节忽略了美国如何从更低廉的进口中受益吗？答案是没有忽略。其实根本就没有那样精确的净收益，有的只是不利的新贸易条件。）

最后，结尾部分会评论前两节所做分析的稳健性和相关性。从定性分析的角度看，李嘉图定理基本上还是适用的。

## 第Ⅰ（a）节　相比自给自足，自由贸易如何提高两国的人均实际收入？

分析性的证据胜过围绕经济学法则的夸夸其谈。我们从中国拥有美国平均生产率的 1/10 开始。为消除两国总产出和劳动力的复杂差异，将中国的劳动力设定为美国的 10 倍，即美国总劳动力数量是 100，中国是 1000。

在我构想的两种商品的情景中，四个李嘉图生产率参数是事先给定的。美国的劳动生产率分别是$\Pi_1=2$，$\Pi_2=1/2$；中国则是$\pi_1=1/20$，$\pi_2=2/10$（大写字母代表美国变量，小写字母代表中国变量）。读者观察到美国生产率平均是中国的10倍。但是，美国在商品1上的比较优势要超过中国10倍，中国在商品2上的比较劣势却没有差到美国的1/10。如果没有贸易，中国自给自足的人均实际收入假定为美国的1/10；中国商品2相对便宜，美国商品1相对便宜。接下来具体论述。

### 均衡“之前”的自给自足

在自给自足情形下，美国如果把100个劳动力中的50个投入商品1的生产，可以生产100个商品1；如果把另外50个劳动力投入商品2，能生产25个商品2。类似的计算也适用于中国：500个劳动力仅生产25个商品1；另外500个劳动力生产100个商品2。因为人们会把收入对半花在两种商品上，竞争会假设自给自足情形下两国必定在两种商品上平均分配劳动投入。

在自给自足情形下，美国生产一个商品2的机会成本是4个商品1，中国是1/4一个商品1。地理上的生产率相对差异和自给自足情形下的价格相对差异，构成了比较优势导致的地理专业分工的基础，而这将成倍放大全球劳动生产率！

我在这里的分析超越了19世纪的李嘉图—穆勒模型，就在于承认穆勒关于人们将收入平均花在两种商品上的假设为我们提供了一种可靠的计量工具，用它来为实际国民收入和实际全球收入设定一个指数。这一指数就是消费的几何平均数。① 因此在美国，自给自足情形下实际收入可以用生产100单位商品1和生产25单位商品2的几何平均数来衡量，即100的平方根乘以25的平方根，再除以美国劳动力人口100，得到美国实际人均收入0.5。中国在自给自足情形下的实际收入是生产25单位商品1和100单位商品2的几何平均数，即25的平方根乘以100的平方根，得到50。再除以中国人口1000，得到实际人均收入是0.05。

还有第二种类似的方法可以测算两国的实际国民产出。这一方法尤其有用，原因在于它使用了几何平均算法测算两个市场上生产两种商品的实际工资水平，而不是生产或消费的数量。在自给自足情形下，美国实际工资分别为

---

① 几何平均数与调和平均数作为衡量工具，以及如何从无差异曲线推导出来，在本文附录2中有详细的解释，具体可参见 *Journal of Economic Perspective* 的网站（http：//www. e－jep. org）。

$W/P_1$和$W/P_2$，李嘉图模型下的生产率分别为$\Pi_1=2$，$\Pi_2=1/2$。在自给自足情形下，前文计算的美国实际人均收入是0.5，它也可以用公式推导如下：$0.5=1/2\ \sqrt{(W/P_1)(W/P_2)}=1/2\ \sqrt{\Pi_1\Pi_2}=1/2\ \sqrt{2\cdot 1/2}$。同样地，中国的人均实际国民净产出0.05也可以用公式计算如下：$0.05=1/2\ \sqrt{\pi_1\pi_2}=1/2\ \sqrt{1/20\cdot 2/10}=1/2\cdot 1/10$。

上述中国和美国总产出的计算公式来自我构建的简化例子。接下来我们从自给自足情形转向自由贸易，推导出两国实际人均福利在自由贸易条件下均大幅增加的结论。

### 均衡“之后”的自由贸易

目前，模型假定资本流动为零。在自由贸易均衡中，贸易收支差额也始终为零。没有关税、配额或运输成本，自由贸易的相对价格最终会趋向一致。当然，两国实际工资在自由贸易下提高，之后依然会保持差异。

分析自由贸易的第一步就是推导专业化分工的模式。生产商品1的机会成本，用商品2的贸易条件表示，在美国要更低，于是竞争会推动美国专业化生产商品1。生产商品2的机会成本，用商品1的贸易条件表示，在中国要更低，于是竞争会推动中国专业化生产商品2。确实美国“贪婪的达尔文主义竞争”会导致美国只集中生产商品1；100个美国工人在其生产率为2的水平上生产了200单位的商品1。中国的比较优势会推动其竞争者只生产商品2；1000个中国工人在美国2/10的生产率水平上生产出了200单位的商品2。相比自给自足，基于地理上的专业化生产的自由贸易大幅提高了全球总收入。每一商品的世界产出在自给自足情形下是125单位，在自由贸易的专业化生产时期则提升了60%。

两个国家会进口自己不生产的商品，在市场出清价格上让国际供给和需求达到均衡。地理上的专业化生产让各个区域的劳动力只生产他们相对最擅长生产的商品，然后相互之间贸易，这些因素组合在一起最终能够消除自给自足时的价格差异。

运用穆勒关于收入会在两国和两种商品之间平均分配的假设，以及全球专业化生产将实现两种商品各200单位的事实，我们可以发现，通过无摩擦的拍卖交易，两国的自由贸易价格$P_2/P_1=p_2/p_1$是相等的，且等于200/200，或者说等于1。在这一均衡的价格结构下（这一结构是根据我的信息不对称例子构想出来的人为事实，这是为了使消费者更容易理解），两国会平均分享全球实际总产出，但人均产出并不相等。当两国都消费100单位的两种商品时，也就是全球200单位产出的一半，自由贸易的几何平均数是自给自足时的2倍。（如果不考虑对称的假设，与两国自给自足时相比，贸易收益仍然是正的，但并不必然相等。）

很多现实的不对称性会使上述例子中相等的收益比例不成立。最重要的是如下反直觉的事实：中国相对于美国的劳动力人口减少会提高其人均实际收入，代价就是美国自由贸易收益的减少！非经济学者和马克思主义经济学家可能会推测出相反的结论，却是彻头彻尾的错误。

## 第I（b）节　中国出口部门的技术进步一定会提高美国的实际人均收入，会在什么时候发生？什么时候会反过来降低中国的实际人均收入？

本节的“思想实验”假定中国出口部门的生产率外生地提高了4倍，即最初制造商品2的生产率从 $\pi_2=2/10$ 变成了 $\pi_{2'}=8/10$。其他生产率保持不变。

在技术进步发生前后，李嘉图式的比较优势差异继续推动美国只专业生产商品1，中国专业生产商品2。当全部100个美国工人都生产商品1时，他们依然只能生产总共200个单位的商品1；当全部1000个中国工人只生产商品2时，在技术进步后的更高生产率水平上，现在可以生产800个商品2。很明显世界产出由于中国生产率的提升也得到了提高。

美国总可以获得一部分世界净产出，为什么？因为在消费者看来，相对美国的产量 $Q_1$，中国的产量 $q_2$ 过剩并不必然降低 $P_2/P_1$。

在穆勒式的需求下，中国也获得了可观的好处。但是，我们假定，实际需求要比穆勒式的需求结构更缺乏弹性。于是，中国商品2的供给增加4倍时，也会降低中国的出口贸易条件 $p_2/p_1$，从而使技术进步后的人均收入低于技术进步之前，这是件痛苦的事情（技术进步后，中国占全球的净国民产出也一路掉到1/5，不复之前的1/2水平）。在经济学文献中，一国的自我贫困化是一个众所周知的现象，在这场全球化的辩论中，这种情形也确实突然出现在大家面前。①

① 本节作为对全球化的一个正面结论，我提醒读者阅读附录2，它讨论了穆勒式需求如何被实际缺乏弹性的需求替代，进而导致中国被自己的技术进步所伤害。附录2就此提供了更详细的证据，也可以在 *Journal of Economic Perspective* 的网站 http：//www. e－jep. org 找到。

## 第Ⅱ节 中国在商品1上取得了外生的生产率提升，且足以降低美国在商品1上的产出时，美国将长期遭受实际人均收入损失。

第Ⅰ节论证美国从中国出口部门的技术进步中获益，与此相反，本节的分析将驳斥主流经济学家的一些论断——美国不会遭受自由贸易世界中的国外技术进步所带来的长期损害。

和第Ⅰ节一样，我同样从一个两商品的李嘉图生产率分析开始。技术进步之前，$\Pi_1=2$，$\Pi_2=1/2$，$\pi_1=1/20$，$\pi_2=2/10$。现在为突出重点，我将中国在商品1上的劳动生产率从$\pi_1=1/20$扩大到$\pi_{1'}=8/10$。其余生产率都不变。(注意：尽管中国在商品1上的劳动生产率大幅提升到美国水平之上，但自给自足时的中国依然比美国贫穷，实际平均工资依然比美国低。)

技术进步之前，美国只生产200单位的商品1，中国只生产200单位的商品2。技术进步之后，世界产出潜力显著增长。但是两国的所有比较优势都被弱化，因为现在两个国家的生产率之比$\Pi_1/\Pi_2$和$\pi_1/\pi_2$都等于4。两国在新的自给自足状态下和自由贸易情形下做得一样好（的确在自由贸易规则下，任何一方都不再有动力进行各自的专业化生产；进出口部门也没有必要或没有优势再这么做）。这个例子背后的故事很容易讲明白。为了评估中国技术进步后美国的福利，我们放弃李嘉图和穆勒的分析，只是简单地把美国自给自足下的人均几何平均和创新之前自由贸易情形下的几何平均做比较。

在技术进步之前，自由贸易使美国生产的商品1增加了200单位，中国生产的商品2增加了200单位。这平衡的两个数字使$(P_2/P_1)'=(p_2/p_1)'$趋向一致。这一不错的平衡意味着两国平均分享世界国民收入，即几何均值$\sqrt{200\cdot200}=200$。关注美国人均福利增加意味着在技术进步之前的自由贸易情形下，人均净国民产出是$1/2(200)/100=1.0$。问题在于：技术进步之后，美国自给自足的人均几何均值仍能保持之前的水平吗？答案是令人惊讶的“不能”。在我们假设的例子中，中国技术进步迫使美国重回自给自足的状态，但是其技术水平不变，于是美国再次将其100个工人平均分配用来生产商品1和商品2。美国生产$50\cdot2=100$单位的商品1和$50\cdot1/2=25$单位的商品2，其实际人均收入可以计算为$\sqrt{(100\cdot25)}/100=50/100=0.5$。可以肯定这个数字低于最早自由贸易情形下的人均国民收入1.0。这一自由贸易的新风也会吹到中国。但是，在我过于戏剧化的例子中，自由贸易的新风把美国先前享受的自由贸易所得吹得一干二净。（“测验题”：未来是否会有某种技术进步的模式又一次减少美国从自由贸易和全球化中获得的绝对人均收益？正确答案是：会。但是不太可能以这种戏剧化的方式发生。）

有时，还会出现“聪明反被聪明误”的情形，在这类情形中，自由贸易自生自发地扼杀了全部贸易，美国不可避免地受到损害。①

再次申明，本文所使用的数字结果并非来自某个神秘黑箱。每种情形下，贸易条件（$P_2/P_1$；$W/P_1$，$W/P_2$；$w/p_1$，$w/p_2$）发生变化，均代表了资源的相对稀缺性发生变化，由此可以从直觉上预测，这样的变化会对竞争性自由贸易的供需均衡价格比率产生影响。

第Ⅱ节所描述的情况在经济史上屡见不鲜，一开始悄然发生，后来呈不可阻挡之势：美国农业两个世纪前开始从东海岸转移到西海岸；上世界早期纺织业、制鞋业和制造业从新英格兰地区转移到低工资的南部；1850年之后制造业霸主的地位从英国向美国转移等。甚至领先者继续保持绝对增长，其速度也往往因低工资的竞争对手和技术模仿者所掀起的逆风而变慢。

## 尾声

本文第Ⅰ节和第Ⅱ节解释了自由贸易的全球化如何把来自国外的技术变化转变成两国都获益；但有时一国生产率的提升仅对该国有帮助，但同时降低了两国之间的潜在贸易收益，从而持久地伤害另外一个国家。② 所有这些都构成

---

① 为防止产生误解，我的附录1（详见http：//e－jep.org网站）分析了一个更真实的三商品模型。除了中美两国在商品1和商品2上的初始生产率之外，增加了商品3的生产率，$\Pi_3=1$，$\pi_3=1/10$。两国原来平分两商品的世界总产出份额，现在增加了商品3，出现了商品3的共有比较优势。因此如果让中国在商品3上的生产率翻倍达到$\pi_{3'}=2/10$，就足以消灭美国在商品3上的所有产出。这会永久性损害美国收益吗？答案是会，确实会。但这次的损害来自国际贸易的增加，即从无到有的商品3的贸易，美国对商品3的全部消费来自进口，这发生在中国生产商品3的技术进步之后。

② 以前，有些学者想了解未来跨境交通成本降低和知识扩散加速是否有可能大面积消除竞争优势和对外贸易。他们也想了解当所有人都和美国人一样有效率时，他们的收益增加是否就是美国的福利损失。截至目前的经济史表明，在国际总贸易除以全球总产出这个公式中，收益所得大于损失。如果竞争导致贸易自动停止，没有理由的货物往来本身并无意义，人类就应该相信这是自由贸易带来的好结果而不是坏结果，即便它使一度最具生产率的地区付出了代价。

了长期的熊彼特效应，这不同于因短期成本调整或暂时的专利租金以及知识垄断弱化而带来的短期伤害。

我的这些纠正和修订并不意味着国家应该或不应该引入选择性的保护主义措施。即使自由贸易世界中随机演化的比较优势会带来真正的伤害，民主国家为自卫而想方设法采取的行动常常也是搬起石头砸自己的脚。有关全球化，我有如下实用而科学的正确解读：

> 如果过去或未来出现了 A、B 两类发明，A 发明损害了你的国家，B 发明有利于你的国家，而两类发明都增加了世界的实际净国民产出，那么相比政治说客游说产生的关税和配额——这是民主的堕落和显而易见的无谓损失，自由贸易实际上可能是对每个国家最好的选择。20 世纪头 10 年，自由贸易者们宣称“关税是托拉斯之母”。千禧年来临之际，更富有意义的一个事实恐怕是“关税是经济动脉硬化的诱因”。

在评判我的李嘉图—穆勒简化模型对复杂现实的解释力时，应当考虑如下几点：

1. 在现有基础上即便增加非贸易品或国际贸易的现实障碍，分析推导也无法推翻我的基本发现。

2. 即使在只包含劳动力的李嘉图模型中加入 20 世纪 30 年代之后由赫克歇尔、俄林、维纳、哈伯勒、勒纳、斯托尔珀—萨缪尔森、麦肯齐、琼斯和其他经济学家构建的多要素贸易模型，以及早期的马歇尔和埃奇沃思模型，我的定性结论也依然成立。多恩布什、费希尔和萨缪尔森（Dornbusch - Fischer - Samuelson，1980）的多要素模型很好地一般化了他们在 1977 年构建的只包含劳动力的李嘉图模型，因此我们会发现本文第 I 节和第 II 节的定性分析结果能很好地适用于多要素和劳动力单一要素的情形。

3. 按照经典贸易理论，本文对所有自由贸易均衡的分析都以零净资本流动为假设。在这个美国净外债长期积累的时代，如此简单的李嘉图—穆勒模型有点像“不忧郁的哈姆雷特”。非经济学者喜欢沃伦·巴菲特——世界上最富有和成功的投资者。在 2003 年 11 月的《财富》杂志上，他将美国长期国际收支赤字归罪于自由贸易，随后建议出台拍卖税（auction taxes），以迫使美国实现借贷平衡。本文的分析可以推导出可测度的自我损害，奉行巴菲特哲学将祸及美国。至于美国单方面的国际收支赤字，需要另写一篇文章来客观地论述。

4. 两个国家、两种商品或三种商品模型中成立的精髓，在 $N$ 个国家 $M$ 种商品的李嘉图—穆勒模型中也可以成立。

5. 亚当·斯密、阿林·扬、俄林和克鲁格曼的贸易模型全都建立在与技术的规模报酬递增紧密相关的不完全竞争假设之上，这在经典李嘉图竞争理论那里并没有得到很好的分析。然而，戈莫里和鲍莫尔（Gomory and Baumol，2000）针对规模报酬递增的情形，给出了和我相似的结论。我应该补充一点：全球化扩大了市场规模，赋予这一竞争模型比 1890—1950 时代的竞争模型更多的政策含义。

6. 从现实主义和政策角度来看，我最重要的遗漏是，将每个地区的所有人都视作同质的李嘉图模型中的劳动者。这阻碍了我们理解真实的案例，其中，一部分美国人（资本家及有技能的计算机专家）可能受益于一些因素，这些因素恰恰导致自由贸易时的半熟练工人或蓝领工人的实际工资大幅下降。幸运的是，我的几何平均值方法可以用来处理这样的问题。

异质性不但没有冲淡本文的主题，反而放大了其重要性。想象这样一个场景：熊彼特的创造性破坏使未来美国人口中的相当一部分受损，但提高了另一个群体的福利，这证明赢家可以转移一部分收益，使美国不会在自由贸易之后出现体量庞大的受损群体。如果没有证据表明补偿性的财政转移支付得到实施或将要得到实施，非经济学人士应该接受这一强有力的反驳吗？法国国王路易十六的王后玛丽·安托瓦内特说："让人们吃蛋糕好了"。① 但是，历史记录表明，根本没有食糖和面粉转移给王后的农夫子民。即使智者格林斯潘，有时候说话听上去也挺像这位王后。在有关效率与公平的道德辩论中，20 世纪 30 年代经济学家们的文献，如希克斯、勒纳、卡尔多、西托夫斯基等人，更别说之前的穆勒、埃奇沃思、帕累托和维纳的著作，都产生了某种误导。

一边是政策，另一边是道德判断，主流的贸易经济学家没能充分注意到，美国的人均收入和不同阶层之间的不平等都发生了剧烈变化。和其他任何社会一样，大约 1/3 的美国人没有接受很好的教育，也没有足够的精力去胜任技能性的专业工作。如果允许有类似能力的移民大量进入美国，主流经济学家就必然会预测美国国内此类工人的工资会大幅下降，而新移民的工资却大大高于其在母国的实际工资。

1948—1949 年，我复兴并完善了 1919—1933 年赫克歇尔和俄林关于商品贸

① 法国国王路易十六的王后的名言，类似于中国的"何不食肉糜？"。——译者注

易使要素价格准均等化的论点，我们在“二战”结束后也见证了要素价格均等化。历史上，美国工人曾经垄断性地拥有美国丰富的资本和专有技术（科学、工程和管理方面的）。美国人可以说是含着银汤匙长大的，这也解释了历史上为什么清洁工、管家、小企业主等工作在美国的市场出清实际工资如此之高。但是“二战”之后，美国的这些专业知识和资金开始向全球流动。这意味着外国受过良好教育的大批劳动力，首先是西欧，接着是太平洋沿岸国家，能够也的确给美国中产和低产阶层的工资收入水平施加了类似的竞争压力。

2000 年之后出现的外包潮本应该在 1950 年就被预测到。根据基本的经济学法则，这一潮流只会在 2004—2050 年盛行。其他作者可以在本文第 Ⅰ 节、第 Ⅱ 节的基础上增加更多的内容，来解释为何美国在全球总产出中的比例会从 1945 年“二战”结束时的几近 50%（彼时欧洲和日本正处于暂时性的混乱）跌到 40%，之后是 30%，根据经购买力调整后的人均收入的佩恩世界表（Penn World Tables），现在可能低至 1/5 到 1/4 的水平。尽管这些趋势不意味着美国影响力的绝对衰落，但也大致反映了一股逆风的存在，使得 20 世纪后半叶后凯恩斯时期的实际增长速度放缓。

无须惊讶，成功的发展中国家或地区，例如日本、中国香港、新加坡、中国台湾、韩国甚至泰国、印度尼西亚和菲律宾，都在 20 世纪末缩短了与领头羊美国在实际人均收入上的差距。1950—1980 年同样的事情也发生在西欧。有人会问这个蜿蜒前行的自行车队中的一个或更多选手，能否完全追赶上美国的自行车甚至超越美国。佩恩世界表和安格斯·麦迪森（Angus Maddison）做了相似的估计，认为这种情况似乎还不太可能发生。这是否意味着随着美国的原创创新在世界各地传播，它们已经成为解释美国的领导地位日益下降的重要因素？

虽然我们还不能贸然断言，但实际上，有一些启发性的证据显示法国或者德国在每小时的生产率上确实超过了美国。只要法国和德国在周平均或月平均工作小时数与美国相当，它们就有可能领跑美国。在解释当代的全球和本地经济的动态变化模式时，主观偏好显然可以改变李嘉图式的技术参数。

即便我的假说有所夸大，它们似乎也都是李嘉图—穆勒模型和其他更多李嘉图模型所给出的结论。

（傅诚刚　译）

# 参考文献

Bhagwati, Jagdish. 2004. "Why Your Job isn't Moving to Bangalore." *New York Times*. January22, Op-ed.

Buffett, Warren. 2003. "Warren Buffett: Why I'm Down on the Dollar." *Fortune*. November 10, 148: 1, pp. 106 – 16.

Diewert, W. E. and A. Nakamura, eds. 1993. *Essays in Index Number Theory*. Amsterdam and-New York: North-Holland.

Dornbusch, Rudiger, Stanley Fischer and Paul A. Samuelson. 1977. "Comparative Advantage, Trade, and Payments in a Ricardian Model with a Continuum of Goods." *American Economic Review*. December, 67, pp. 823 – 39. Reproduced in *The Collected Scientific Papers of Paul A. Samuelson*, Volume 5. Cambridge, Mass.: MIT Press, 1986, chapter 316.

Dornbusch, Rudiger, Stanley Fischer and PaulA. Samuelson. 1980. "Heckscher-Ohlin Trade Theory with a Continuum of Goods." *Quarterly Journal of Economics*. September, 95, pp. 203 – 24. Reproduced in *The Collected Scientific Papers of Paul A. Samuelson*, Volume 5. Cambridge, Mass: MIT Press, 1986, chapter 317.

Gomory, Ralph E. and William J. Baumol. 2000. *Global Trade and Conflicting National Interests*. Cambridge, Mass.: MIT Press.

Irwin, Douglas. 2004. " 'Outsourcing' is Good for America." *New York Times*. January 28, Op-ed.

Johnson, George E. and Frank P. Stafford. 1993. "International Competition and Real Wages." *American Economic Review*. May, 82, pp. 127 – 30.

Kravis, Irving, Alan Heston and Robert Summers. 1978. *International Comparisons of Real Product and Purchasing Power*. Baltimore and London: Johns Hopkins University Press for the World Bank.

Kuznets, Simon. 1946. *National Income: A Summary of Findings*. New York: NBER.

Mill, John S. 1844. *Essays on Some Unsettled Questions of Political Economy*. London: Parker.

Ohlin. Bertil. 1933. *Interregional and International Trade*. Cambridge, Mass.: Harvard University Press.

Ricardo, David. 1817. *On the Principle of Political Economy and Taxation*. London: John Murray, 1821. Volume 1 in P. Sraffa, ed., with the assistance of M. H. Dobb, *The Works and Correspondence of David Ricardo*. Cambridge: University of Cambridge Press, 1953.

Samuelson, Paul A. 1948. "International Trade and Equalisation of Factor Prices." *Economic Journal*. June, 58, pp. 163 – 84. Reproduced in *The Collected Scientific Papers of Paul A. Samuelson*, Volume 2. Cambridge, Mass.: MIT Press, 1977, chapter 67.

Samuelson, Paul A. 1949. "International Factor-Price Equalisation Once Again." *Economic Journal*. June, 59, pp. 181 – 97. Reproduced in *The Collected Scientific Papers of Paul*

A. *Samuelson*, Volume2. Cambridge, Mass.: MIT Press, 1977, chapter 68.

Samuelson, Paul A. 1972a. "Heretical Doubts About the International Mechanism." *Journal of International Economics*. September, 2, pp. 443–54. Reproduced in *The Collected Scientific Papers of Paul A. Samuelson*, Vol. 4. Cambridge, Mass.: MITPress, 1977, chapter 256.

Samuelson, Paul A. 1972b. "International Trade for a Rich Country." Lectures before the Swedish-American Chamber of Commerce, New York City, May 10. Stockholm: Federation of-Swedish Industries. Reproduced in *The Collected Scientific Papers of Paul A. Samuelson*, Volume 4. Cambridge, Mass.: MIT Press, 1977, chapter 250.

Samuelson, Paul A. 1974. "Complementarity: An Essay on the 40th Anniversary of the Hicks-Allen Revolution in Demand Theory." *Journal of Economic Literature*. December, 12, pp. 1255–289. Reproduced in *The Collected Scientific Papers of Paul A. Samuelson*, Volume 4. Cambridge, Mass.: MIT Press, 1977, chapter 208.

Samuelson, Paul A. 1981. "To Protect Manufacturing?" *Zeitschrift für die gesamte Staatswissenschaft* (*Journal of Institutional and Theoretical Economics*). September, 137, pp. 407–14. Reproducedin *The Collected Scientific Papers of Paul A. Samuelson*, Volume 5. Cambridge, Mass.: MITPress, 1986, chapter 324.

Samuelson, Paul A. and S. Swamy. 1973. "Invariant Economic Index Numbers and Canonical Duality: Survey and Synthesis." *American Economic Review*. August, 64, pp. 566–93. Reproduced in *The Collected Scientific Papers of Paul A. Samuelson*, Volume 4. Cambridge, Mass.: MIT Press, 1977, chapter 209.

Schumpeter, Joseph. 1942. *Capitalism, Socialism and Democracy*. New York: Harper & Brothers.

# 金融论坛

Financial Forum

Comparative

# 结构性流动性短缺的货币政策操作框架

孙国峰

## 一、引言

间接货币政策操作框架下的货币政策传导机制是：中央银行的交易行为改变中央银行资产负债表，然后影响商业银行资产负债表，间接影响公众收入支出表，最终实现货币政策目标。在这个传导过程中，准备金兼为中央银行负债和商业银行资产，是连接中央银行和商业银行资产负债表的桥梁，因此成为中央银行货币政策操作的标的，中央银行的货币政策操作直接体现为流动性管理。

准确地说，中央银行流动性管理是由中央银行应用的由一系列工具和规则组成的框架，中央银行应用此框架将银行准备金调节到合适水平以控制准备金的价格（即短期利率）和货币政策最终目标（如物价稳定）。普尔（Poole，1970）的著名论文首次使中央银行流动性管理的理论清晰地从宏观经济研究中区别出来。普尔指出，要使得中央银行流动性管理有效，至少应假定：在宏观经济和流动性管理之间的唯一信息渠道是中央银行的操作目标（如隔夜拆借

* 作者系中国人民银行金融研究所所长。本文根据 2004 年 4 月作者在美国斯坦福大学任访问学者期间完成的论文略有修改而成。

利率）。进一步的假定是：在可以认知的非常短的时间内，宏观经济的波动对中央银行目标变量的影响只有通过中央银行决策的改变才能实现，即在这个时间内，只有中央银行根据对宏观经济的判断调整其目标变量，宏观经济的波动才能影响这些变量，否则宏观经济波动不会直接影响这些变量之间的平衡关系。普尔之后的中央银行流动性管理研究较多地关注中央银行的短期宏观经济策略，而对货币政策的实际执行关注较少，并且没有真正涉及中央银行所关注的核心问题。近年来，各国中央银行对流动性管理的研究取得了较大的进展。乌尔里奇（Ulrich，2000）认为，流动性管理包括流动性管理的环境和货币政策操作框架。流动性管理环境包括三个要素，即银行间货币市场高效、影响流动性的自发性因素（autonomous factors）可以预测，以及中央银行操作目标的改变不会被市场成员准确预期。货币政策操作框架包括两个最主要因素，即货币政策工具表和法定准备金制度，前者指中央银行有足够宽的公开市场操作工具范围，后者指法定准备金率足以抵消自发性因素的波动。

中国学者对中央银行流动性管理的研究文献较少，关于货币政策传导问题的研究对象往往不是准备金，而是主要关注基础货币，在分析基础货币与货币的传导机制时也主要应用货币乘数的概念，而忽视了基础货币的供求关系。货币理论定义了货币量≡基础货币×货币乘数，这个公式是恒等式，在数学上恒等式就是定义式，因此该公式实际是货币乘数的定义式。货币理论将货币数量的决定通过恒等式的形式划分为基础货币和货币乘数，目的是说明中央银行的负债对存款货币（商业银行负债）具有支持作用，是货币的基础，因此，基础货币和货币乘数的概念主要是方便解释中央银行控制货币的基本原理。但从分析和实际操作的角度看，将货币量划分为基础货币和货币乘数两个概念，并不是一个有效的分析框架。

（1）基础货币不是合适的操作目标。实际上，并非所有的中央银行负债都能影响商业银行创造货币的行为，商业银行创造货币只受制于商业银行持有的准备金，因此从货币政策操作及实现目标来说，准备金应当是研究对象。如果将中央银行负债的总体定义为基础货币，则基础货币就不仅包括准备金，还包括现金、政府存款、其他机构存款、中央银行债券等。当准备金之外其他负债的变化没有影响到准备金时，就不会对货币产生影响。因此基础货币变化与准备金的变化并不一致，甚至两者变化的方向可能相反，以基础货币为研究对象和操作目标会导致混乱。而如果考虑到这个区别而修改基础货币定义，缩小基础货币的范围，最终结果必然是缩小到准备金的概念，从而将基础货币的概念等同于准备金的概念。因此这种概念缩小并无意义，也使基础货币脱离了原来表示中央银行负债的含义。

（2）以货币乘数为中心来分析货币传导关系过于简单。将货币量分割为基础货币和货币乘数，不仅使货币政策操作目标偏离到基础货币，而且实际上以被动定义的“货币乘数”来反映从中央银行负债到商业银行负债的复杂传导关系，从而不能体现出商业银行对中央银行货币政策的反应行为，而这种行为正是理解中央银行货币政策传导机制的关键。在基础货币—货币乘数的分析框架下，研究者通常假定货币乘数不变，这明显脱离了现实；或者将货币乘数分解为多个因素，如现金存款比率等，但这种因素分解的分析框架也没有纳入商业银行的意愿和行为方式，因而依然是静态的，不能动态反映货币政策在银行体系的传导过程。孙国峰（1996）认为，中央银行货币政策传导并非单向过程，在基础货币和货币两个层次上都要考虑供求关系的相互影响，并建立以供求关系连接的从中央银行操作到基础货币，再到货币和实体经济的传导模式。因此，流动性管理并非中央银行简单地关注和控制准备金的实际总量，而是通过货币政策操作改变准备金需求和准备金供给之间的对比，来改变商业银行的行为，实现货币政策目标。在货币政策传导的两个阶段——准备金和货币之中，中央银行能够直接操作的变量是准备金，而且商业银行对准备金的需求函数与商业银行对货币的供给函数是反函数关系，因此流动性管理框架所建立的准备金供求的分析体系，既是中央银行所能直接操作应用的模型，又将商业银行的行为与货币供求的因素前置到了准备金需求中，从而将两个阶段的货币政策传导过程在一定程度上集中到准备金供求关系的一个模型中考虑，使货币政策操作的分析更为简明有效。

## 二、结构性短缺的货币政策操作框架

我们先从分析准备金的供求入手，准备金的供给和需求从事后看是相等的，见下式：

（事后）准备金需求 =（事后）准备金供给 = 准备金实际量

但从事前分析商业银行意愿的准备金需求和准备金供给，则两者必然不会完全相等，见下式：

（事前）准备金需求 ≠（事前）准备金供给

对待不平衡的事前准备金供求，中央银行如果采取防御性操作，根据事前的准备金需求调整准备金供给，则可在准备金需求不变的前提下，实现准备金供求平衡，见下式：

（事前）准备金需求 =（事后）准备金供给 =（事后）准备金需求

中央银行如果采取主动性操作，则根据操作目标的方向和力度，调整准备金供给但不等于事前的准备金需求，或者不调整准备金供给，则结果在长期内会改变准备金需求，最终仍会实现准备金供求平衡，见下式：

（事前）准备金需求 ≠（事后）准备金供给 =（事后）准备金需求

事前的准备金需求和事后的准备金需求（以及事后的准备金供给）不相等，其差额在短期内体现为未被商业银行预期到的"缓冲库存准备金"（孙国峰，1996）。缓冲库存准备金在短期内会存在，主要原因是短期的准备金增加或减少带来的成本小于商业银行的调整成本，在明白这种冲击是长久的或短暂的以前，商业银行在短期内将接受这种变化。之后，如果商业银行认为这种变化是长期的，这将影响它的准备金需求函数的参数或自变量，前者意味着商业银行将容忍非预期的准备金变化，后者意味着商业银行将采取行动改变其资产负债的规模和结构。总之，在货币政策操作的冲击过后，在长期看，准备金实际量等于准备金需求，这时缓冲库存准备金被准备金需求吸收了。中央银行主动的货币政策操作就是对准备金供求施加外生影响，以产生非预期的缓冲库存准备金，希望商业银行采取改变资产负债规模及结构的方式来调整准备金需求以消化缓冲库存准备金（而不是容忍非预期的准备金变化），使其存款负债向自己预期的方向变化。

中央银行无论采取防御性操作或是主动性操作来改变准备金供求对比，都希望自己处于有利的地位，为此要设计合理的流动性管理框架。流动性管理是中央银行货币政策操作的核心，因此流动性管理框架实际上就是货币政策操作框架。流动性管理框架设计的首要出发点是处理好事前准备金需求和事前准备金供给的对比关系。如果事前准备金需求大于事前准备金供给，则中央银行处于贷方（资金提供者）的地位；反之，中央银行处于借方（资金需要者）的地位。从各国中央银行的实践看，中央银行更愿意作为贷方出现，而不愿意作为借方出现。这一方面因为贷方在资金融通双方关于利率的谈判中通常处于有利的地位，另一方面也因为贷方可以获得利息收益，而借方要支付利息成本。因此，流动性管理框架需要设计成事前准备金需求大于事前准备金供给的格局，即存在结构性的流动性短缺，使中央银行处于贷方的有利位置，这对于中央银行有效控制准备金的利率至关重要。这种流动性短缺不是指流动性供给小于流动性需求从而出现流动性缺口，而是指在流动性供求平衡的前提下中央银行处于贷方。因此流动性短缺的货币政策操作框架主要是有利于中央银行对市场利率的调控，不会影响实体经济的运行。

其次，在确立了流动性短缺的基本操作格局后，还要设计准备金需求函数的单向刚性来保证货币政策操作的效力。如上文所述，货币政策操作发挥作用的渠道是改变准备金的供求对比，具体目标是产生“缓冲库存准备金”。如果准备金需求的弹性过大，商业银行将在瞬间消化非预期的准备金变化，缓冲库存准备金就不会产生，或者产生缓冲库存准备金后，在长期内商业银行将主要选择容忍的方式来消化缓冲库存准备金，而不会引起中央银行希望见到的商业银行存款负债的变化。因此准备金需求函数必须具有相当的刚性，以保证中央银行改变准备金供给后一定会改变准备金供给和需求对比的变化，产生缓冲库存准备金，并使缓冲库存准备金发挥作用。在流动性短缺的前提下，准备金需求的刚性只需设计为单向的，即准备金需求向下刚性。在流动性短缺和准备金需求向下刚性的条件下，如果中央银行不增加准备金供给，则商业银行不能自行减少准备金需求以实现准备金供求的平衡。而中央银行增加准备金供给的货币政策操作，也一定会得到商业银行的配合，中央银行该操作的利率水平将成为市场的“边际利率”，对市场利率水平产生决定性影响。这种影响力与中央银行的操作量并不完全对称，从而增强了中央银行对利率的调控能力。

第三，中央银行采用法定准备金率的制度安排来制造结构性的流动性短缺。中央银行应用法律赋予的权力，为管理准备金和货币而对商业银行采取强制措施，在存款（货币的主要组成部分）和准备金（中央银行能够控制的自身负债）之间建立外生的数字化联系，以此方式控制货币供应量和利率。这种数字化联系的关键在于中央银行通过将法定存款准备金率确定在略高于准备金供给的水平，来制造结构性的流动性短缺。发达经济体商业银行的超额准备金需求非常少，法定准备金需求基本代表了总的准备金需求。法定准备金率的主要作用是为流动性管理服务的，如果法定准备金大大低于商业银行持有的准备金水平，使得总的准备金需求低于准备金供给，银行体系存在流动性盈余，则中央银行还要减少流动性供给来平衡准备金供求，这样法定准备金率作为准备金和存款之间的强制性数字化联系的作用也就不存在了。同时，法定准备金制度的作用不仅在于制造流动性短缺，而且还起到稳定准备金需求的作用。法定准备金制度通常是按照一个规定时期计算平均值或者期末值来考核法定准备金率要求。因此，在考核期内，商业银行的法定准备金可以在短期内低于规定的水平，法定准备金也可用于清算和提现的需要。这样，在考核期末时点之外的时间内，法定准备金率可以基本上覆盖商业银行的总准备金率，中央银行可以根据作为法定准备金考核基数的存款数比较精确地计算和预测流动性需求，从而有效控制准备金的供求对比。因此，法定准备金制度起到了“软垫”（cushion）的作用，吸收了清算和应付提现的流动性需求的波动，稳定了总的流动性需求。如果法定准备金低于商业银行日常持有准备金的平均水平，就起不到稳定流动性需求的作用。

仅在理论层面而言，中央银行降低法定准备金率可以减少准备金需求，同样可以改变准备金供求对比，产生缓冲库存准备金，但在现实中，发达经济体中央银行却很少采用。其最主要原因就是法定准备金率正是制造结构性短缺的制度安排，降低法定准备金率不利于建立稳定的流动性管理框架。历史上，发达经济体降低法定准备金率主要是在保证流动性管理的前提下减轻商业银行的成本负担。而且，就买入债券的资产方操作和降低法定准备金率的负债方操作相比较而言，中央银行明显倾向于扩大资产规模，主要原因在于一国的经济总量和金融资产规模是不断增长的趋势，中央银行需要增加资产以保持在一国金融资产总量中的适当比例，避免中央银行在经济金融体系中的影响力被削弱。法定准备金率制造的结构性的流动性短缺使中央银行有条件增加资产，并且中央银行的资产增加通过法定准备金比率与商业银行的存款增加以及贷款增加之间建立了近似的数量比例关系。

对法定准备金率作用机制的理解长期存在误解，认为法定存款准备金是商业银行从公众吸收存款后上缴的，主要起到保证流动性支付的作用。按照这种理解，存款增加会导致准备金供给增加，银行体系流动性会出现富余。而事实上，商业银行持有的准备金（包括法定准备金和超额准备金）都是来源于中央银行增加资产的行为，是中央银行提供并控制的（孙国峰，1996，2001）。存款增加对商业银行来说是负债增加，导致准备金需求增加，银行体系的流动性会出现短缺，这也正是中央银行设置法定准备金率以制造结构性的流动性短缺的出发点。

美联储货币政策操作中的准备金供求的具体组成和决定因素如图 1 所示，这也反映了主要发达经济体中央银行的流动性管理框架。

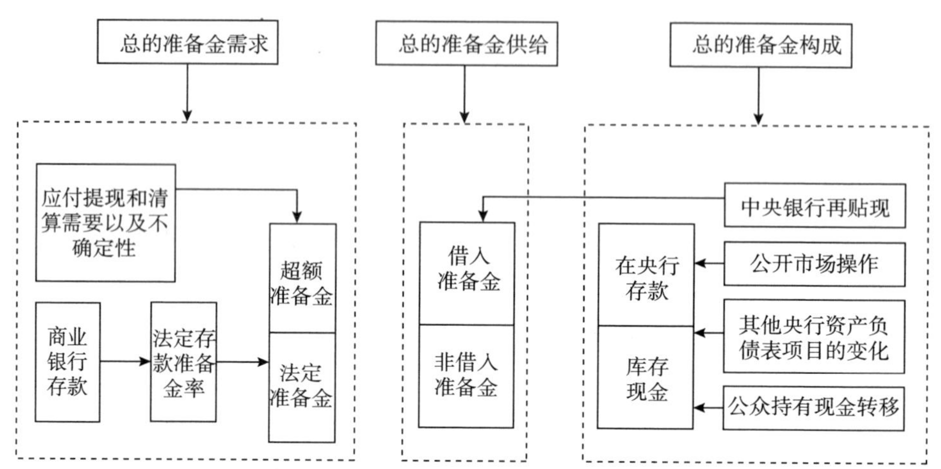


**图 1　准备金的组成和决定**

资料来源：Ann – Marie Meulendyke（1998），*U. S. Monetary Policy & Financial Markets*

从图 1 可以发现，发达经济体中央银行的现实运作恰好符合本文的逻辑分析，设计法定准备金制度以制造商业银行强制性的准备金需求，中央银行主要通过公开市场操作提供流动性供给。为了发展，商业银行需要扩张贷款规模，使存款规模同时增加，对应规定的法定准备金率，商业银行需要持有的法定准备金也要增加，因此法定准备金率带来的准备金需求是不断刚性增加的，银行体系的准备金供求对比自然就始终处于流动性短缺状态。中央银行这种通过设置法定存款准备金制度来人为制造银行体系的流动性短缺可称为“结构性的流动性短缺”（Structural Liquidity Deficit）。在结构性流动性短缺的货币政策框架下，流动性供求平衡，但在流动性的供求关系中，中央银行始终处于贷方，商业银行是自然的借款者，必须日常性地在市场上向中央银行融资才能满足规定，中央银行通过向商业银行提供流动性来有效调控市场利率。

在结构性的流动性短缺这一制度安排下，商业银行为满足刚性准备金需求而必须得到准备金。对于银行总体来说，只有和中央银行交易才能得到准备金，而无论是向中央银行借款，还是向中央银行出售债券，商业银行都损失了利息收入，而得到的准备金收益很低或没有收益，因此，商业银行得到准备金是要支付净成本的。反之，对中央银行来说，创造准备金是有收益的。银行体系得到准备金而支付的成本，可以看作是商业银行取得了理论上无限创造货币的营业特权，而中央银行为了保持币值稳定而进行流动性管理，因此准备金是对商业银行的一种税收。

根据很多经济学家对准备金需求和货币市场利率关系的深入研究，在实施有效的法定准备金制度的前提下，中央银行通过货币政策操作的短期交易准确地控制短期的货币市场利率，以结构性的流动性短缺方式实施的流动性管理框架被证明是有效的。在结构性的流动性短缺框架下，面对不断增长的准备金需求，中央银行一方面通过直接买入债券和对商业银行的中长期融资等货币政策工具满足准备金的长期需求，另一方面每日向银行体系循环小额注入流动性以满足准备金的短期需求，并以此控制货币市场利率。

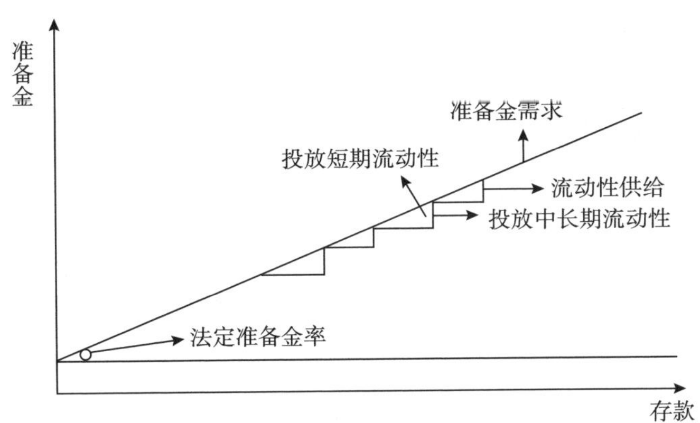


**图 2　结构性短缺的流动性管理框架示意图**

如图 2，在美国、欧洲、日本、英国等发达经济体，中央银行每日主要通过公开市场操作进行小额的短期回购交易，向市场注入短期流动性。由于回购交易的期限都很短，因此在图 2 的以诸多三角形表示的短期内，中央银行通过回购交易使准备金需求曲线和准备金供给曲线基本吻合。同时，中央银行通过阶段性的直接买入债券或向商业银行提供中长期融资，提升准备金供给，使未来短期内准备金需求和供给的差距仍保持在小额范围内，中央银行仍可通过每日的小额回购交易平衡准备金的供求。因此有效的流动性管理和货币政策操作框架是中央银行通过法定准备金制度制造准备金需求，再通过公开市场操作提供流动性供给，通过这种准备金供求的制度安排，实现有效控制准备金和货币市场利率的目标。

## 三、中央银行投放流动性时的操作方式选择

在结构性短缺的货币政策操作框架下，中央银行需要不断增加流动性供给以平衡供求，因此投放流动性是发达经济体中央银行日常的主要操作方向。中央银行改变流动性供求对比必然反映在中央银行资产负债表上，因此以中央银行资产负债表为中心，可以将不同的货币政策工具纳入统一的逻辑分析平台。以下是简明的中央银行资产负债表：

表1　中央银行资产负债表

| 资产 | 负债 |
|---|---|
| **自发性资产** | 对商业银行负债 |
| 净国外资产 | 1. 法定准备金 |
| ——央行外汇储备 | 2. 超额准备金 |
| 对政府债权 | 3. 中央银行债券 |
| ——财政借款与透支 | 对政府债务 |
| **政策性资产** | ——财政存款 |
| 对商业银行债权 | 对商业银行和社会公众负债 |
| 1. 贷款 | ——现金 |
| 2. 再贴现 | 资本 |
| 对政府债权 | |
| ——在公开市场买入的政府债券 | |

从表1可见，中央银行投放流动性可以通过增加中央银行资产来增加准备金供给，也可以通过降低法定准备金率来减少准备金需求。但为了维护结构性流动性短缺的货币政策操作框架，降低法定准备金率不是常用的手段。即使降低法定准备金率，其降低的幅度也以不影响结构性的流动性短缺格局为限，因此投放流动性的规模有限。而值得注意的是，和通常理解的相反，对于增加相同数量的超额准备金，调整法定准备金率对利率的影响要弱于中央银行买入债券。降低法定存款准备金率产生了正的缓冲库存准备金，从市场角度看资金增加了。而中央银行买入债券在增加市场资金的同时，还减少了市场的流通债券，加倍改变了市场的债券与资金对比，因此中央银行买入债券比降低法定准备金率释放准备金对市场利率的影响要大。在间接货币政策操作框架下，货币

政策操作主要通过利率渠道影响商业银行的资产负债结构调整，因此从便于调控利率的角度出发，中央银行也倾向于选择资产方交易。

在中央银行资产中，根据与货币政策操作目标的联系而区分自发性资产和政策性资产。自发性资产指不为中央银行所控制，或虽为中央银行控制但交易目的并非货币政策目标的资产；政策性资产指中央银行为实现货币政策目标而交易的资产。考虑到由于购买外汇的目的通常是稳定汇率，而非投放流动性，因此央行外汇储备被列入自发性资产。中央银行为实现货币政策目标而投放流动性要通过增加政策性资产。在政策性资产项下，中央银行投放流动性有增加对商业银行债权和增加对政府债权两种方式。当中央银行投放短期流动性时，比如投放隔夜流动性时，通常采用在债券回购协议下临时买入国债的方式，这种方式本质上属于增加对商业银行债权，相当于国债抵押融资，但各国对债券回购协议的法律规定不同，在债券回购协议带有两次买卖法律特征的国家，中央银行在债券回购协议项下临时买入债券也可视作增加对政府债权。

当中央银行投放中长期流动性时，增加对商业银行债权和增加对政府债权两种方式的区别比较明显。一国中央银行选择何种投放中长期流动性的主要方式通常取决于该国金融体系的结构，以银行体系为主的国家，中央银行通常选择增加对商业银行债权；以金融市场为主的国家，中央银行则倾向于选择增加对政府债权。

从国际经验看，欧洲中央银行和美联储分别是这两种方式的代表。美国的金融市场发达，国债市场的广度和深度在全球领先，美联储投放流动性以购买国债为主。美联储自 1957 年以来一直增持债券，自 1986 年以来，美联储持有国债在国债市场中的比重一直大于商业银行的总和，而且这一差距在 1994 年以后呈十分明显的放大趋势，2001 年美联储持有国债在市场中比重已超过 12%，是美国国债的最大持有人，是当时商业银行总体持有国债数量的 3 倍以上。国际金融危机之后美联储采取量化宽松货币政策，大量购买国债，2015 年末美联储持有国债的市场份额上升至 19%，2016 年，由于美国财政部增发 7170 亿美元国债，而美联储仅维持本金再投资，因此 2016 年末份额略降至 18%。截至 2017 年 6 月末，美联储持有份额为 18%。

美联储的公开市场一级交易商主要是投资银行，不同于其他发达经济体中央银行主要选择商业银行作为交易对手。在应对此次国际金融危机期间，美联储公开市场一级交易商中的高盛、摩根士丹利等一些投资银行获得了银行牌

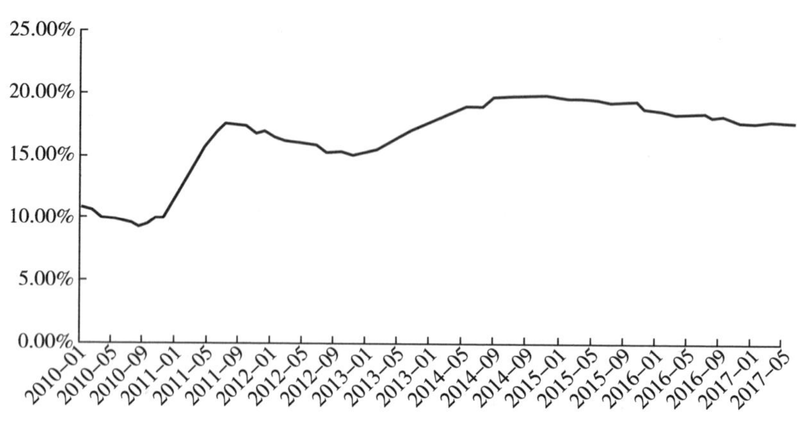


**图 3 美联储持有国债在美国国债市场份额**

照，使得公开市场一级交易商中出现了一些银行，但这些金融机构的重要业务仍是投行业务。美国的金融市场成员结构有别于其他国家，美国债券市场中投资银行的力量比较大，商业银行的力量相对较弱，这是美联储选择投资银行作为交易对手的出发点。而在欧元区，商业银行的力量较大，因此欧洲中央银行主要同商业银行交易。金融市场的差别是中央银行选择交易对手的现实出发点，也可在一定程度上解释控制准备金供给的效果，但笔者认为不仅如此，交易对手的间接性还增强了货币政策操作的主动性，即提高了流动性的外生性。

由于作为美联储交易对手的投资银行是通过商业银行在中央银行的清算账户和美联储进行资金清算的，交易行为改变了商业银行在中央银行的准备金，因此中央银行和投资银行、商业银行的交易对准备金的影响是相同的，但美联储选择投资银行作为交易对手，这就使交易行为的实现不受商业银行自身流动性需求的影响，使公开市场操作产生的准备金变化对商业银行来说完全是被动的，从而解决了货币政策实施的一个重要弱点。在货币政策实施的传统渠道下，中央银行要改变自身负债需要中央银行的准备金供给函数和商业银行的准备金需求函数相配合，尽管中央银行可以调节利率来影响商业银行的准备金需求函数，但交易的最终完成还是需要商业银行的同意。比如中央银行要回收流动性在公开市场操作中向商业银行卖出债券，而商业银行为保持贷款力度不愿购买，则中央银行只有不断降低债券价格，使卖出债券的收益率提高到与考虑了风险因素后的贷款收益率相近的水平，才能吸引商业银行购买债券，达到回收流动性的目的。这种操作会引致市场利率水平的大幅波动，是中央银行难以接受的。而如果中央银行与非银行机构进行交易，非银行机构在考虑资产组合调整时仅会比较中央银行卖出债券的收益率和市场上其他债券的收益率，避免了和贷款利率的直接挂钩，从而提高了中央银行操作的效率。在这种交易对手制度下，非银行机构用商业银行负债和中央银行交易，而通过商业银行的清算则改变准备金，商业银行在改变准备金的交易中仅仅扮演清算者的角色，即使商业银行不愿改变准备金，也难以影响中央银行的操作行为，因此这种制度设计加强了准备金的外生性。

欧洲央行投放中长期流动性的主要方式是通过长期再融资操作（Long Term Refinancing Operations，LTRO）等对商业银行提供融资，2012 年末 LTRO 余额达到最高值 1.04 万亿欧元，2015 年欧洲央行为加大量化宽松货币政策力度开始大规模购债，债券持有余额快速增长，2017 年 6 月末欧洲央行持有 15% 的德国国债。在此次应对国际金融危机中，发达经济体中央银行增加流动性供给的压力增大，都购买了较多的国债。比如 2017 年 6 月末，英格兰银行持有 1/4 的英国国债，日本银行持有 1/3 的日本国债。总的来看，当遇到金融危机时，为大规模投放流动性，同时和宽松财政政策相配合，中央银行购买国债是投放中长期流动性的主要方式。在日常情况下，一国中央银行投放中长期流动性的具体方式取决于该国金融体系的结构，特别是国债市场的广度和深度。而国债市场的规模取决于财政赤字的规模，从全球看只有美国基于美元作为国际储备货币的独特优势才能拥有规模最大的国债市场，因此美联储主要通过购买国债投放中长期流动性的方式不宜为其他经济体所简单效仿。

## 四、货币政策操作框架——中央银行回收流动性时的操作方式选择

在结构性短缺的流动性管理框架下，由于制度性的流动性短缺安排，法定准备金制度会自动产生持续增长的准备金需求，中央银行很少遇到流动性盈余的情况。我们容易得出结论，在结构性短缺的流动性管理框架下，产生长期流动性盈余的主要原因是自发性因素的流动性供给增加过多。在自发性因素里，能够持续增加的只有中央银行净国外资产的变动。在发达经济体，流动性盈余的出现实际上往往和中央银行外汇干预联系在一起，中央银行为保持流动性稳定而进行的“对冲操作”（sterilization）也通常是专指对冲外汇干预的本币操作。由于发达经济体通常采用浮动汇率制，中央银行对外汇市场的干预比较少，因此流动性盈余出现的机会也较少，只有长期大规模干预外汇市场的中央银行才有对冲操作的问题。如日本银行曾经长期干预外汇市场，主要是买入美

元抑制日元升值，因此通过外汇干预投放了较多流动性，虽然日本银行设定了增加商业银行在中央银行账户余额的目标，这和外汇干预投放流动性的方向是相同的，但由于外汇干预数量较大，日本银行一度面临收回部分流动性的压力。对于没有采用结构性短缺的流动性管理框架的中央银行来说，流动性盈余既可能来自制度安排造成的结构性的流动性盈余，也可能来自自发性因素变化的流动性供给冲击。下面在一般意义上分析中央银行在收回流动性时的操作方式选择。

对于减少流动性盈余，中央银行可以减少流动性供给或者增加流动性需求。我们首先分析减少流动性供给的操作方式选择。减少流动性供给体现在中央银行资产负债表上可以分为卖出资产和增加准备金外的其他负债两类方式。卖出资产包括卖出外汇储备，收回再贷款、再贴现，在公开市场上卖出债券或在回购协议项下临时卖出债券。增加其他负债的主要方式是发行中央银行债券等。

从发达经济体以及新兴市场化国家中央银行的操作情况看，如果回收银行体系由于预测误差产生的短暂流动性盈余（通常是隔夜的流动性盈余），中央银行主要运用在回购协议项下临时卖出债券的方式收回流动性。主要原因是这种操作比较简便，而且中央银行发行债券有最短期限的制约，无法发行对冲隔夜流动性盈余的短期限票据，或者中央银行受制于法律限制，不能发行中央银行债券。通常在流动性结构性短缺的货币政策框架下流动性盈余的情况较少出现，因此中央银行在回购协议下临时卖出债券的操作也较少。但在此次国际金融危机之后，发达经济体中央银行采取量化宽松货币政策形成了较大的流动性盈余，当美联储于2015年末率先开始加息时，它除了对存款类金融机构在美联储的超额准备金付息（Interstate of Excess Reserve，IOER）外，还开展了隔夜逆回购操作（Over Night Reserve Repurchase，ONRRP）。2016年，每日隔夜逆回购操作的规模从170亿美元到4680亿美元不等，非季末和年末日操作规模的均值约为990亿美元。美联储开展逆回购操作而非发行中央银行债券的主要原因是《美国联邦储备银行法》禁止美联储发行债券。这里需要注意的是，中国和其他国家对中央银行回购操作方向的定义不同。实际上，就回购交易本身而言谈不上正回购还是逆回购，因为每一笔回购交易都有正回购方和逆回购方，所谓的正回购或逆回购是指其中的一方。在中国，中央银行回购操作方向的定义从中央银行角度出发，中央银行处于回购交易中的正回购方就称之为中央银行正回购，反之则为中央银行逆回购。而其他国家大多从对手方的角度对中央银行回购操作方向进行定义，即金融机构处于回购交易中的正回购方就称之为中央银行正回购，反之则为中央银行逆回购。

在公开市场上卖出债券通常较少为中央银行应用于回收流动性。在此次应对国际金融危机后中央银行将应对危机而大量买入的债券持有到期，是一种收回流动性的新方式。这种新方式的出现是由于之前发达经济体中央银行实施量化宽松货币政策买入了大量债券，有一定的余地通过持有债券到期来收回流动性，因此有一定的偶然性。如美联储于2017年宣布缩表计划，美联储将逐步减少对美联储持有的到期证券本金进行再投资来缩减资产负债表。具体来讲，美联储计划将持有的到期美国国债本金每个月不再进行再投资的上限最初设定为60亿美元，然后每三个月将此上限提高60亿美元，直到最后升至300亿美元。同时，美联储计划将持有的机构债务和抵押贷款支持证券的本金每个月不再进行再投资的上限最初设定为40亿美元，然后每三个月将此上限提高40亿美元，直到最后升至200亿美元，只有超过上限部分的到期证券本金才可进行再投资。

考虑到在长期来看中央银行有增持债券的倾向，这种通过持有债券到期收回流动性操作的规模有限。在操作方式上也比较谨慎，主要是将持有债券自然到期，而较少在二级市场上卖出债券。一个值得注意的现象是发达经济体中央银行在投放长期流动性时通常买入债券，既包括在一级市场上买入，也包括在二级市场上买入，但在收回流动性时却极少采用在二级市场卖出未到期债券的方式。事实上，美联储、欧洲中央银行、日本银行等中央银行不论是危机前的常态货币政策框架下，还是在此次应对危机期间，都几乎从未在二级市场卖出未到期债券。中央银行通常不倾向于在二级市场卖出未到期债券应有以下考虑：一是中央银行在二级市场的集中抛售行为会显著冲击债券市场，带来价格的大幅波动。二是中央银行在二级市场集中抛售债券导致价格的剧烈波动意味着中央银行如果要实现预期的卖出数量，则会在价格上有较大损失。而且，如果市场信心严重受挫，中央银行在二级市场卖出债券会缺少买方，中央银行的数量操作目标也很难实现。因此，中央银行通过在二级市场大规模卖出债券来回收流动性通常是很难操作的。三是中央银行在二级市场买入债券占据主要地位，如果同时又将在二级市场卖出债券作为主要操作工具，则中央银行对债券二级市场价格的影响力过大，会影响债券二级市场价格的形成机制，降低市场效率。

在中央银行资产负债表的负债操作以回收流动性的主要方式是发行中央银行债券。如日本银行曾大量发行短期的融资票据（Financing Bills）进行日常回收流动性的操作，2000 年余额为 2.8 万亿日元，2005 年余额为 3.8 万亿日元。欧元区建立后，欧洲中央银行在货币政策操作框架中将发行短期中央银行票据作为回收流动性的首选操作方式，于 1999 年至 2004 年发行过期限为 1 年以内的短期中央银行票据，并将欧洲中央银行票据作为欧元体系货币政策操作可接受抵押品中的最高等级资产。韩国中央银行长期使用货币稳定债券以吸收流动性，20 世纪 80 年代末为回收由于资本流入导致的流动性盈余，韩国中央银行大量发行货币稳定债券，最高时余额达 24.44 万亿韩元，占 M2 余额的 21.8%。

综上，如果采用减少流动性供给的方式消除流动性盈余，中央银行除了在回购协议项下短暂卖出债券外，主要采用发行债券的方式。为应对流动性盈余，中央银行还有增加流动性需求的选择，即提高法定准备金率。实际上，中央银行偏好于调整负债结构来减少流动性盈余，发行中央银行债券和提高法定准备金率都反映在中央银行资产负债表的负债方，因此笔者提出中央银行负债频谱的概念，在此概念下对这两个工具进行比较。

## 五、中央银行负债频谱

从表 1 可见，中央银行负债通常已包括诸多项目，再加上作为货币政策工具使用的一些中央银行负债品种，将这些所有中央银行负债项目按照市场化程度和流动性高低排列，就形成了类似光学频谱的中央银行负债频谱。在此频谱下，可以清楚地确定各类中央银行负债工具的相对关系。

在图 4 中，质押式正回购是指在中国由于回购采用质押式交易，中央银行正回购时在资产负债表上并非表现为资产方债券减少和负债方超额准备金减少，而是表现为负债方正回购负债增加和负债方超额准备金减少，类似于发行央行债券。但质押式正回购的缺点在于中央银行需要将自身持有债券用于质押，而中央银行是零信用风险，中央银行提供债券作为质押品也不会再提高正回购的信用等级，而且质押式正回购缺乏流动性，商业银行持有质押式正回购必须到期兑付，因此其发行利率相对较高。就此而言，质押式正回购在发行的市场化程度和流动性方面都不如中央银行债券，而且还需要质押债券，中央银

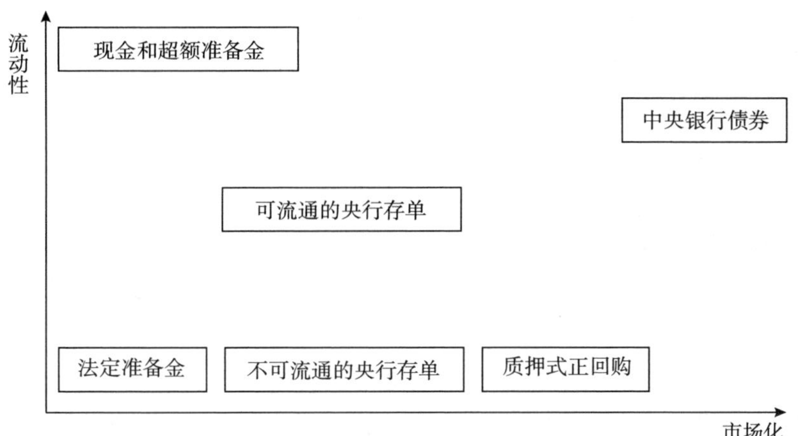


**图 4　中央银行负债频谱**

行债券与其相比在各方面都有优势。

中央银行还可以通过行政的方式发行中央银行存单或特别存款证，为全面反映中央银行负债的种类，图 4 区分了不可流通的中央银行存单和可流通的中央银行存单。这两类存单由于不是市场化发行，商业银行的购买数量是行政决定的，不能反映其准备金需求，因此准备金的分配不能契合商业银行的需求，和拍卖发行的中央银行债券相比有明显的劣势。

因此，在法定准备金、超额准备金和现金之外的中央银行负债中，中央银行票据是市场化程度最强、流动性最好、成本最低的工具，故而，中央银行的负债工具在中央银行负债频谱中只要偏离了法定准备金的原点，必然发展到中央银行债券的一端，中央银行债券是中央银行市场化负债中的高级形式。从简化中央银行资产负债表的国际趋势出发，中央银行负债频谱中只有处于边缘的三类工具会被保留，即位于原点的法定准备金，位于流动性坐标高端的超额准备金和现金，以及位于流动性和市场化两个坐标高端的央行债券。在需要回收流动性时，中央银行或者提高法定准备金率，或者采用市场化方式发行债券，其他中间状态的负债工具都可以为中央银行债券所替代。这两种操作方式也恰好是中央银行作为行政部门和市场参与者双重身份的体现。

比较发行央行债券和提高法定准备金率两种工具，各有优缺点，提高法定存款准备金率对冲外汇干预的主要优点是外生性强，成本低，其缺点在于：

（1）降低商业银行的竞争力。正如前文所述，法定准备金率实际是一种税收，较高的法定准备金率会减弱商业银行的竞争力。

（2）频繁改变法定准备金率干扰商业银行的运营和预期。提高法定准备金率是通过改变准备金需求函数的参数来影响准备金需求的，准备金需求函数是货币供给函数的倒置，其参数的频繁变化意味着商业银行货币供给函数的参数大幅波动，会严重干扰商业银行的正常经营，使商业银行没有稳定的预期，影响银行体系的健康运行。

（3）降低了银行体系和货币控制体系的效率。准备金的多少是反映银行体系和货币控制体系效率的重要指标，较少的准备金意味着较高的效率，较多的准备金意味着较低的效率，全社会为货币控制付出了过多的成本。因此，国际趋势是不断降低法定准备金率，而在降低法定准备金率的进度与不断保持结构性的流动性短缺之间谋求平衡是发达经济体中央银行面临的重要课题。

（4）准备金分配的方式是非市场化的。中央银行为消除总的流动性盈余而测算并提高法定准备金率，就会出现部分商业银行流动性依然盈余，而部分商业银行流动性出现严重短缺的现象。即使在一个高效的货币市场上，这种部分盈余和部分短缺的重新平衡也可能引起货币市场利率的震荡。特别在对冲外汇干预的情况下，中央银行外汇干预的对手是有限的，因此中央银行通过外汇干预投放的流动性并非在银行体系均匀分布，尽管增加的准备金通过货币市场交易可以进行再分配，但如果向中央银行卖出外汇的商业银行相对比较集中，则还是会出现准备金盈余在银行体系分布不均的问题，并相应引致市场利率的波动。

中央银行债券由于采用完全市场化的方式拍卖发行，则避免了上述缺点。首先，商业银行完全根据自身的需要购买中央银行债券，购买数量反映了每个商业银行的准备金需求，而单个银行的准备金需求又不可能为中央银行所准确了解，因此发行中央银行债券可以非常好地实现准备金变化在银行体系的分配，不会引发准备金在银行体系的大规模转移和相应的市场利率震荡。其次，发行央行债券不会降低商业银行的竞争力，而是会提高商业银行的效率。市场交易的特点在于双方自愿，商业银行购买央行债券的行为一定是改善了其原有状况，从而会提高其效率。再次，中央银行的大规模外汇干预不会永久持续，一旦外汇干预的情况发生逆转，中央银行可以通过中央银行债券的逐渐到期来平稳过渡到正常状态，而不需先升后降法定准备金率造成金融体系的震荡。

当然，发行中央银行债券对冲外汇干预也有不足之处，其主要缺点在于：

发行中央银行债券在减少准备金供给的同时，增加了债券供给。债券市场和货币市场的资金量没有变化，但债券供给增加也会导致国内利率水平的上扬。如果国内利率水平上升到一定高度，显著高于中央银行持有外汇储备的收益率，则会导致两个后果：一是中央银行利息成本支出增加，利率的不断上升最终会使中央银行不堪重负；二是中央银行债券的利息支出也会增加准备金供给，因此过高的利息支出会大大削弱发行中央银行债券的力度。因此，总的来看，中央银行在负债方回收流动性可以采取发行中央银行债券和提高法定准备金率的组合，在这两种方式之间的选择应当主要视中央银行债券的利率而定，当中央银行债券利率在可容忍的范围之内，中央银行债券具有相对优势；当中央银行债券利率超出可容忍范围，则需要更多动用法定准备金率手段。

## 六、中国结构性流动性短缺货币政策操作框架的形成和发展

中国人民银行资产负债表的主要特征就是长期存在结构性的流动性盈余。从准备金的需求看，商业银行加强内部流动性管理，用于清算的超额准备金需求下降，而且由于货币市场和银行间债券市场的发展，商业银行持有的债券资产增加很快，市场交易十分活跃，高度竞争性的货币市场加速了准备金在银行体系的再分配，大大降低了商业银行的超额准备金需求。从准备金的供给看，新世纪以来外汇持续大量流入，中央银行为稳定汇率而进行的外汇操作，大量增加了银行体系的准备金供给。使我国银行体系在 2014 年之前长期存在和发达经济体相反的“结构性的流动性盈余”，外汇干预的自发性因素变动造成的准备金供给增加严重加剧了流动性盈余。庞大的结构性的流动性盈余曾对货币政策操作产生了十分不利的影响。

（1）流动性盈余使中央银行的货币政策操作处于相对不利的地位。2000 年至 2013 年，人民银行主要通过提高法定准备金率、正回购和发行中央银行票据等方式回收流动性。在这些交易中中央银行处于借方，即资金融入方的地位，导致对货币市场利率调控的能力下降。由于商业银行没有减少准备金的强制性要求，中央银行公开市场操作回收流动性的利率不是市场的边际利率，对市场利率没有决定性影响。中央银行只有进行大规模操作才能有效影响货币市场利率水平，这提高了操作成本。而且，由于准备金需求没有向上刚性，当中央银行减少准备金供给使准备金供求接近均衡时，利率水平往往会出现大幅上升，中央银行难以准确控制货币市场利率。这也意味着，在流动性盈余的条件

下，中央银行不易精确实现准备金供求的均衡。这也造成了在结构性的流动性盈余与结构性的流动性短缺条件下中央银行操作的一个重要区别，即在结构性的流动性短缺框架下，中央银行操作注入流动性是不可或缺的行为，否则准备金供求不平衡会导致商业银行违反法定准备金规定；而在流动性盈余条件下，中央银行吸收流动性的操作主要取决于中央银行的宏观判断，而没有日常的市场压力。

（2）中央银行货币政策操作在银行体系中传导不畅。由于前文所述的准备金需求仅有向下刚性，商业银行在有大量流动性盈余的情况下，对于货币政策意外地减少准备金数量，会倾向于采用“容忍”的反应方式，即通过改变准备金需求函数的参数来消化意外的准备金变化，实现准备金供求的均衡，从而不改变信贷行为，也不改变货币量。这就意味着中央银行的货币政策在银行体系内部就难以传导。

（3）大量的流动性盈余使中央银行必须对准备金付息，从而制约了货币市场利率的信号功能。准备金供给的来源是中央银行，中央银行是产生过多流动性盈余的原因，因此在消除流动性盈余之前，如果中央银行对准备金不付息，则商业银行就要完全被动地承担较大损失，这是要求中央银行对准备金付息的主要原因。而从发达经济体的实践看，超额准备金作为清算工具和提现准备，具有最高的流动性，其作用类似于现金，因此是不付息的。目前人民银行对超额准备金付息，实际使超额准备金具有了两方面的功能：一是清算功能，二是投资功能。据此，可以在理论上将超额准备金分解为真正的无息超额准备金附加一个自动的存款便利（automatic deposit facility）。这个自动存款便利类似于欧洲央行的存款便利，区别在于该存款便利不需商业银行申请，而是假定在每个营业日终自动划转。由于自动存款便利不是市场化分配，而是附着在超额准备金上，而且不能交易，因此反而对其他货币市场和债券市场产品产生了强烈的替代作用，制约了货币市场的发展。而且，附加自动存款便利的利率削弱了货币市场利率的信号功能。欧洲央行设计存款便利的主要目的是构造短期利率走廊的下限，减少短期利率的波动。但欧洲央行的存款便利和边际贷款便利的利率是以货币政策操作的短期利率目标为中心制定的，随着中央银行的利率目标而变化。我国附着在超额准备金上的自动存款便利利率水平是固定的，因此很难发挥政策作用，降低了流动性管理的效率。

如图 5 所示，超额准备金付息设置了货币市场利率的下限，$R_0$ 右方的准

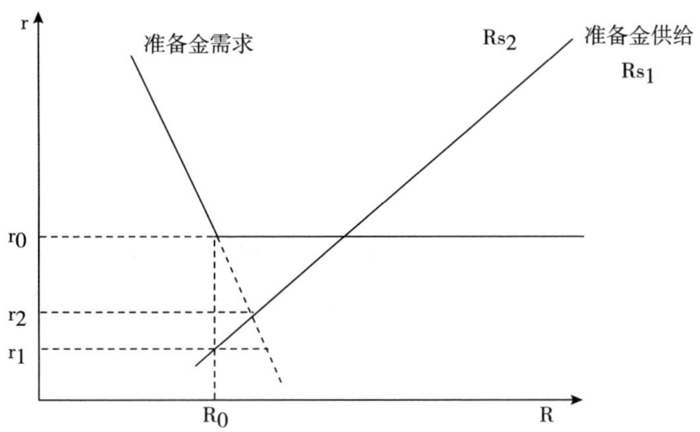


**图 5　超额准备金付息条件下的货币市场利率决定示意图**

备金需求曲线为水平直线。如准备金供给曲线在图中的 $Rs_1$ 位置，均衡的货币市场利率水平应为 $r_1$，但由于准备金需求曲线存在水平的部分，实际货币市场利率为 $r_0$，这个利率水平没有反映准备金实际供求的对比。如果中央银行减少准备金供给，使准备金供给曲线向左移动至 $Rs_2$ 位置，均衡利率应从 $r_1$ 提高到 $r_2$，反映准备金供求对比的变化。但由于超额准备金利率的制约，实际货币市场利率仍为 $r_0$。因此，中央银行和商业银行都无法从货币市场利率水平来判断准备金供求的变化。只有中央银行减少准备金供给，使准备金供给曲线向左移动到临界位置（$R_0$）左方后，实际货币市场利率才恢复正常的弹性。

在结构性流动性盈余的背景下，为吸收流动性，根据前文分析的货币政策操作框架，在卖出资产、提高法定准备金率和发行央行债券三类操作方式中，应将发行央行债券作为优先选择。2004 年 4 月中国人民银行首次发行中央银行票据。当时在中国发行央行债券还有两个有利条件：（1）由于物价水平长期保持低位，因此市场利率水平上升空间有限，中央银行大量发行央行债券也不会引发利率水平的大幅上扬。个别发展中国家发行央行债券对冲操作失效的主要原因是在流动性宽松的背景下，出现了比较严重的通货膨胀，利率高企，中央银行债券的发行利率也相应提高。由于中央银行债券的利息支付导致了流动性投放，因此大规模利息支付使中央银行还要发行新的央行债券以抵消利息，导致对冲操作难以为继。根据中国当时的物价状况，利率水平不会出现大幅上升的情况，因此央行债券的利息问题不大。（2）中国债券市场处于供不应求的状态，特别是短期货币市场工具，央行票据的大量发行实际上替代了超额准备金的自动存款便利，将固定附着在超额准备金上的自动存款便利转化为市场化发行和流通的真正的货币市场工具。因此中央银行大规模增加债券供给，有利于债券市场发展。特别是人民银行发行的短期中央银行票据，填补了货币市场工具的空白，促进了货币市场的发展。

中央银行票据的发行情况取得了较好的效果。2008 年上半年末，中国人民银行发行的中央银行票据余额最高接近 5 万亿元，对冲了大部分中央银行购汇投放的流动性。但当时考虑发行央行债券不是流动性管理框架应有的常态，中央银行在吸收流动性的同时，可以研究将结构性的流动性盈余转换为结构性的流动性短缺，以建立存款准备金率制度下的结构性短缺的流动性管理框架。由于货币市场的发展和人民银行实时清算体系的建设，商业银行的超额准备金需求减少的趋势持续，而历史上积累了过多的准备金供给，中央银行在一段时间内面临结构性的流动性盈余。同时，中央银行的外汇干预在短期内仍会保持在较高水平，外生性冲击带来的流动性供给存在。短期内，在我国货币市场和债券市场工具的供给还不充分的情况下，中央银行仍可继续发行短期的央行票据吸收流动性。中长期，可根据外生性冲击的降低趋势以及准备金供求对比，逐步兑付央行票据，适当提高法定准备金率，从而提高总的准备金需求，加大对货币市场的压力，形成准备金供求基本平衡但存在结构性的小额流动性短缺的流动性管理框架。

从 2007 年开始，现实条件也逐渐发生了变化，2007 年通货膨胀率有所上升，债券市场供不应求的局面改变，中央银行票据的发行利率出现上升态势，因此从 2008 年下半年开始中国人民银行基本上不再发行中央银行票据，而主要通过提高法定准备金率来对冲中央银行购汇投放的流动性，之后逐步提高，至 2011 年 6 月提高至 21.5%（大型银行）的水平。2014 年外汇流入开始减少，2015 年转为净流出，中国人民银行开始有条件在资产方主动提供流动性，结构性流动性短缺的货币政策框架逐步形成。

在此框架形成后，中央银行保持适当的法定准备金率水平，即可使银行体系的存款增长自动带来法定准备金需求的增加，以不断增加总的准备金需求，维持货币市场压力，同时中央银行处于主动地位，货币政策操作由吸收流动性转为投放流动性，可以有效调控市场利率。在此过程中，考虑到中央银行对短期市场利率和中长期市场利率的调控，中国人民银行构建包括短期政策利率和中期政策利率的政策利率体系，中国人民银行通过公开市场操作提供短期流动性以实现短期政策利率，通过中期借贷便利提供中期流动性以实现中期政策利率。在始终保持结构性的流动性短缺的前提下，根据存款增长带来法定准备金需求增加的速度，再阶段性地逐渐调低了法定准备金率，以实现相对低准备金率下的结构性流动性短缺的货币政策操作框架。2016 年 3 月，法定准备金率降低至 16.5%（大型银行），但仍始终维持了结构性流动性短缺的货币政策框架。

未来，首先应进一步推进人民币汇率形成机制改革，中央银行退出常态外汇干预，避免因购汇而导致再度出现结构性的流动性盈余。其次，维护结构性流动性短缺的货币政策操作框架，可以根据存款增长带来法定准备金需求增加的速度，阶段性地逐渐调低法定准备金率，但要始终保持结构性的流动性短缺。再次，中央银行主要通过资产方的操作，综合运用多种工具有效调控市场利率体系。

## 参考文献

孙国峰，《中国货币政策传导机制研究》，中国人民银行研究生部硕士论文 1996。

孙国峰，《信用货币制度下的货币创造和银行运行》，《经济研究》2001 年第 2 期。

孙国峰，《关于当前银行“存差”问题的思考》，《财贸经济》2002 年第 10 期。

孙国峰、蔡春春，《货币市场利率、流动性供求与中央银行流动性管理——对货币市场利率波动的新分析框架》，《经济研究》2014 年第 12 期。

孙国峰、贾君怡，《中国影子银行界定及其规模测算——基于信用货币创造的视角》，《中国社会科学》2015 年第 11 期。

孙国峰、段志明，《中期政策利率传导机制研究——基于商业银行两部门决策模型的分析》，《经济学季刊》2017 年第 1 期。

Ann-Marie Meulendyke, 1998, “U. S. Monetary Policy & Financial Markets”, Federal Reserve Bank of New York.

Angeloni, Ignazio and Prati, Alessandro, 1996, “The Identification of Liquidity Effects in the EMS: Italy 1991 – 1992”, Open Economies Review.

Arthur J. Rolnick, 1976, “Stabilization Policy: A Framework for Analysis”, Federal Reserve Bank of Minneapolis working paper.

Bank of Japan, 2001, “Notes on Operational Challenges and Emerging Issues”, BIS seminar on monetary policy operating procedures, April 2001.

Bindseil, U. 2000, “Central Bank Liquidity Management: Theory and Euro Area Practice”,

ECB working paper.

Bindseil, U. and Mercier, P. , 1999, "The Single Monetary Policy and Some Aspects of its Implementation" SNF Arbok, Bergen: Fagbokforlaget.

Bindseil, U. and Seitz, F. , 2000, "The Demand and Supply of Eurosystem Deposits", Working paper.

Borio C E V, 2001, "Comparing Monetary Policy Operating Procedures across the United States, Japan and the Euro Area", ECB Conference on "The Operational Framework of the Eurosystem and Financial Markets", Frankfurt, 5 – 6 May 2000.

Christopher Hanes, 2002, "The Liquidity Trap and U. S. Interest Rates in the 1930s", University of Mississippi.

European Central Bank, 2002, "The Single Monetary Policy in The Euro Area".

Geert J. Almekinders, 1998, "Foreign Exchange Intervention", Edward Elgar, USA.

Harri Hasko, 2001, "Past and Future Challenges of the Operational Framework of the Eurosystem", BIS seminar on monetary policy operating procedures, April 2001.

Hamilton, J. D. , 1998, "The Supply and Demand for Federal Reserve Deposits", Carnegie-Rochester Conference Series on Public Policy.

Kathryn M. Dominguez, and Jeffrey A. Frankel, 1998, "Does Foreign Exchange Intervention Work", Institute for International Economics.

Myung Chang Chung, 1997, "The Policy Reaction of Capital Inflow: The Experience in Korea", PBC seminar on open market operation.

Poole, and William, 1970, "Optimal Choice of Monetary Policy Instruments in a Simple Stochastic Macro Model", *Quarterly Journal of Economics* 84, no. 2 (May 1970): 197 – 216.

Reserve Bank of Australia, 2001, "Domestic Market Operations in Australia-Key Challenges and Emerging Issues", BIS seminar on monetary policy operating procedures, April 2001.

Spence Hilton, 2001, "Operational Challenges to The Monetary Operations of the U. S Federal Reserve", BIS seminar on monetary policy operating procedures, April 2001.

Sylvester C. W. Eijffinger, 1998, "Foreign Exchange Intervention: Objectives and Effectiveness", The International Library of Critical Writings in Economics, Edward Elgar, USA.

# 法定数字货币的理论与技术逻辑

## 货币演化与央行货币发行创新

姚　前

### 一、货币演化的技术因素：历史视角

回顾历史，从工业革命、电力革命到信息技术革命，历次重大的技术进步无不重塑人类的生产、生活方式，引起巨大的经济社会变革。技术是生产力进步的关键要素，是社会发展的主导动力。作为一种社会关系①，货币亦不例外，它的历次形态演化和内涵扩展均受到了科技进步的深刻影响。

#### （一）技术变迁推动货币形态的演化

理论上，货币应具备以下基本特性：容易标准化、可分性、携带方便、材料稳定和不易变质。② 在人类社会发展早期，限于技术水平的落后，人类只能选择不容易标准化、可分性差、材质不稳定的商品币（如贝壳、牲畜、布锦等）作为货币。金属采矿和冶炼技术的成熟，让货币形态第一次发生质的飞跃：商品币被真正具有货币形态和功能的青铜币所取代，并伴随着冶炼技术的

---

* 作者为中国人民银行数字货币研究所所长。本文仅代表个人学术观点，不代表所在机构意见。

① 马克思指出："货币代表一种社会关系，不过是采取了一种具有独特的社会属性的自然物的形式"。见马克思，《资本论（第1卷）》，人民出版社2004年，第101页。

② 易纲和吴有昌，《货币银行学》，上海人民出版社1999年，第26页。

发展，从青铜铸币、铁制铸币到银币、金币，货币特性越趋完善。而造纸术、印刷术、材料技术和防伪技术的发展则为纸币的出现提供重要动力和技术支撑，进一步降低了货币制作成本，使货币流通和储藏更趋方便、安全。到18世纪，以蒸汽机、珍妮纺纱机为标志的工业技术革命，引起社会生产从手工劳动到机器生产的巨大变革。19世纪的电力革命则将人类社会由机器化时代带入电气化时代，使社会生产力提升到新的高度。两次技术革命极大提高了货币的生产效率，为有效满足社会化大生产所要求的大规模货币流通创造基本的技术条件。进入20世纪，在信息技术革命推动下，货币在继商品币、金属货币、纸币之后出现新的形态，即电子货币。货币的“无形化”超越了物理形态上的限制，货币流通领域、速度、效率达到历史的巅峰。

### （二）技术变迁推动货币内涵的扩展

关于货币内涵，经济学界历经了货币金属论和货币名目论两个认识阶段。货币金属论认为，只有贵金属才是货币，货币具有金属形式和劳动内在价值，如马克思指出，“金银天然不是货币，但货币天然是金银”①，亚当·斯密认为，贵金属货币具有劳动价值，而纸币不过是贵金属的表征，没有实际意义。② 货币名目论则认为，货币的价值尺度、流通手段仅是观念上的存在，货币是一种符号，因此即使不具有十足价值，但购买商品和劳务或清偿债务时被广泛接受的任何物品，也都可以被认为是货币。③ 应该说，从货币金属论到货币名目论，货币内涵的扩展既有历史的缘起，如对重商主义的反思与批判④，也有现实的必然。那就是，通过应用先进科技手段，银行建立起四通八达的网络，银行存款越来越多地充当交易的清算和支付工具。特别是信息技术革命以来，银行广泛应用信息技术提升业务效能，如推广应用电子数据交换技术、自动取款机、移动互联网技术，从初级的电话银行、PC银行发展到WAP银行、网络银行，银行支付清算体系已成为现代社会不可或缺的资金流通网络，因此

---

① 马克思，《资本论（第1卷）》，人民出版社，1975年版，第107页。

② 亚当·斯密，《国民财富的性质和原因的研究》（上卷），中译本，商务印书馆1972年版，第20—49页。

③ 弗雷德里克·米什金，《货币金融学》，中译本，机械工业出版社2011年版。

④ 重商主义认为，金银是国家的财富，一国积累的金银越多，就越富强。主张国家干预经济生活，禁止金银输出，增加金银输入。

将货币内涵从贵金属货币扩展到信用货币，自然得到广泛的认可。①

在货币名目论中，以流动性水平标准来划分和定义货币概念层次的观点最为流行，并被各国中央银行所采纳。流动性水平是指资产价值实现（或称变现）的能力。现金或通货具有完全流动性，即无论出售决定做出得有多迟，该资产都能实现其全额价值。② 以现金或通货为标尺，其他资产转换成现金的能力代表了该资产的流动性水平。20 世纪 50 年代开始，许多中央银行根据流动性标准定期计算和公布 M0、M1、M2 等不同层次货币供应量。到了 70 年代，随着信息技术的快速发展，尤其是因特网的出现，电子计算机信息技术在金融业中得到广泛应用，极大激发了金融创新③，但随之带来的大量高流动性金融资产，如货币市场存款账户、货币市场共同基金股份、隔夜回购协议等，使美国出现了“货币失踪现象”④，即这些高流动性金融资产超出了 M2 口径的统计范围。由此，学者们建议将货币内涵从 M0、M1、M2 的信用货币一步扩展到 M3、L 等更高流动性金融资产。

## 二、数字货币：信息技术与货币的深度融合

进入 21 世纪，随着大数据、移动互联网、云计算和人工智能技术等信息技术的快速进步，技术对货币演化的影响进一步深入，货币形态及其流通模式日趋数字化和网络化，出现了一种不同于传统货币的新型货币：数字货币。

### （一）数字货币的概念与发展

一般来说，数字货币是指以数字形式存在的货币，在不同语境下，有着完全不同的内涵和外延。目前，狭义的数字货币主要指纯数字化、不需要物理载

---

① 除了交易媒介功能，存款准备金、存款保险、央行最后贷款人、政府对银行隐含担保等制度安排使银行存款具备价值储藏功能。

② James Tobin 和 Stephen S. Golub，《货币、信贷与资本》，中译版，中国人民大学出版社 2015 年版。

③ Hannon 和 MeDowell（1984）的实证研究表明，20 世纪 70 年代电脑、电信设备等新技术的采用和扩散是美国银行业金融创新的主要因素。见 T. H. Hannon and J. M. McDowell：“Market Concentration and Diffusion of New Technology in the Banking Industry”，*Review of Economics and statistics*，1984，Vol. 11。

④ Stephen M. Goldfeld：“The Case of the Missing Money”，Brookings Papers on Economic Activity，1976，Vol. 3，pp. 683 – 739.

体的货币；而广义的数字货币等同于电子货币，泛指一切以电子形式存在的货币。如无特别说明，本文仅研究狭义的数字货币。

最早的数字货币源于1982年大卫·查姆（David Chaum）提出的一种具备匿名性、不可追踪性的电子现金系统。它的两项关键技术是随机配序和盲化签名：随机配序产生的唯一序列号保证数字现金的唯一性；盲化签名确保银行对该数字现金的匿名背书。查姆的理论及其研发的电子现金（E-Cash）激发了研究者们对数字货币的兴趣。经过近40年的发展，数字货币已经在查姆的基础上融合了包括群盲签名、公平交易、离线交易、货币的可分割性等在内的新概念。

但查姆当时建立的模型还是传统的“银行、个人、商家”三方模式。每个使用过的电子现金序列号都会被存储在银行数据库中，且在每次交易中系统都要认证电子现金序列号的唯一性，因此随着交易量的上升，数据库就会变得越来越庞大，认证过程也会越来越困难。

2008年，中本聪发表经典论文《比特币：一种点对点的电子现金系统》，提出了一种全新的电子化支付思路——建立完全通过点对点技术实现的电子现金系统，将查姆的三方交易模式转变为去中心化的点对点交易模式。技术思路是：把通常意义上的集中式簿记分拆为约每十分钟一次簿记，簿记数据按时间顺序链接起来并广播全网，簿记的权利由全网竞争选取。任何节点均可同步网络上的全部簿记记录，均可投入计算资源参与簿记权的争夺。攻击者如果不掌握全网50%以上的计算资源，就无法攻击这套簿记（链接）系统。通过这样的技术设计，以前人们隔着万水千山做不到点对点的交易，现在不依赖银行等中介机构而仅靠分布式账本就可以实现。

比特币是一个互相验证的公开记账系统，具有总量固定、交易流水全部公开、去中心化、交易者身份信息完全匿名等特点。其“未花费过的交易输出”（Unspent Transaction Output，UTXO）的绝佳设计，解决了查姆范式下电子现金数据库无限膨胀的问题，使数字货币技术出现新的飞跃。人们将这一前沿技术称为区块链技术。目前，区块链技术的基础架构包括数据层、网络层、共识层、激励层、合约层、应用层。

比特币之后，基于各层区块链技术创新的各种私人加密货币，如莱特币、以太币、零币等，不断出现，其中以太币建立的智能合约和分布式应用技术架构被称为区块链2.0，以太坊是一个自我维持的去中心化智能合约平台，它为用户提供了可编程脚本，在此之上可进行支付、数字钱包、资产交易、基金管理、云存储、博彩、网络游戏等各种更高级更复杂的去中心化应用。

### （二）中央银行的机遇与挑战

数字货币技术已历经近40年的研究，其未来在中央银行的创新应用场景丰富多元，例如可应用于货币发行、流通和调控方式创新；用于解决现行中心化模式运行下的金融行业“痛点”，优化金融基础设施，提高金融运行效率；用于改进金融监管手段，提高监管效率；用于加强金融信息安全保护等。因此中央银行主动学习和吸纳数字货币技术具有重大意义。

另一方面，数字货币技术在金融业的应用将可能引发整个金融运行模式的重构，从而深刻改变中央银行的履职环境，对中央银行的宏观管理和审慎监管能力提出了新的要求。

## 三、货币发行权归属的传统讨论框架：货币“非国家化”论与货币法定论

未来数字经济的货币角色由谁来承担？私人数字货币，抑或法定数字货币？对于自由主义者而言，答案无疑是前者。传统上，关于货币发行权归属，存在货币“非国家化”论与货币法定论两种理论。但传统的分析框架对数字货币不具完全适用性。

### （一）自由主义者寄予私人数字货币颠覆法定货币的梦想

作为去中心化的可编程货币，以比特币为代表的私人数字货币一出现即获得了许多自由主义者的欢呼，被寄托了颠覆法定货币的梦想。尤其是本轮国际金融危机后，中央银行的声誉及整个金融体系的信用中介功能受到广泛的质疑，奥地利学派思想开始回潮，货币“非国家化”的支持者不断增多。

不得不说，比特币的分布式记账、共同验证等去中心化设计理念与奥地利学派的开山鼻祖卡尔·门格尔的货币自发秩序理论高度一致。门格尔认为，货币本身是人类社会自然演化发展出的“每个人的意念的社会秩序”，就如同道

德标准、风俗、爱好、语言一样，是一种社会习惯，一种社会共识。① 而比特币则利用加密技术、点对点通信技术和共识算法来达成这一社会共识，从而建立门格尔所谓的货币自发秩序。

### （二）货币发行权归属的历史争议：货币“非国家化”论与货币法定论

按照奥地利经济学者的观点，货币自发秩序的好处在于，可以避免政府在发行货币中的通货膨胀和利益再分配倾向，因此他们提出，只有废除政府的货币发行垄断权，用市场中的竞争性货币取代法定货币，才能实现价格水平稳定。② 这就是货币“非国家化”论。虽然奥地利学派一直反对实证研究，推崇逻辑一致性的理论演绎，但依然以18世纪的苏格兰自由银行制度为例，来论证货币竞争的合理性。③ 他们认为，苏格兰自由银行体制的成功之处在于：一是自然形成的外部市场约束。在竞争性货币发行环境下，银行的盈利直接与银行券的发行规模和公众持有时间相关。发行规模越大，公众持有时间越长，则银行盈利能力越大。因此银行经常雇用人员专门收集竞争对手的银行券，要求对手对其银行券兑付黄金，从而造成竞争对手的流动性困难，由此对银行券超发和信用货币价值稳定形成了外部市场约束。二是银行券选择条款。银行向银行券持有者提出延迟兑付的选择，如果持有者同意延迟一定期限兑付，持有人将获得相应的补偿。这一条款有助于减少银行挤兑的压力，避免自由银行体系的不稳定。三是私人最后贷款人。各银行因清算需要将一定的储备或流动性存在清算所协会，构成了银行体系的共同保险计划，当银行业出现恐慌时，清算所协会可向暂时陷于流动性危机但有偿还能力的私人银行提供贷款，扮演最后贷款人角色。

与货币“非国家化”论针锋相对的是货币法定论。他们认为，货币秩序是按照社会性的生产方式构建的，而不是从市场中自发产生。④ 货币是国家的

---

① C. Menger："On the Origin of Money"，*Economic Journal*，1892，No. 2，pp. 239 – 255.

② 弗里德里希·冯·哈耶克，《货币的非国家化》，中译版，新星出版社2007年版。

③ 比如White（1984）研究了1844年前苏格兰自由银行时期货币发行的竞争体系。

④ Charles A. E. Goodhart，“The Two Concepts of Money：Implications for the Analysis of Optimal Currency Areas，” *European Journal of Political Economy*，1998，pp. 407 – 432.

特殊产物，国家理论和货币理论不可分离。① 信用货币通常不具有与其面值相匹配的内在价值，之所以能被广泛接受，真实原因是社会对货币发行主体的权威地位有着普遍认同。发行主体权威越高，则拥有越大的货币发行权。显然，政府具有最高的权威，它能强制要求本国居民以自己发行的通货支付赋税②，弗里德曼指出，“货币是不能拿来开玩笑的，所以要交给中央银行”。③ 他认为，实现货币稳定的关键是货币当局必须遵循某种规则，且如果可能的话，规则应该体现在一部“货币宪法”中。④

### （三）讨论数字货币的发行权归属需要新的理论逻辑

基于上述货币“非国家化”论与货币法定论，经济学界对货币发行权归属展开激烈的争论，时至今日，虽然最早的中央银行——英格兰银行已经成立了三百多年，但两种观点之间的争论依然没有停止。然而，需要指出的是，货币“非国家化”论与货币法定论讨论的对象是以信用为价值基础的货币，即通货、银行券、银行存款等。因此，对于不是以信用为价值基础的私人数字货币而言，上述两种理论的分析框架不具有完全适用性。

## 四、数字货币发行权归属：“私人”抑或“法定”？

跳出货币“非国家化”论与货币法定论的传统分析框架，本文认为，至少可以从货币价值稳定性、公共经济学、交易费用理论三个视角来审视和讨论数字货币发行权的归属问题。

### （一）货币价值稳定性

理论上，货币应具备三类功能：一是交换媒介；二是价值核算单位，即计价功能；三是价值储藏。诚如凯恩斯的观点，比起交易媒介功能，货币作为计价手段的功能是第一性的。⑤ 而作为计价功能，货币价值的稳定性则至关重要。很难想象，价值不稳定的物品能够承担起计价和价值储藏的功能，更

---

① G. F. Knapp, *The State Theory o f Money*, Augustu s M. Kelley, 1924.

② Geoffrey Ingham, *The Nature of Money*, Polity Press, 2004.

③ 米尔顿·弗里德曼，《货币的祸害》，中译版，商务印书馆2006年版，第291页。

④ 同上。

⑤ 凯恩斯，《就业、利息和货币通论》，中译本，商务印书馆1983年版。

逞论在商品交易或清偿债务时能被广泛接受。传统形态的货币均有价值支撑，如金属货币的价值来源于贵金属本身的内在价值，信用货币的价值则来源于发行人对社会的债务信用价值。① 那么，以比特币为代表的私人数字货币的价值特征是什么？对此，我们从私人数字货币的资产属性入手②，分析它的价值特征。

**1. 私人数字货币本质上是一种加密股权**

目前区块链行业受到广泛关注的是初始数字货币发行（Initial Coin Offering，以下简称 ICO）。考虑到私人发行数字货币的敏感性，“Coin”本身是不是货币也有争议，该词一度被替换成了“Token”（代币），并加上了“Crypto”（加密）的修饰。因此，将 ICO 解读为初始加密代币发行（Initial Crypto-Token Offering）更为准确，指的是通过发行加密代币方式来融资。比如以太坊通过以太币的 ICO 募集 3 万余个比特币，来发展去中心化智能合约平台。其他为了区块链项目融资而进行 ICO 的加密代币更是不断涌现，初始加密代币发行（ICO）已成为区块链行业发展的重要融资渠道，数据显示，2017 年区块链行业通过 ICO 募集的资金是风险资本投资的 2. 4 倍。

从加密代币的资产收益特征来看，与普通股票没有差异，收益具有“或有”特征：项目若能发展成价值网络，则代币投资者可获得收益回报，否则代币价值为零。且根据荷威标准（Howey test），投资合同即“个体将其资产投入普通企业，并期望仅通过发起者或第三方的努力获取利润收益的合同、交易或计划”可被划分为证券。可见，ICO 除了资产投向不是企业之外，基本符合证券的定义和标准。初始加密代币发行（ICO）和首次公开募股（IPO）、股权众筹一样，同属权益类证券。本质上，比特币、以太币等加密代币是一种在区块链上发行和流通的加密股权（Crypto-Equity）。

那么，既然是一种权益类资产，比特币的波动率远高于债券、回购等资产，甚至比首次公开募股发行的股票波动率还高（见图 1），就不足为奇了。

**2. 私人数字货币价值不稳定及其经济机理**

同普通股票一样，以比特币为代表的私人数字货币发起或运营团队和参与

---

① 这也是为何货币“非国家化”论与货币法定论的争论焦点在于银行信用和央行信用价值哪个更加稳定的缘由。

② 相关经验研究表明，比特币的新参与者更多是把比特币视为一项投资资产。见 Florian G.，Z. Kai，H. Martin and W. M. Christian：“Bitcoin-Asset or Currency? Revealing Users'Hidden Intentions”，The Twenty Second European Conference on Information Systems，2014.

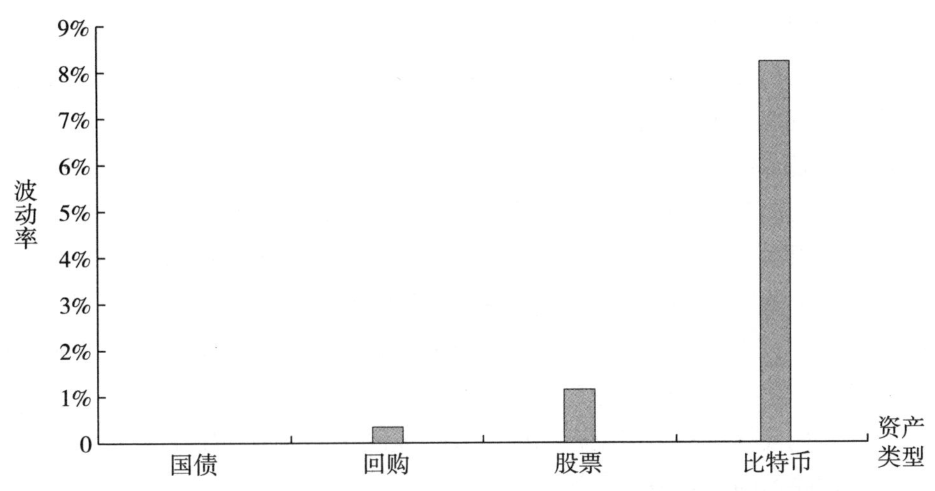


**图1　比特币与其他资产的波动率比较（基于2016年的中国市场数据）**

者之间存在着委托代理问题。为提高参与者对项目的兴趣和信心，加密代币行业的普遍做法是向参与者展示技术白皮书和项目进展情况，尽管如此，限于技术的专业性、开发者的匿名性以及项目报告信息传递的有限性，参与者难以对项目具体进展及未来方向形成完整、透明的评估和判断。信息不对称容易产生道德风险和逆向选择问题，甚至发生诈骗、非法集资等犯罪活动。例如，每一次的协议更新或技术规则的改变掌控在少数专家手上，这样的"少数者"操控存在道德风险。2014年2月比特币交易暂时中断，由6个开发人员组成的核心小组为软件设计修正程序，以恢复交易验证过程。2015年8月，两位比特币开发者加文·安德森（Gavin Andresen）和迈克·赫恩（Mike Hearn）发布了比特币的另一个版本Bitcoin XT，即所谓的"分叉"，Bitcoin XT发布后，比特币价格出现了下跌。

而且这一委托代理问题难以通过共识机制解决，因为其中存在"两难"问题。若采用完全共识机制，则根据经济学的阿罗不可能定理，如果众多个体具有不同的偏好，而系统又有多种备选方案，那么在民主投票机制下不可能得到令所有人都满意的结果，也就是说，从理性经济个体出发，完全共识难以形成。而不采用完全共识机制，则意味着部分比特币持有者的经济利益将会受损，同时在技术上，采用何种程度的不完全共识机制，又是需要"共识"的共识。

再者，私人数字货币持有者必须借助于代币交易所和清算中心才能买卖加密代币。然而，并不是所有ICO代币都能在代币交易所交易，未能上市交易的代币只能通过场外交易变现，或无法变现。此外，上市交易的代币可能因市场操纵而存在流动性风险。

最后，私人数字货币还存在安全风险：一是区块链系统不能关闭集中升级，导致安全漏洞修复困难。二是智能合约上的漏洞若审核不严，风险意识不够，容易被黑客攻击，导致代币资产损失。2016年，“The DAO” ICO不久即因为智能合约的重大漏洞遭到黑客攻击，300多万以太币资产被分离出The DAO资产池。三是代币资产存在被盗风险，即使采用多重签名、第三方私钥托管等手段，依然存在安全隐患。

上述委托代理风险、流动性风险、安全风险等高风险决定了私人数字货币价格波动性要远高于其他金融资产。

**3. 价值不稳定决定了私人数字货币难以成为真正的货币**

准确地说，以比特币为代表的私人数字货币虽然名义上叫“币”（coin），但实质上只是一种非货币数字资产。区块链技术解决了私人数字货币的支付技术信任问题，却不能解决它们的资产价值信任问题。价值不稳定决定了私人数字货币难以成为真正的货币。而央行发行的法定数字货币是实物纸币的数字化，同纸币一样，由国家信用背书，具有最高价值信任，由其垄断数字货币发行权无疑是最佳选择。①

### （二）公共经济学

根据哈特穆特·皮希特②的观点，由于价值储藏行为要求可预期的稳定的核算单位价值，因此货币的计价功能和价值储藏功能是相结合的，可统称为货币的“核算单位价值稳定化服务”，而交易媒介功能提供的服务是“清偿服务”。“核算单位价值稳定化服务”和“清偿服务”合在一起，构成了“货币服务”。

**1. 货币服务的公共产品属性**

哈特穆特·皮希特详细分析了货币“清偿服务”和“核算单位价值稳定

---

① 在极端情况下，本国现金（包括法定数字货币）可能失去货币的资格，因此如何科学决定并调控数字货币发行量，以确保币值稳定，应成为央行发行法定数字货币最重要的考量，这也是不同货币当局在数字经济时代展开数字货币竞争的关键所在。

② 哈特穆特·皮希特，《货币竞争》，见于V. 奥斯特罗姆、D. 菲尼、H. 皮希特编《制度分析与发展的反思——问题与抉择》，北京，商务印书馆，1996

化服务”的公共产品属性，主要得到两个结论：

一是货币“清偿服务”具有非竞争性和排他性，因此是准公共产品（或混合产品）。清偿特性指的是一种交换媒介的可接受程度。持有者对一种交换媒介单位的可接受程度并不因为是谁持有该单位而发生改变。所以，货币的清偿服务是共用的或者说非竞争性的。但作为一定数量交换单位的回报，货币的清偿服务在实际使用时却发生在具体的个体之间，具有排他性。

二是货币“核算单位价值稳定化服务”具有非竞争性和非排他性，因此是公共产品。该服务将核实单位的实际价值稳定在预设水平上，或将不稳定程度控制在某一限度内，并吸引其他个体使用这同一种单位。用某一单位计算报价而使用该项服务，不会由于他人使用本单位进行核算而受到削弱。所以，货币的“核算单位价值稳定化服务”具有非竞争性。同时，任何人不能排斥其他人使用货币的“核算单位稳定化服务”，因此该服务具有非排他性。

**2. “货币服务”应由谁提供：基于公共产品属性的分析**

鉴于货币“清偿服务”是类似于公园的准公共产品，因此根据它的属性特征，即清偿特性具有非竞争性，而清偿服务消费过程则具有排他性，应由政府主导货币“清偿服务”的整体制度设计，从而保障货币的清偿特性，比如通过立法规定货币的清偿能力、建立社会支付清算体系等，但在具体“清偿服务”的生产和供给上，则可采取市场方式，由非公共部门（如商业银行、第三方支付、钱包供应商）收费提供，消费者付款消费。

而货币“核算单位价值稳定化服务”具有非竞争性和非排他性，是纯公共产品，这就决定了货币发行和供给不能通过市场竞争、私人提供的方式，而应由政府主导发行，并以政府信用和社会整体财富为价值基础，承诺保障货币的核算单位价值稳定化。

**3. 私人数字货币无法提供“货币服务”这一公共产品**

一般而言，私人部门若想成功地提供公共产品，需要具备一系列条件①：首先，私人供给的公共产品一般应是准公共产品。其次，准公共产品的规模和范围一般较小，涉及的消费者数量有限。再次，在准公共产品的消费上必须存在排他性技术。最后，也是最关键的是，私人若想成功地提供公共产品必须要

① 马恩涛，《我国公共产品私人供给的有效性分析》，《哈尔滨商业大学学报》，2003 年第 6 期。

有一系列制度条件来保障。

比如作为私人部门，商业银行提供“清偿服务”的生产和供给（即支付服务），而若要提供“核算单位价值稳定化服务”，即让银行存款成为和通货一样的信用货币，则需要存款准备金、存款保险、央行最后贷款人、政府对银行隐含担保等制度来保障，诚如前文所言，奥地利经济学者也建议，应存在外部市场约束、银行券选择条款、私人最后贷款人等制度设计来保障银行存款价值的稳定。①

对照看，私人数字货币的弱点是显而易见的。例如在维持比特币流动性最为关键的比特币交易所层面上，未有相关的制度保障（诚如银行体系的存款保险、央行最后贷款人等制度安排），以保障比特币交易、提现和储藏的安全性。2014 年 2 月 7 日，因遭到网络攻击，世界最大规模的比特币交易所 Mt. Gox 停止比特币提取业务，引发交易混乱，随后 Mt. Gox 宣布破产。因此私人数字货币不具备提供“清偿服务”和“核算单位价值稳定化服务”等公共产品服务的能力，唯有公共部门发行的法定数字货币才能胜任和担当这一角色。

### （三）交易费用理论

根据新兴古典经济学的理论，在信息不对称下，由于存在被欺骗的可能性，因此即使局中人都是诚实的，他们也不会相互信任，从而引起了内生交易成本。杨小凯建立了有关内生货币制度的新兴古典模型②，他的研究发现，交换媒介是协调社会分工演进的关键，而在迂回生产的分工演进中，市场会选择交易费用最低的商品承担交换媒介的角色，从而内生出了货币。且交易费用系数越小的商品，越有可能成为货币。

而目前私人数字货币在交易费用上还不具有显著优势。比如，比特币正面临着内存池爆满、交易延迟、平均交易手续费不断上涨等问题。用户如今需要为每笔使用钱包进行的交易支付 1—1.5 美元手续费。这与其背后的一些技术特性有关：由于采用 P2P 网络的公有链模式，节点可以随时加入或退出，节点数量庞大，导致数据被广播到全网耗时较长。从目前的情况看，比特币区块链

---

① 19 世纪美国自由银行制度的失败或许就是因为没有这些制度安排。

② 杨小凯，《经济学：新兴古典与新古典框架》，社会科学文献出版社，2003 年版。

的性能问题主要体现为吞吐量和存储带宽的矛盾，每秒 7 笔的处理能力远不能满足整个社会的支付需求。

相对而言，由中央银行发行法定数字货币带来的社会经济效益则高于成本。当前实物纸币的运营成本比较高，比如国内仅运钞车运输产业市场就有 350 亿。2010 年欧元区旧币回收，耗资 1000 亿欧元替换了 58 亿张纸币。如果发行法定数字货币，则可大大节省这些成本，并在很大程度上优化现有货币的运营体系，从而大幅降低法定货币的交易费用。

## 五、我国央行法定数字货币构建思路与技术架构

### （一）理想特性

理想的法定数字货币不同于传统货币形态，它是以精巧的数学模型为基础，包含了发行方、发行金额、流通要求、时间约束甚至智能合约等多元信息，因此理想的法定数字货币应具备更多方面的特性。

一是不可重复花费性。这是最重要的一项，即同一笔钱不能像数字电影那样被反复拷贝，多次支付，当被重复支付时，系统应迅速查出。

二是可控匿名性。与传统纸币类似，若非持有者本人意愿，即便银行和商家相互勾结也无法追踪数字货币的交易历史和用途。这一点目前尚存争议，未来需要在用户隐私和打击违法犯罪行为之间找到平衡点。

三是不可伪造性。众所周知，伪造人民币是犯罪行为，但在数字货币领域，这还是法律空白地带。

四是系统无关性。数字货币应能够在多种交易介质和支付渠道上完成交易，具有良好的普适性和泛在性，并能复用现有的金融基础设施，无须全盘推倒“另起炉灶”即能为未来的数字经济提供有力支撑。

五是安全性。任何个体在交易时无法更改或非法使用数字货币。在实现路径上，数字货币的安全性不能只靠物理上（硬件上）的安全来保证，还必须通过密码技术来保障超越物理层面的货币安全。在技术上，可以借鉴比特币的技术特性。

六是可传递性。数字货币可以像普通商品一样在用户之间连续转让，且不能被随意追踪。

七是可追踪性。数字货币的可追踪性是用户自身的权利，而不是商家或者

是银行的特权。作为监管者，在司法允许的条件下，可以获得这个权利，但不能滥用。这是一把双刃剑，必须界定约束各方的权责。

八是可分性。数字货币不仅能作为整体使用，还应能被分为更小的部分使用，只要各部分的面额之和与原数字货币面额相等，就可以进行任意金额的支付。比如十块钱可以分割为十个一块钱、两个五块钱等。

九是可编程性。数字货币应可附加用户自定义的可执行脚本，为基于数字货币的数字经济提供智能化助力。基于此能力的数字货币自身的定义与用户敏感信息收集等功能应尽可能由发行方控制，而一些支付路径和支付条件等应用功能应尽可能交给市场做，但前提是，技术底层应做相应的支持并设定一系列的应用规范。

十是基本的公平性。支付过程是公平的，要么保证双方交易成功，要么回退，双方都没有损失，不能出现交易失败，资金却不及时回退的情形。

### （二）构建思路

整体而言，为实现以上理想特性，法定数字货币应采用以下构建思路：第一，遵循传统货币的管理思路，发行和回笼基于现行“中央银行—商业银行”的二元体系来完成；第二，数字货币本身的设计，运用密码学理论知识，以安全技术保障数字货币的可流通性、可存储性、可控匿名性、可追踪性、不可伪造性、不可重复交易性与不可抵赖性等；第三，数字货币的产生、流通、清点核对及消亡全过程登记，可参考区块链技术，建立集中/分布相对均衡的簿记登记中心；第四，充分运用可信云计算技术和安全芯片技术来保证数字货币交易过程中的端到端的安全；第五，充分运用大数据分析技术，不仅可以进一步保障交易安全，还可以满足反洗钱等业务需求；第六，数字货币的用户身份认证采用“前台自愿、后台实名”的原则，既保证用户隐私，又规避非法交易的风险；第七，数字货币本身的设计应力求简明高效，数字货币之上的商业应用尽可能交给市场来做，同时把技术标准与应用规范做好；第八，构建由央行、商业银行、第三方机构、消费者参与的完整的均衡有序的数字货币生态体系，保证数字货币的发行、流通、回收全生命周期闭环可控。

### （三）体系要素

法定数字货币体系应采用“管控中心化，技术架构分布式”的模式。法定数字货币的币值稳定是其最基本的属性，这也是本文一直强调的由央行发行法定数字货币的关键逻辑，因此必须有中心机构来强制约束。中心化管控可以获取货币发行全方位的信息，有利于货币管理。从历史上来看，货币缘于物物交换时，一开始是非中心化的，然后逐渐过渡到中心化管理，这是一个自然的过程。同样，数字货币时代依然还需要中心机构来主导发行，并做好管控。但任何物理上或技术架构上的中心点都是高价值目标，既是性能瓶颈，也是安全弱点。分布式架构可以提供更高的安全性和整体可用性，尤其是超大型的基础设施，比如互联网自身。

抽象而言，央行数字货币体系的核心要素主要有三点，即“一币、两库、三中心”：

“一币”即由央行负责数字货币的设计要素和数据结构。从表现形态上来看数字货币是央行担保并签名发行的代表具体金额的加密数字串，不是电子货币表示的账户余额，而是携带全部信息的密码货币。这个货币的设计一定要考虑前述的法定数字货币的理想特性。新的货币必须具备全新的品质，以支撑全新的商业应用模式。

“两库”即数字货币发行库和数字货币商业银行库。数字货币发行库是指人民银行在央行数字货币私有云上存放央行数字货币发行基金的数据库。数字货币商业银行库指商业银行存放央行数字货币的数据库（金库），可以在本地也可以在央行数字货币私有云上。

需要指出的是，发行库和银行库的设计让人觉得是对实物货币发行环节的模拟，但设计目标考虑更多的是给数字货币创建一个更安全的存储与应用执行空间。这个存储空间可以分门别类保存数字货币，既能防止内部人员非法领取数字货币，也能对抗入侵者的恶意攻击，同时亦可承载一些特殊的应用逻辑，这才是数字金库的概念。极端情况下，比如管理员的密钥被盗取，服务器被攻击、中毒或者中断链接，如何启动应急程序，保护或者重新夺回资金，保障业务的连续性，是设计的重点。

“三中心”则是指以下三个中心：

一是认证中心。央行对央行数字货币机构及用户身份信息进行集中管理，它是系统安全的基础组件，也是可控匿名设计的重要环节。可以做两到三层的认证体系，针对用户的不同有所区分。举例来讲，金融机构用户、高端用户的认证方式可能会用公钥基础设施（Public Key Infrastructure，PKI），低端用户的认证方式可能会用标识密码算法（Identity Based Cryptography，IBC）。

公钥基础设施体系可以很好地解决密钥管理、密钥修改的问题，但是该体系繁琐复杂，部署成本大。标识密码算法是传统证书体系的发展，2007年国家密码局组织了国家标识密码体系IBC标准规范的编写和评审工作，该算法于2007年12月通过评审，正式获得国家密码管理局的商密算法型号：SM9（商密九号算法）。① SM9算法采用具有唯一性的身份标识（如手机号码、电子邮件地址、身份证号、银行账号等）作为公钥。标识密码算法解决了用户间传递加密信息必须事先获得公钥证书，加解密必须与管理中心在线交互通信的问题，大大降低了管理中心的负担和管理成本。

二是登记中心。记录央行数字货币及对应用户身份，完成权属登记；记录流水，完成央行数字货币产生、流通、清点核对及消亡全过程登记。登记中心的建设有两种思路：一种是基于区块链，另一种则基于传统的分布式架构。优先考虑后者，因为现在还不能确定区块链技术是否经受得住人民币海量实时交易的冲击。

登记中心可谓是全新理念的数字化铸币中心，传统的纸币有发行机构的信息，但不会有持有人登记的概念，更不会有流转过程中全生命周期的信息。这是技术进步的结果，当然反过来也会对技术系统提出很高的要求。这种理念的落地，还需要在实践中摸索，不可能一步到位，可以分层分级、分中心，但它们之间如何高效交互是需要深入研究的大课题。

登记中心在记录央行数字货币的权属及流转信息时，只能看见钱包地址，无法对应到具体的某个用户。用户信息和密钥信息的映射关系，仅在认证中心中管理。认证中心和登记中心之间必须有“防火墙”制度，设定严格的程序，两方信息不得随意关联，以保障合法持币用户的隐私。这一分离机制是“前台自愿、后台实名”的基础。

三是大数据分析中心。迄今为止，货币发行技术进步与大数据分析关联程度都比较弱，货币运行相关数据基本通过后验式统计与估算来形成。这就导致货币在现实流通中存在较大不确定性。而在数字货币环境下，大数据分析在货币发行和监控过程中就有了用武之地。在数据适当脱敏的情况下，央行可以运

① 2016年3月，国家密码管理局发布了《GM/T 0044－2016 SM9标识密码算法》国家标准。

用大数据深入分析货币的发行、流通、储藏等，了解货币运行规律，为货币政策、宏观审慎监管和金融稳定性分析等干预需求提供数据支持。①

### （四）相关技术

数字货币系统及前端应用必须基于难以篡改和不可伪造的铸币（登记）中心，需要有高效率、高弹性、高安全性、层级化的铸币（登记）分中心，需要有货币流通全生命周期的全息记录，并在此基础上支撑全新的智能化商业应用。对此，如何实现各铸币分中心所服务的商业网络之间的数据一致性需求，区块链技术或许可以提供全新的思路借鉴，比如共识算法。智能合约则是另一个方向的大趋势，它能给数字货币插上翅膀，让用户的支付能动性大大提高。但需要注意的是，这种借鉴是“拿来主义”，不可能生搬硬套，且不说技术本身还有成熟度的问题，根据实际业务需求在改造的基础上选择应用，也是重要考量。

另外还需要关注其他的安全技术、可信技术，比如可信可控云计算，特别是芯片技术。网络上对用户最重要的就是密钥，归根结底是私钥。密钥的安全管理存储对终端交易安全至关重要。现在的密钥管理方式包括：纯硬件、纯软件以及软硬件结合的方式。无论是手机集成商、移动运营商，还是芯片厂商、终端厂商、商业银行，都希望能掌控这个产业链真正的话语权，所以这一领域目前还处在竞争之中，到底如何，尚需观察。

总之，央行法定数字货币在后台云端利用可信技术，前台利用芯片技术，传输过程采用信道安全技术，从而实现数字货币交易过程中的端到端的安全。需要特别说明的是，作为系统建设者一定不要拘泥于任何技术，要有长期演进的技术理念。

### （五）关键考量

一是便捷与安全。便捷性是获得市场认可的一个重要因素，安全性则是整个体系能够健康运行的基础。在权衡便捷性与安全性时，我们需要意识到商业机构可能更偏向便捷性，只要它们的利润可以覆盖安全风险方面的损失，但作为监管方的央行却需要优先强调安全性以防范系统性风险。不过，是否可以因

---

① 姚前、李连三，《大数据分析在数字货币中的应用》，《中国金融》，2016 年第 17 期，第 37—38 页。

为安全问题就一票否决设计方案？这一点仍然需要斟酌。

二是实名与匿名。数字货币可以实行实名制，也可以实行匿名制，也可以是两者结合。我国法定数字货币的设计考虑是“前台自愿，后台实名”。在大数据、云计算环境下，交易安全已不完全依赖传统的身份认证体系，通过客户行为分析保障交易安全、规避风险已经成为趋势。因此在宏观或中观上数字货币可以做脱敏的大数据分析，但微观上不可侵犯合法用户的隐私。

三是简化交易环节。目前运营的电子货币系统主要基于银行账户，用户发送支付指令以后，后台账户就会产生资金划拨，而纯数字货币系统是否可以不与银行账户关联，或者通过其他方式简化清算环节，降低交易成本？这一点需进一步考量。

四是技术的融合与创新。区块链技术是下一代云计算的雏形，备受各方瞩目，但成熟的企业级应用案例尚不多见。“私有云 + 高性能数据库 + 移动终端”与“私有云 + 区块链 + 移动终端”，有可能是两个既关联又有区别的思路。让中央更强大，让数据更安全，使终端更智能，同时让个人的支付行为更能动，应是未来央行数字货币追求的目标。是否可以应用区块链技术以及如何应用于央行数字货币的研发，将是中央银行技术选择的重要课题。

# 法和经济学

Law and Economics

Comparative

# 迈向公平竞争

## 现状、问题和应对

陈永伟　叶逸群

自改革开放以来，中国开始了从计划经济向市场经济转型的历程，而营造竞争环境、培育竞争主体，就是这一伟大转型的最重要任务。经过数十年的努力，社会主义市场经济体制在我国已经得到确立，竞争主体也随之得以培育，竞争环境也得以发展。但与此同时也必须看到，目前我国的经济运作中还存在着不少体制性和机制性扭曲，地方保护、区域封锁、行业垄断、违法给予优惠政策或减损市场主体利益等有违公平竞争的现象仍十分严重，反竞争的传统思维定式在部分官员中存在深远的影响，由此造成的资源错配现象不容忽视。我们距离理想的公平竞争环境仍有不小的距离。

这些扭曲为什么会存在？它们的表现形式如何？又会造成怎样的损害？对这些问题进行深入的研究具有理论和政策意义。在本文中，我们将针对三类重要的扭曲——市场分隔、行业垄断以及产业政策——来探讨上述几个问题。

---

＊　陈永伟，北京大学市场与网络经济研究中心研究员；叶逸群，北京大学法学院博士研究生。本文根据提交给凯恩克劳斯基金会的“加强中国公平竞争审查制度：国际经验”研讨会的报告修改而成，作者感谢吴敬琏、陈清泰、林至人、黄勇、宁宣凤、Maureen Ohlhausen、Derek Morris、William Kavocic、Alberto Heimler 等参会专家对本文给出的建议。

## 1. 市场分隔

### 1.1 市场分隔的产生原因及表现

自然原因和人为原因都可能造成区域之间的市场分隔。但是，随着交通技术的逐渐发达，自然原因的影响已经越来越弱①，因此现今导致我国区域市场分隔的主要原因，是地方政府出于自身利益而推行的地方保护和区域封锁行为。

地方保护以及由此衍生的市场分隔，既有历史原因，也有现实的利益原因。首先，M 型组织的政府结构，是市场分隔形成的前提条件（Qian and Xu，1993）。由于历史原因，我国的政府结构类似于“M 型组织”，每个省，甚至每个市、县都是一个独立的经济体，这些地区在市场中都是各自决策且自治的。② 这种架构形式使得每一个地区的经济都有很强的独立性，这就为地方保护和市场封锁提供了现实的可能性。其次，对本地利益的维护是造成市场分隔的现实原因（Montinola、Qian and Roland，1995；Xu，2011）。出于保护本地利益尤其是财政收益的需要，地方政府会倾向于保护本地企业，而对外地企业进行排挤、封锁。再次，政府官员的个人动机也会导致地区分隔（周黎安，2007）。在晋升激励的驱动下，地方官员就有动力采用非正当的手段，利用地方保护提高自身政绩，这客观上也会造成市场分隔。

地方政府用来实施地方保护和区域封锁的手段很多，如下几种是比较常见的：

一是通过设置壁垒，排除或限制非本地产品进入本地市场。地方政府设置的壁垒千奇百怪，可能是提高外地产品进入的门槛，例如提出更高的技术或安全要求；可能是出台专门针对外地产品或服务的专营、专卖、许可等；甚至可能是直接在行政区域边界设置关卡，强行对外地产品进行查扣。

二是对本地和外地产品实施差别性待遇。一方面，地方政府会利用优惠政策促销本地产品；另一方面地方政府会通过指定经营和使用、设置关卡、实行

---

① 一些研究已经表明，交通因素对于市场分隔所起的影响正在变得越来越弱。见 Chen et al.（2016）、陈永伟（2016）。

② 当时，设立 M 型的政府构架主要是为了备战考虑。主要目的是当受到他国侵略时，全国不至于同时陷入瘫痪。而当时的苏联等社会主义国家则设立了 U 型的政府结构。

歧视性收费标准、对外地商品或服务的进入规定歧视性价格、另立标准、擅自设立前置许可、限制招投标、投资歧视等行为，以差别待遇的方式削弱外地商品在本地的竞争力。

三是限定本地需求的市场范围。地方政府可能限定或变相限定本地企业、单位或个人只能经营、购买、使用本地产品。例如以行政命令或下发文件的形式扶持本地企业和产品，这种现象在烟、酒、药品、水泥、煤炭、汽车等商品中尤其突出。

四是通过行政手段直接干预行政执法和司法工作。一些地方政府为保护本地经济利益对行政执法机关和司法机关的正常执法行为进行人为干预，通过阻挠、干涉行政执法机关对经济违法行为的查处工作和司法机关对经济违法案件的审理工作，迁就姑息本地企业的经济违法行为。

以上这些行为都不同程度地导致了市场的分隔，妨碍了市场机制进行有效的资源配置，从而造成了效率的损失。

### 1.2 市场分割的测度

现有的研究文献提供了很多测度市场分隔的方法，例如，杨（Young，2000）、白重恩等（2004）利用各地产业结构的相似性来刻画市场分隔程度。

在本文中，我们主要用帕斯里和魏尚进（Parsley and Wei，2001）的相对价格指数波动法来对市场分割程度进行测度。这一方法的基本思想是：如果在一定时期和区间范围内，商品的相对价格波动幅度较小，就说明市场分隔程度较弱；而如果在一定时期和区间范围内，商品的相对价格波动幅度较大，就说明市场分隔程度较强。因此，我们通过刻画相对价格的波动状况，就可以测算市场的分隔程度。根据这一思想，我们采用历年《中国统计年鉴》上八大类商品的价格数据构造了“相对价格波动指数”，并用其来刻画市场分隔状况（见图 1）。

可以看到，在我们考察的时间段内，相对价格波动指数呈现了一定的波动性。从 2000 年起，这一指数是不断上升的，到 2003 年达到顶点后，就出现了下降。但 2006 年后，这一指数又重新上升，并在 2008 年达到一个局部高点后重新下降。在 2013 年后，这一指数又重新开始缓慢回升。这一指数的变动表明，我国的市场整合程度并不是一直加强的，在面对各种冲击时，它可能随时发生变化。

影响市场整合的因素很多，我们在此强调两点：一是经济规划周期的影

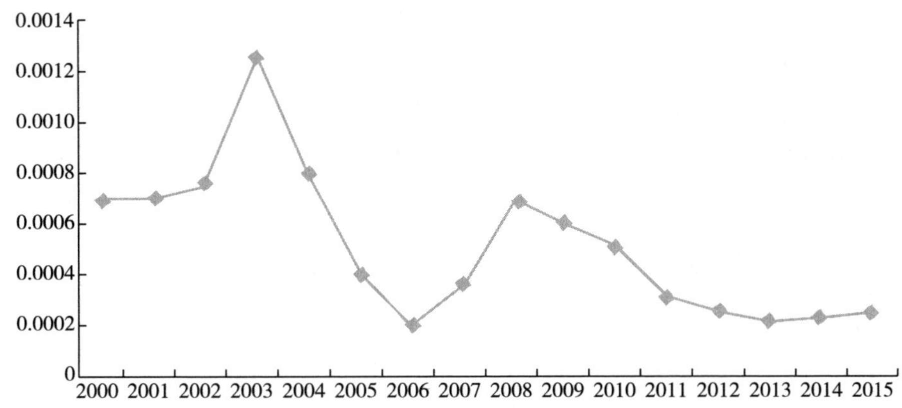


**图 1　相对价格波动指数**

响。我们注意到，2001 年、2006 年都是新的五年规划的起始年，而在这两年，指数都开始了比较明显的上升。这或许说明，在每个五年规划的开始，各地政府可能都会更加重视保护本地经济利益，从而人为加大市场分隔。二是外贸的影响。对于地方政府而言，外贸收益和内贸收益存在着一定的替代性，因此可能在外贸需求减弱时加强内贸，这客观上会减少市场分隔。例如，在 2008 年之后，我们看到指数出现了较为明显的下降，这在相当程度上是外贸放缓的结果。

### 1.3　对市场分割所造成的效率损失的估算

市场分割会严重阻碍资源在地区之间的有效配置，从而导致效率损失。在本节中，我们将对由市场分割导致的效率损失进行估算。

我们采用的估算方法来自郑毓盛和李崇高（2003）。这一方法将效率损失分为三个部分：技术效率损失（ATE）、产出配置效率损失（AAE）以及要素配置效率损失（RE），其中市场分割和地方保护会导致后两种效率损失。总效率损失 H 被定义为以上三项的乘积。① 通过数据包络方法，可以将这三种效率损失进行分解。

在本文中，我们主要关注制造业的产出状况。从历年《中国工业统计年鉴》上，我们获取了各省两位数制造业行业的产值，以及各省制造业的就业

① 这里，效率损失被定义为潜在产出和实际产出的比值，所以数值越大，代表实际产出离潜在产出越大，效率越低。例如，ATE = 1.3，就代表当技术达到最有效率时，其实际产出能比当前技术水平增加 30%。

人数、固定资本存量、总存货、其他流动资产的信息。仿造郑毓盛和李崇高(2003)、刘培林（2005）的做法，我们将每一个两位数行业的产值作为一个产出，将就业人数、固定资本存量、总存货和其他流动资产作为四种投入。利用郑毓盛和李崇高的方法，我们对2000—2015年的效率损失进行了分解。

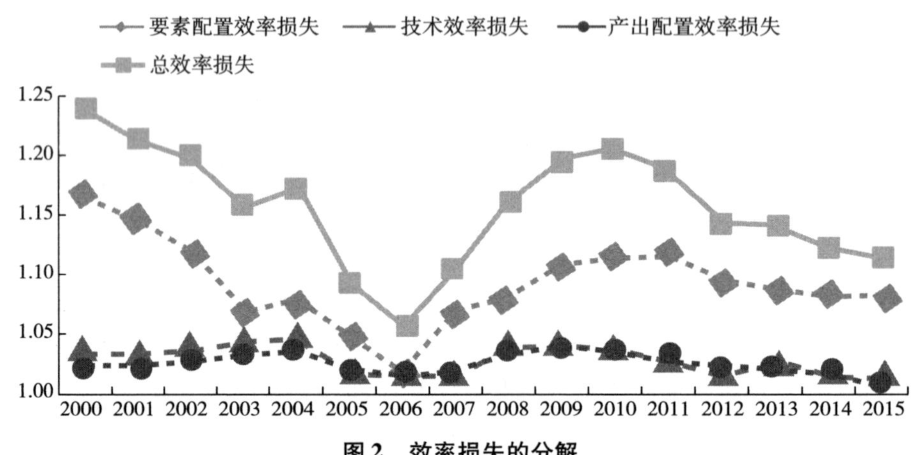


**图2　效率损失的分解**

由图2可见，从2000年到2006年，技术效率损失、产出配置效率损失以及要素配置效率损失都在下降。这表明，在这个时段，无论是技术效率、产出配置效率，还是要素配置效率都在得到改善。尤其是技术效率损失下降得非常显著，这说明生产状况在各省区之间的配置在不断改善，使得整个经济的产出效率有了很大改进。但是，在2006年之后，技术效率损失、产出配置效率损失以及要素配置效率损失又重新开始上升，这表明在这段时期内，技术效率、产出配置效率和要素配置效率都同时出现了下降。暂不考虑技术效率，只看两类配置效率。我们可以清晰地看到，产出配置效率损失和要素配置效率损失的拐点都出现在2006年，这和图1中显示的相对价格波动指数的拐点完全重合。上述发现有力地说明了正是市场整合性的下降导致了配置效率损失。需要说明的是，尽管与技术效率低下造成的损失相比，由配置效率低下造成的损失相对较小，但其在绝对数量上已是不容忽视。将产出缺口乘以历年规模以上工业企业的产出，就可以估计出市场分隔造成的规模以上工业企业的产出损失。①

---

① 目前，统计数据已经不再汇报工业企业的产值，只汇报主营业务收入。根据以前的数据，两者的值十分接近，因此在产值缺乏的年份中，我们用主营业务收入对其进行替代。

**表 1　由市场分隔造成的效率损失**

| 年份 | 损失值（亿元） | 占规模以上工业企业主营业务收入比重 | 占 GDP 比重 |
|---|---|---|---|
| 2000 | 1571. 28 | 6. 19% | 1. 57% |
| 2001 | 1635. 74 | 5. 77% | 1. 48% |
| 2002 | 2451. 58 | 7. 43% | 2. 01% |
| 2003 | 3425. 35 | 8. 16% | 2. 49% |
| 2004 | 4813. 7 | 8. 78% | 2. 97% |
| 2005 | 9908. 27 | 3. 94% | 5. 29% |
| 2006 | 11499. 78 | 3. 63% | 5. 24% |
| 2007 | 13891. 5 | 3. 43% | 5. 14% |
| 2008 | 39294. 26 | 7. 74% | 12. 30% |
| 2009 | 45881. 05 | 8. 37% | 13. 14% |
| 2010 | 55549. 82 | 7. 95% | 13. 45% |
| 2011 | 51415. 13 | 6. 09% | 10. 51% |
| 2012 | 38489. 4 | 4. 14% | 7. 12% |
| 2013 | 53149. 41 | 5. 16% | 8. 93% |
| 2014 | 40210. 74 | 3. 63% | 6. 24% |
| 2015 | 33535. 32 | 3. 02% | 4. 87% |

由表 1 可以看到，市场分隔造成的效率损失非常巨大。以 2009 年为例，其造成的产出缺口约为 45881. 05 亿元，大约相当于所有规模以上工业企业主营业务收入的 8. 37%，约相当于 GDP 总量的 13. 14%。

需要说明的是，以上估算只考虑了市场分隔对规模以上工业企业产值的影响，并没有考虑市场分割对其他产业、规模的影响。此外，以上估算假定了市场分割并不影响每个省内部的生产效率，这无疑会低估损失，因为市场分割也会影响创新，从而阻碍微观层面生产率的提升（徐宝昌、谢建国，2016）。因此综合来看，由市场分隔所带来的经济损失总量可能比目前估算的更大。

综上所述，地方政府出于本地利益而实施地方保护和区域封锁，这会对全国的经济效率造成巨大损害，最终也不利于本地的发展。这种为维护本地利益而损害全国利益的行为，其实是“囚徒困境”的一种体现，为了经济的发展，必须破解这一困境，打破地方保护，整合全国市场。

## 2. 行业垄断

### 2.1 行业垄断形成的原因及其特征

本文中提到的行业垄断，指的是“政府及其职能部门运用权力排斥、阻碍或阻止潜在竞争者进入特定市场或产业而形成的行政性障碍”，也就是纵向的行政性垄断（岳振宇、杨树龙，2005；王晓晔，1996；于华阳、于良春，2008）。

行业垄断的形成存在深刻的历史和现实原因。首先，计划经济的强大惯性是行业垄断形成的历史原因。改革开放前，我国长期实行高度集权的计划经济体制，虽然在改革开放之后，状况已发生了相当程度的改变，但计划经济的传统却为行业垄断的存续提供了现实基础。其次，国家战略的实施为行业垄断提供了理由。一种十分流行的观点认为，国有经济应该是国家战略的实施主体，例如提供公共服务、发展战略性产业、保护生态环境、支持科技进步、保障国家安全等任务，只有依靠国有经济才能圆满完成。因此，对于相关行业，政府就需要采取措施让国有经济保持对这些行业的垄断。再次，政府的经济管制理由也造成了某些行业的垄断。出于效率、外部性等因素的考虑，政府需要对一些行业进行管制。例如，自然资源采掘业等具有自然垄断性质的行业，以及医疗、金融等具有严重信息不对称问题的行业，都被认为是政府需要重点管制的行业。在现实中，政府往往借助管制理由，加强进入壁垒，从而造成了这些行业的垄断。

中国的行业垄断有着鲜明的特征，具体来说有如下表现（刘小玄，2017）：

一是通过政府设立的行业审批核准制造进入壁垒。直接通过法律授权进行垄断专营是实现行业垄断的最重要途径。目前，很多行业中都有对于行业准入的严格限制。企业在进入某个行业之前，必须首先进行投资批准，然后在国土资源、环境保护、城乡规划、行业管理部门、金融机构进行各类审批和核准。整个过程手续繁杂、过程冗长，这事实上造成了很高的进入门槛。

二是中国的行业垄断事实上是国有企业垄断。通过一系列的行业准入壁垒，以及政府对国有控股企业各种优惠政策的强力支持，结果就是国有企业在相关行业形成垄断。最终，国有企业得以控制行业的上游资源（例如石油、煤炭、化工等），产业链的终端（例如供电或汽车整车制造），高利税的行业（例如烟酒和盐业），以及那些为垄断专营部门提供装备的资本密集型重工业（具有稳定的产品销售优势和资本优势）。

三是在组织特征上，中国的行业垄断主要由国企来代表国家行使垄断权，具有政府授权和竞争豁免权。在垄断行业中通常存在几家大型国企，划分各自的势力范围，对该行业进行控制，从而完成对行业的垄断。

四是行业垄断往往和政府的产业政策彼此交织。行业垄断不仅与较宏观层面的产业政策相关，也与某些具体的产业政策细则密切相关，后者表现为各种优惠补贴政策，例如对高新技术企业投资或产品的直接财政补贴，对亏损国企的免息贷款补贴，对招商引资的土地优惠补贴，对宏观经济刺激的投资补贴，诸如此类扭曲要素市场价格的产业政策，是导致不公平竞争或行业垄断的重要原因。在这个意义上，行业垄断往往是政府推行其产业政策的产物。

## 2.2 对于行业垄断程度的测量

关于行业垄断程度的测算，目前学界并没有统一的看法。根据刘小玄（2016），政府对某些行业设置壁垒阻碍企业自由进入的一个必然后果是这些行业出现国有企业垄断。根据这一思路，某行业的行业壁垒高低应该是和该行业的国有企业所占比例成正比的，因此我们就可以用行业中国企比例的高低来测度行业垄断程度。需要指出的是，刻画国有企业比重可以有多个不同维度，企业数量比重（$x_1$）、资本比重（$x_2$）、销售额比重（$x_3$）、销售成本比重（$x_4$）等指标都可以在某个侧面反映国有企业在某产业中所占的比重。这五个指标之间会有一定的相关性，但也有一些出入。为了综合刻画国有企业的比重，我们采用了主成分分析法（Principal Component Analysis）构建了一个综合指标 $F = 0.463x_1 + 0.506x_2 + 0.514x_3 + 0.514x_4$。采用这一指标，我们计算了从 2000 年到 2015 年所有制造业两位数子行业的垄断程度。为了直观看到整个制造业垄断状况的总体变化，我们按照各行业的产值进行加权，计算了工业垄断指数，并在图 4 中给出了相应的结果。可以看到，从整体上看工业的垄断程度是在下降的。但是，从 2008 年开始，这种趋势出现了放缓，在

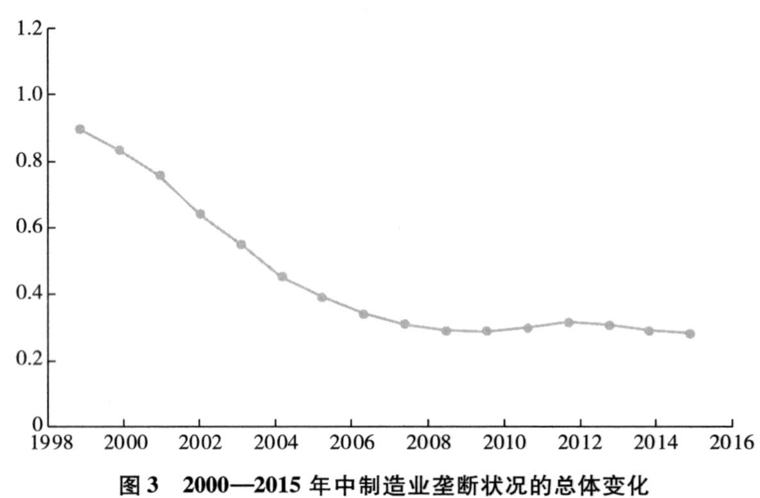


**图 3　2000—2015 年中制造业垄断状况的总体变化**

某些年份甚至出现了反复。

我们可以进一步对比各个行业的垄断程度变化状况。由图 3 和图 4 可以看到，尽管从绝对程度上看，所有行业的垄断程度都出现了下降；但是从相对程度上看，各行业垄断程度的对比变化不大。在 2000 年位列垄断程度最高的十个行业，除了“木材及竹材采运业”、“黑色金属冶炼及压延加工业”以及“交通运输设备制造业”外，其余七个行业在 2015 年仍然是垄断程度最高的。① 这些高垄断的行业，主要集中在公共服务行业（如电力蒸汽热水生产供应业、自来水的生产和供应业），战略行业（如航空航天和其他运输设备制造业），以及资源行业（如煤炭采选业）。除此之外，一些利润较高、产值较大的行业（如烟草行业），也具有明显的行业垄断性质。

### 2.3　对行业垄断造成的福利损失的估计

当企业在市场上处于垄断地位时，可以选择低于社会最优水平的产量，并指定高于边际成本的价格。通过这一过程，企业可以把部分消费者剩余转变为自身利润，与此同时还会产生一部分净福利损失。如图 6，在这个图中，三角形 ABD 就可以用来刻画这一损失。哈伯格（Harberger，1954）最早采用这种方法测算了垄断的损失值，因此在文献中这种测算方法被称为“哈伯格三角

① 其中，“交通运输设备制造业”是由于被拆分成了“铁路、船舶、航空航天和其他运输设备制造业”和“汽车制造业”来进行统计。

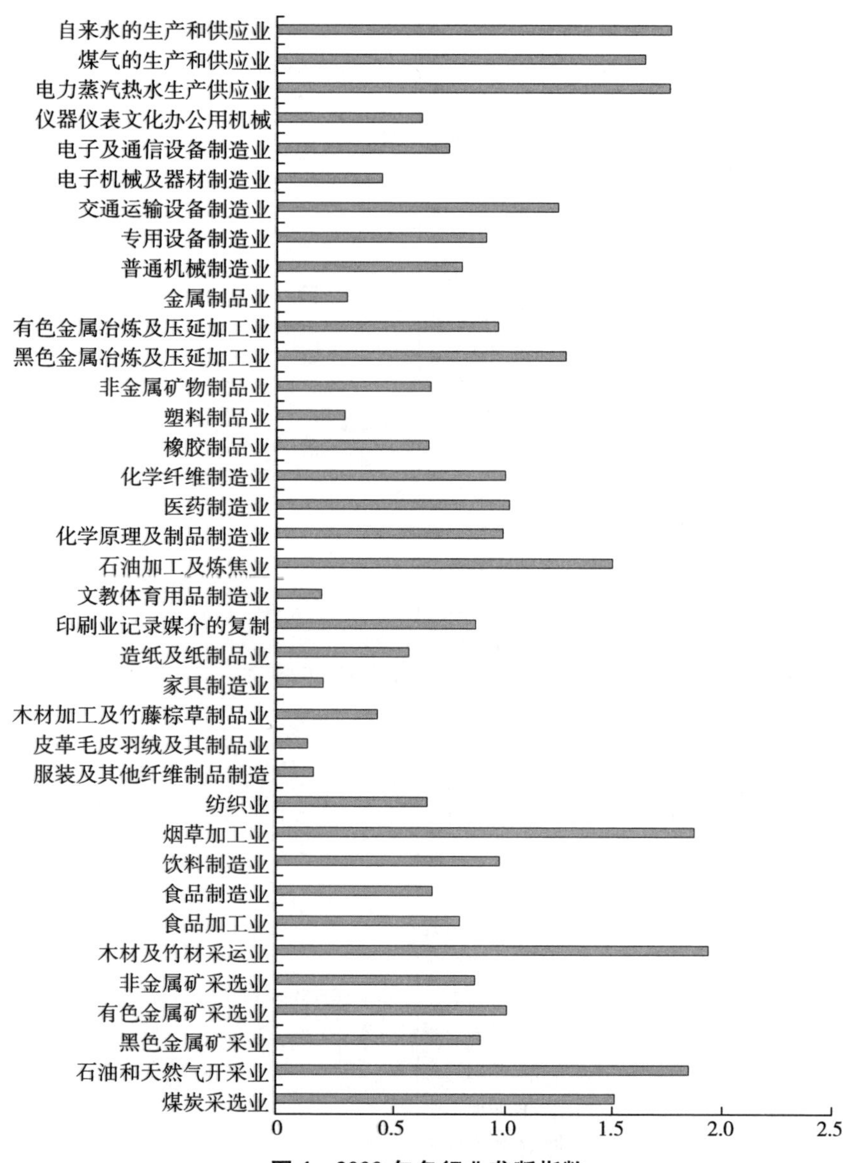


**图 4　2000 年各行业垄断指数**

法”。后来，迪克西特（Dixit，1982）、达斯金（Daskin，1991）等人指出，哈伯格三角法低估了垄断的损失。事实上，当一个产业存在着进入壁垒，新的企业不能自由进入，竞争就不充分，这时一些低效率、高成本的企业就可能在市场上存活。因此，在他们看来，垄断造成的福利损失应该包括由企业成本不

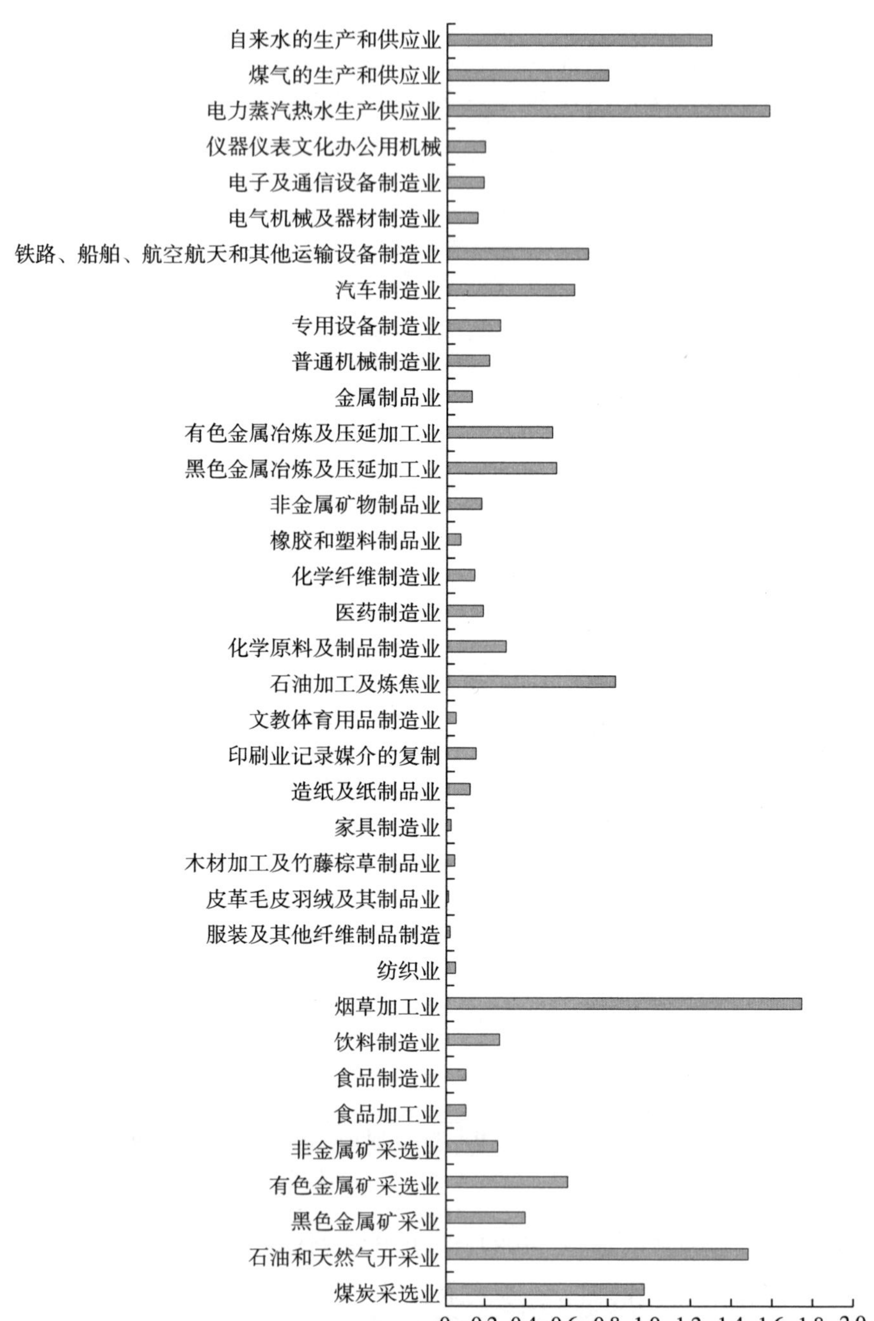


**图 5 2015 年各行业垄断指数**

同带来的损失，体现在图形上，完整的损失就应该是多边形 AFD。①

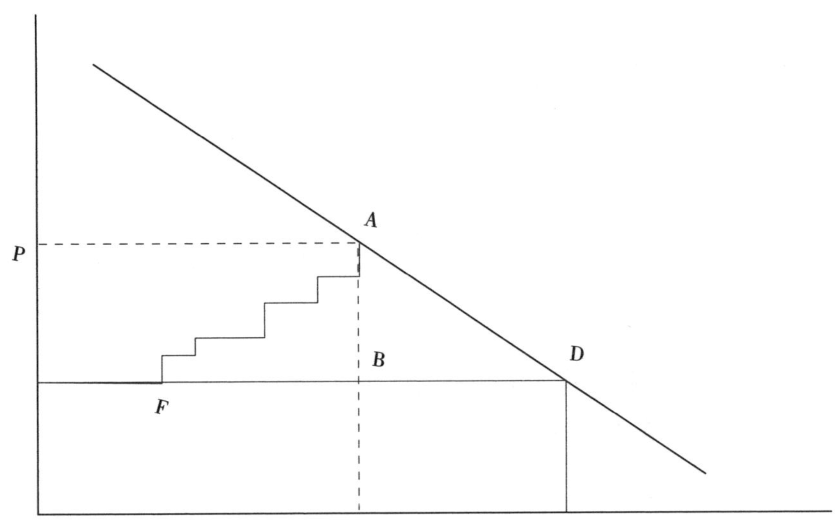


**图 6　迪克西特—达斯金方法图示**

采用如上思路，我们计算了由行业垄断所导致的规模以上工业企业的产值损失。由于这一方法需要用企业微观数据进行辅助计算，而我们的微观数据截止到 2012 年，因此在图 7 中，我们只给出了 2000—2012 年的计算结果。不难看到，在 2007 年前，损失占 GDP 的比重是逐年增加的，此后则呈现下降趋势。总体来说，在我们所考察的时间段内，垄断损失在 GDP 中所占的比例是相当可观的，年均达到了 18. 1%。以 2012 年为例，当年由垄断造成的损失高达 97266. 06 亿元，大约相当于 GDP 的 18%，其规模可见一斑。

需要说明的是，上面我们计算的实际上是由市场势力（market power）造成的损失。但并不是所有的市场势力都是由于行业垄断带来的，因此上述估计可能高估了行业垄断造成的危害。考虑到这些，我们剔除了竞争较为充分的行业，只保留了公共服务行业、矿产开采和加工业、石化行业、自然垄断行业以及烟草加工等明显具有行政垄断特性的行业来计算这些行业的损失值。在图 8 中我们给出了相关结论。结果发现，即使只考虑以上行业，行业垄断造成的损失依然十分巨大，从 2000 年到 2012 年，损失在 GDP 中所占的比例平均仍高

① 具体的计算方法，参见 Dixit（1982）和 Daskin（1991）的原文。在附录 3 中，我们也给出了说明。

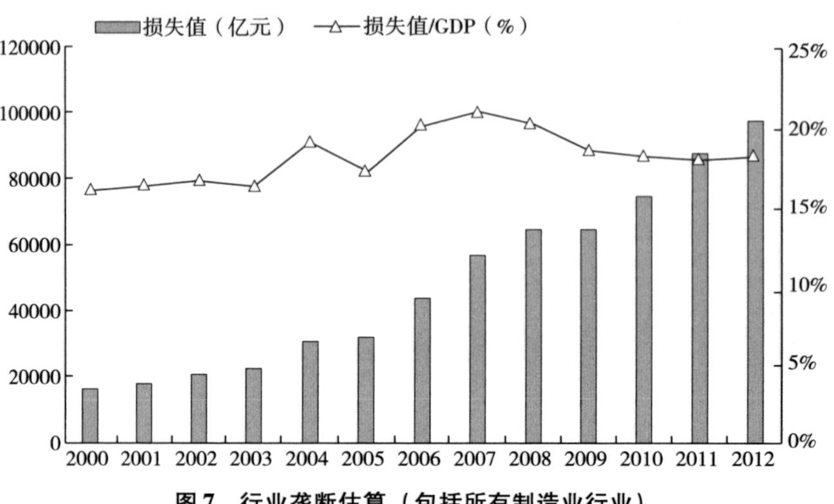


**图 7　行业垄断估算（包括所有制造业行业）**

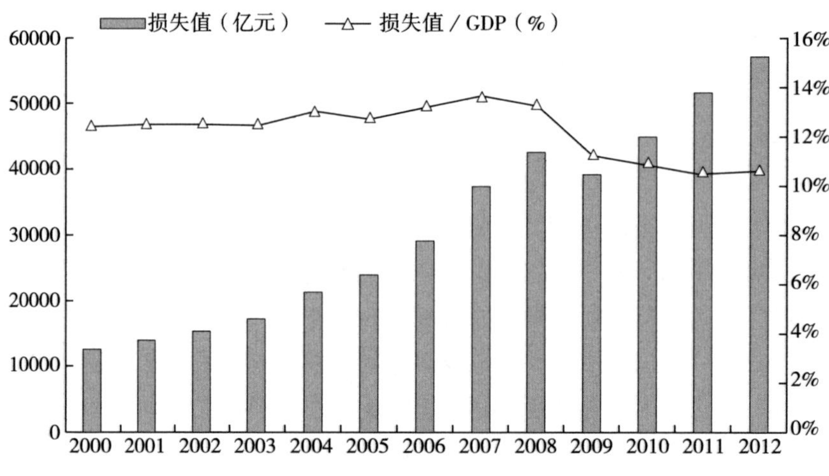


**图 8　行业垄断估算（只包括部分行业）**

达 12.26%。

我们还可以对由行业垄断造成的损失进行更为微观的分析。在图 9 中，我们给出了 2012 年制造业各两位数行业的损失值，以及它们在本行业的产值中所占的比例。可以看到，从损失值在产值中所占的比例看，排名前三的行业分别是烟草加工业、石油和天然气开采业、石油加工及炼焦业，这也恰恰是我们计算出的垄断指数最高的行业。

另外值得一提的是，这里我们计算的只是行业垄断造成的直接损失。事实

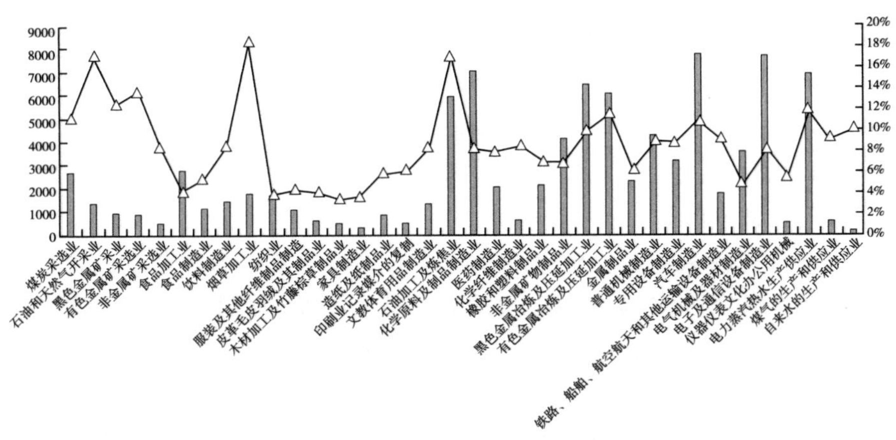


**图9　2012 年各行业的行业垄断损失**

上，行业垄断造成的问题还有很多。例如，它可能会造成寻租（巫永平、吴德荣，2010），会带来垄断行业的收入过高，从而影响社会平等（叶林祥等，2011；岳希明等，2010），还会阻碍创新。对于这些成本，我们不再进行专门考察，感兴趣的读者可以参考相关文献。

## 3. 产业政策

### 3.1　产业政策的定义和分类

在探讨公平竞争问题时，一个难以回避的话题就是产业政策。事实上，我们前面所讨论的行业垄断问题和市场分割问题，在很多时候都是由不合理的产业政策引发的。

关于什么是产业政策，学术界一直缺乏统一、规范的定义。但大体来说，可以从广义和狭义两个层面对这一概念进行理解。广义上，产业政策可以包括影响一国产业发展或竞争力的任何政策（Beath，2002；Robinson，2009）；而狭义上，产业政策则专指“政府为了实现某种经济和社会目标而制定的有特定指向的政策的总和”（江小涓，1995）。

根据性质的不同，我们可以把产业政策分为两类：纵向产业政策（也称为选择性产业政策）和横向产业政策（也称为功能性产业政策）（Warwick，2013；吴敬琏，2016）。

纵向产业政策主要是由政府挑选产业进行直接干预。根据其作用对象，又可以将其进一步分为战略性政策和防御性政策。所谓战略性政策，通常也被称为“挑选赢家”（pick the winner）的政策，是指政府主动挑选某些产业（新兴产业或优势产业），并利用各种政策手段对其进行扶持。而所谓防御性政策，则是指政府针对处于长期停滞或衰退中的产业，帮助它们有序地退出市场，以减少社会震荡。

与纵向产业政策不同，横向产业政策的目标主要是为产业发展提供宽松的制度环境，或“框架性条件”（framework）。例如，维护稳定的宏观经济环境，保持生产要素的高度流动性和要素市场的良性运作等。横向产业政策并不意味着它没有一定的产业指向。事实上，它也可能针对特定产业来实施，例如制定特定产业的投资政策、特定生产技能政策以及为特定部门提供咨询等。

### 3.2 中国产业政策的特征

中国的产业政策是在20世纪80年代中后期引进，90年代初开始推行的。当时，中国主要借鉴了日本五六十年代的经验，采取了“纵向产业政策”。①不得不说，在当时的条件下，采取这样的产业政策具有一定的现实性。当时，中国经济的计划色彩还很浓厚，绝大部分企业是国有企业，民营力量还很薄弱，相关的财政、税收、金融等领域的市场化改革都还没有启动。在这种背景下，产业政策能保证政府在对资源配置持有主导权的前提下逐步推进市场化进程，是当时最为现实的一种选择。此外，从80年代中期开始，中国进入了经济赶超期，而产业政策的推行也契合了赶超的目标。

时至今日，尽管我国的市场化水平已经有了很大提高，非公有经济已经成为整个国民经济的重要组成部分，但由于“路径依赖”，早期产业政策的很多特征仍然被保留了下来。具体来说，这些特征主要体现在如下方面：

第一，政府采用行政手段直接干预市场的现象十分常见。

---

① 需要说明的是，日本在不同时期采取的产业政策有很大不同。在20世纪五六十年代，日本推行的主要是“纵向产业政策”。这一时期，日本提出了“产业立国”的政策目标。为了达成这一目标，日本政府对钢铁、化工等数个产业进行了重点扶持，并大力推动这些产业的兼并重组。而在70年代之后，日本逐渐放弃了“纵向产业政策”，转而采取“横向产业政策”，政府的角色从挑选并扶持主导产业转向了对技术知识的补贴和对衰退产业的调整援助。关于日本产业政策的更多介绍，可以参见小宫隆太郎等（1988）。

虽然中国的产业政策也强调对市场机制的利用，但由于计划经济的强大惯性、国家干预主义的影响，以及部门利益和寻租动机等原因，它更多地表现为政府利用行政手段对市场的直接干预。目前，产业政策几乎覆盖国民经济的所有大类行业，针对单个行业的产业政策数量还在不断增加，政策内容仍在细化，政策措施亦不断具体化。

第二，产业政策的选择性非常明显。

中国产业政策的选择性表现在两个层面上：第一个层面是对特定行业的扶持或限制。这主要是由政府通过判断，选择某些行业作为重点行业进行扶持，选择某些落后行业进行限制、淘汰。第二个层面是对于产业内特定产品、技术和工艺的选择。政府对于各个行业的准入文件，不仅规定了能耗、资源综合利用和排放的准则，还对工艺、技术以及规模有严格的限制。这些异常具体的标准，在很大程度上已经使得政府超越了其应有的指导性角色，成了代替企业选择的决策者。

第三，保护和扶持在位的大型企业（尤其是中央企业），限制中小企业对在位大企业市场地位的挑战和竞争。

在不少决策者看来，规模经济具有很强的效率优势，因此做大做强企业、让企业充分发挥规模优势，具有先天的合理性。为了达到这一目标，他们十分乐于通过产业政策打造一批巨型企业、龙头企业，例如制定有利于在位大型企业的行业发展规划、实施有利于大型企业发展和限制中小企业发展的项目审批或核准条件等。应当看到，虽然这种对于大型企业的偏向性扶持可以发挥企业的规模优势，但同时也人为造成了行业垄断，抑制了竞争，因此反而会带来经济效率的损失。①

第四，产业政策还成了地方政府实现地方保护的工具。

由于我国特殊的政府架构形式，地区之间的经济竞争十分激烈。为了赢得竞争，产业政策就成了地方政府手中的武器。地方政府的产业政策可以有很多形式：其一，地方政府可以通过减免税收、廉价土地供应等优惠措施，支持特定产业的发展。例如前几年，不少地方纷纷以很大的政策扶持力度支持光伏产业，这很快就造成了产能过剩。其二，地方政府可以通过

---

① 在思想史上，马歇尔早就提出过规模和竞争两种效应的冲突，因此思想史上将这种冲突称为“马歇尔两难”。

制造市场壁垒来扶持本地企业。例如，一些地方根据本地企业产品，量身定制本地的新能源汽车目录，将本地不能生产的车型拒之门外。其三，一些地方还实施以投资换市场的政策，逼迫企业重复投资。例如一些城市要求进入本地的出租车、电动大巴、地铁车辆，需要在本地建厂。事实上，我们前面说到的市场分割问题，在很大程度上就是由于地方政府滥用产业政策造成的。

### 3.3 对中国产业政策效果的评价

我们认为，对产业政策的评价应该从两个层面进行：一是产业政策是否达到了其本身的政策目标；二是产业政策是否产生了其他意料之外的成本，需要从总体上评估成本收益状况。

先看第一个层面。尽管从各类公开的官方文件上看，产业政策总被描述为达到了其目标。但是通过梳理已有研究、分析相关案例以及实地调研，我们发现，目前的产业政策经常达不到自身预设的政策目标。

其一，政府对于某些行业的倾斜性扶持，事实上并没有真正起到促进产业增长的作用。国家对某个产业的倾斜性扶持，可以表现为对这个产业予以更多的固定资产投资和更多的研发资金投入。根据这一思路，我们可以用两种要素投入的倾向性来衡量产业政策的偏向，并利用这一指标来考察产业政策的作用。

在图 10 中，我们给出了 2000—2015 年间各制造业两位数行业的政府固定资产投资和政府科研投入的倾斜性指数，以及各产业总产值的年均增长率。从直观上看，政府扶持的行业具有一定的选择性，都是规模较大、产值较高的行业。

在图 11 和图 12 中，我们还画出了两类倾斜性与产业总产值的年均增长率之间的关系。可以十分直观地看到，两种倾斜性指标都和增长率明显负相关。这说明，政府对于这些产业的重点扶持，不仅没能起到加快这个产业增长的目的，反而在一定程度上限制了这些产业的发展。

其二，政府在汽车、钢铁、石化等重要行业实施严格的投资审批、核准政策及市场准入政策，具有限制竞争、扶大限小的特征，对行业效率的提升产生了显著的负面影响。

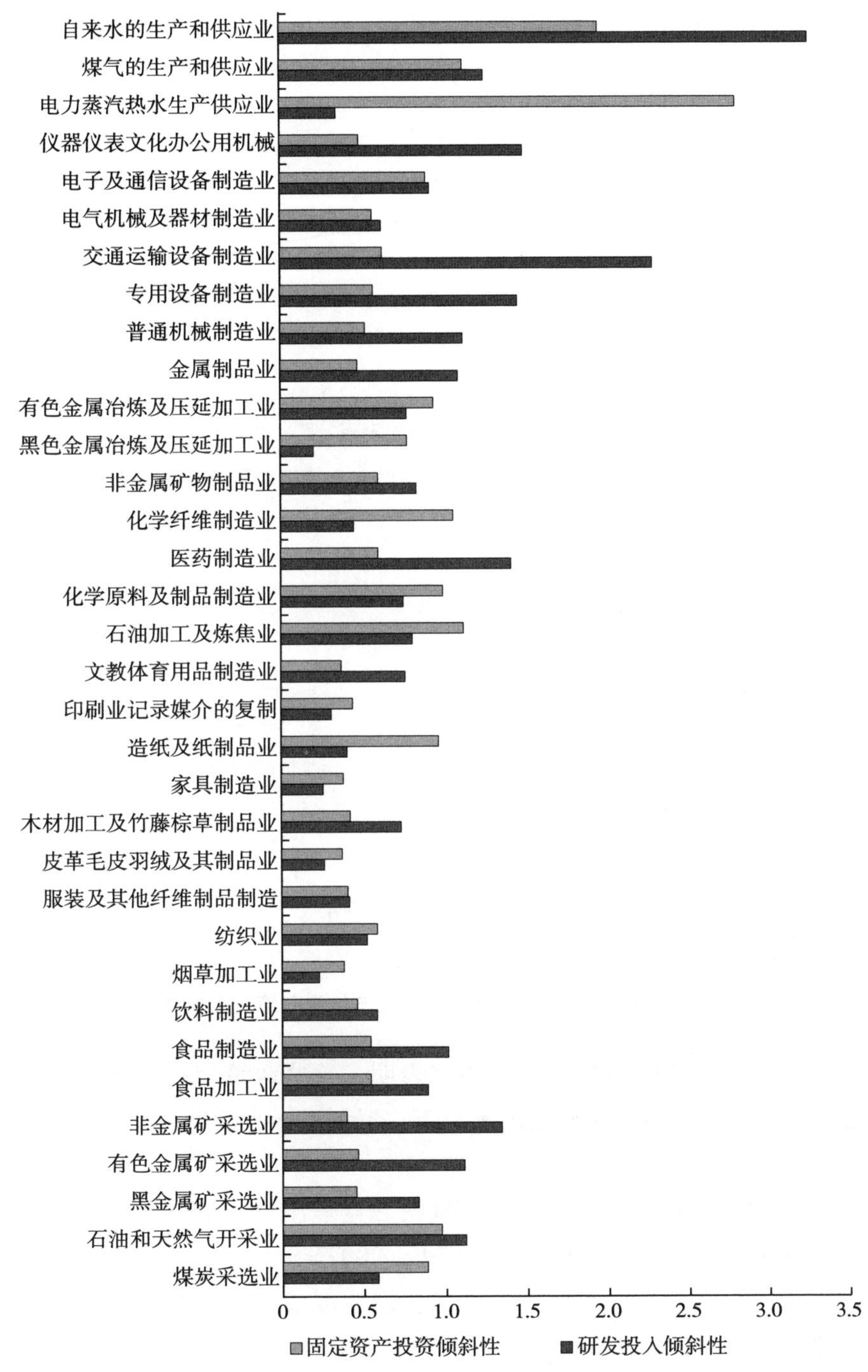


**图 10　各制造业两位数行业的投入倾斜性指数**

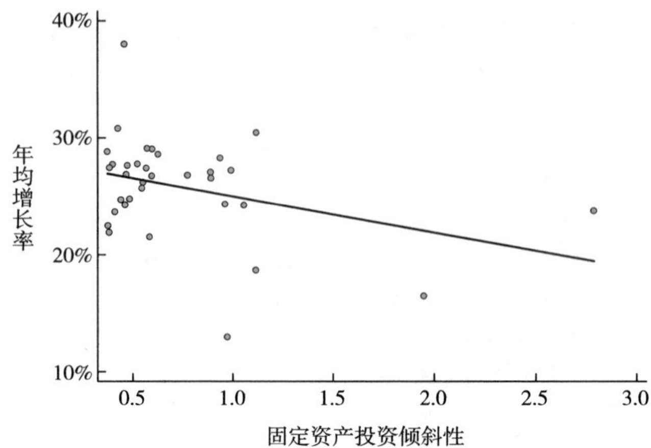


**图 11　政府固定资产投资倾斜性和产业年均增长率之间的关系**

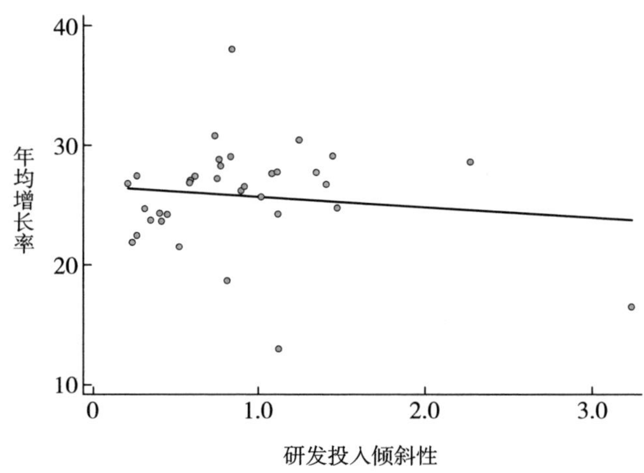


**图 12　政府研发投入倾斜性和产业年均增长率之间的关系**

采用工业企业微观数据的实证研究表明，这些政策使得汽车、石化、钢铁、船舶等行业中优胜劣汰机制严重受阻，不利于行业效率的改进，这表现在以下三个方面：

（1）在位大企业由于受政策扶持且缺乏竞争压力，生产效率偏低且改进缓慢，但市场份额却不断扩大（焦国华等，2007）。

（2）一些具有较高生产效率且效率改进速度较快的中小企业或新进入企业，受政策限制却难以进一步成长和扩大市场份额。

（3）由于市场竞争受限，一些低效率的企业长期存活在市场中，不能被淘汰出市场，从而阻碍了产业的配置效率（李平等，2012）。此外，不必要的投资审批和核准（除生态环境保护之外）还阻碍了企业对市场需求增长和结构变动做出迅速反应，给企业经营以及产品结构调整带来困难，也带来设租、寻租等一系列问题，进一步降低行业整体效率。

其三，目录指导成为政策部门以自身的判断和选择来代替市场机制的工具，导致不良政策效果。

政府的目录指导，实质上是政策部门从各个行业中挑选出需要重点发展的先进技术、工艺和产品进行扶植，并挑选出落后的技术、工艺和产品进行限制和淘汰。这需要政策部门对上百个细分行业中众多技术、工艺和产品的前景、经济性与市场进行准确的判断和预测，而这是一项政策部门根本不可能完成的工作。

其四，片面强调市场集中度、企业规模，导致大量低效率重组行为。

中国在钢铁、汽车、有色金属、装备制造等重要行业实施的产业组织政策及促进兼并重组政策，均将提高市场集中度和打造大规模企业作为最重要的政策目标，从政策诸多方面扶持大企业并限制小企业。这种政策模式将市场结构与市场绩效简单对应，忽略了市场竞争过程作为一个筛选机制和发现过程的作用，从而大大降低了配置效率。

其五，政府对于技术创新进行了大力扶持，但是收效并不明显。

在每个五年规划中，政府都会划定一些重点扶持产业，为帮助这些产业进行创新，政府会通过补贴、税收减免以及其他优惠方式来进行支持。但是，不少研究结果显示，这种扶持事实上很难真正激发企业的创新行为（孟庆玺等人，2016）。相反，过多的补贴只会导致弄虚作假，鼓励企业骗取补贴的行为发生（周亚虹等，2015；黎文靖、郑曼妮，2016）。

再看第二个层面。产业政策除了未必能达到自身的政策目标之外，还可能产生一些其他成本。具体来说，这些成本包括如下几个方面：

第一，采取广泛干预微观经济的产业政策，带来较为严重的寻租和腐败行为，加剧收入分配的不平衡，并降低整体经济体系的活力。① 对微观经济的广泛干预，极大地扩大了行政力量配置资源的能力和手段，强化了中国寻租活动

① 俞静（2006）指出，产业政策本身就是一个政府设租、寻租，并重新分配租金的过程。

的制度基础，寻租规模亦不断扩大，腐败现象更加严重。

规模巨大的租金总量显著加剧了中国社会的贫富差距①，大量租金的存在还扭曲了企业的行为，诱导企业经营者将更多的精力配置于寻租活动，相应地减少了适应市场、降低成本、提高产品质量、开发新产品等方面的努力，进而降低了整体经济体系的微观活力。

第二，以干预微观经济的方式治理产能过剩存在根本缺陷，并会带来不良政策效应。

长期以来，我国政策部门采用干预微观经济的方式治理产能过剩，但这种政策模式的成功需要政策部门能够对未来市场做出准确的预测和判断，而这一点恰恰是最让人质疑的。以钢铁业为例，从 20 世纪 90 年代至今，许多政策文件对钢铁工业产品市场的预测均与实际情况存在巨大差异，如果这些政策中的控制目标真的实现，无疑将会出现严重的供不应求。而钢铁供给的大规模起伏，导致了价格的巨大波动，从而对市场造成巨大干扰。②

第三，战略性新兴产业的产业政策在实施中过于注重补贴生产企业，导致部分新兴产业过度投资，并频繁遭遇国外反补贴调查和制裁。

近年来，战略性新兴产业是政策扶持的重点，对于新兴产业企业的财政支持和税收优惠则是重中之重，地方政府更是采取低价供地、直接提供财政补贴等方式大力推动战略性新兴产业发展。

然而，这种过于注重补贴生产企业的措施，直接导致一些新兴行业（如

---

① 就我们所知，对于全社会范围内产业政策造成的租金规模，仍然缺乏严格的估算。但有研究对部分产业的租金状况进行了估算。例如，天则经济研究所的一份报告显示，从 2003 年至 2010 年，电信业平均每年产生 313 亿元的租金，食盐业平均每年产生 177 亿元的租金。见天则经济研究所课题组（2012）。

② 以 2016 年为例。2016 年 2 月，国务院印发了《关于钢铁业化解过剩产能实现脱困发展的意见》，对钢铁产业化解产能的方向进行了部署，各部委随后推出了配套政策。在政策的全力推动下，2016 年钢铁行业完成装备封存、拆除的炼铁、炼钢产能分别为 4628.93 万吨和 9748.55 万吨。不过，在产能急剧下降的同时，钢铁产业的总产值和价格却出现了双双上涨。据国家统计局公布的数据，2016 年全国粗钢产量 80837 万吨，同比增长 1.2%，而年底的钢材价格要比年初上升 50% 以上。究其原因，是上半年对产能压缩过猛，导致了市场上钢铁供不应求，从而抬升了价格，而高企的钢价则吸引广大钢铁企业积极增加生产，最终导致了量价齐涨的现象。

风电设备、多晶硅等）出现比较严重的产能过剩①，并导致太阳能电池板、风电设备等产品相继在欧美市场遭遇“双反”调查。更为重要的是，对生产企业和生产环节提供大量补贴还会诱发企业的寻租行为，而不是把更多的投入放在研究开发和技术工艺的改造升级上。此外，这也会使得新兴行业中企业在国际竞争中更依赖以政府补贴和低污染排放标准所带来的所谓低成本竞争力。

当然，这里我们提到的产业政策主要是以政府行政力量主导的、带有强烈选择性的、纵向的产业政策。而对于横向的产业政策，其正面作用是不可忽视的。事实上，已经有很多研究说明了这类产业政策所带来的正面效应。例如，阿吉翁等人（Aghion et al.，2012）的一项研究发现：当政府利用产业政策将资源吸引到竞争性更强的部门时，可以让经济中的配置效率和生产率得到显著提升，经济的产出也会相应提高。这说明，如果政策的指向是鼓励而非抑制竞争，那么产业政策依然是可以奏效的。从这个角度看，问题的关键并不是讨论是否需要产业政策，而是讨论应该采取怎样的产业政策。

## 4. 小结

本文分析了造成市场扭曲的三类问题——市场分隔、行业垄断和产业政策，并测算了它们的影响。我们看到，尽管我国的市场体制已有了较大发展，但是这三个问题的影响依然严重。平均来看，市场分隔造成的损失占到了每年GDP的6.42%，而行业垄断造成的损失则占到了每年GDP的18%，这两个数字是十分可观的。而无论是市场分隔还是行业垄断，其背后都受到了产业政策的影响，事实上，形成市场分隔的一个重要原因是地方政府利用产业政策来保护本地利益，而行业垄断的形成很大程度上也是政府为了推行国家战略，或者为了达成管制目的而实施产业政策的结果。但遗憾的是，这些以牺牲竞争为代价的产业政策往往并不能达到自身的目的——它们并没有成功扶持目标性的行业，而且还会造成很多意外的成本。因此，为了真正建立公平竞争的市场环境，就必须纠正以上这些扭曲。

① 2009—2011年是全球光伏市场尤其是欧洲光伏市场的活跃期。受全球市场活跃的影响，我国支持光伏产业的政策力度也不断加大，光伏企业的数量和光伏产能不断增加。根据中国光伏协会2015年年度报告的数据，2011年我国光伏企业为262家，而2012年则降至112家。即便如此，2012年我国建成的光伏组件产能也达45GW，是2009年的700%。在市场突然放缓的情况下，产能过剩问题集中爆发，产品价格大幅下滑，产能利用率严重不足，企业生产经营困难。

当然，纠正以上扭曲并不是一蹴而就的，它不仅需要改变大量现行的政策，还要对一些根本性的体制进行变革。从改革的可行性考虑，我们认为应该先从解决增量问题出发，然后逐步解决存量问题。

从解决增量问题看，最重要的是要妥善落实《公平竞争审查制度》，确保新的政策的公平性。2016 年 6 月 14 日，国务院发布《关于在市场体系建设中建立公平竞争审查制度的意见》，要求建立公平竞争审查制度，以规范政府有关行为，防止出台排除、限制竞争的政策措施，逐步清理废除妨碍全国统一市场和公平竞争的规定和做法。这无疑是推进公平竞争的市场建设过程中的重要一步。如果可以用好这一制度，就可以保证新出台的政策总体上是促进竞争的。随着政策增量部分的比例逐渐扩大，根除存量反竞争政策的难度也会逐步降低。目前，全国各地正在逐步出台落实《公平竞争审查制度》的细则，完全落实这一制度还有待时间。从政府的角度看，应该加强监督，督促这一制度的落实。

要解决存量问题，除了要利用《公平竞争审查制度》来对已有的政策进行审查外，还需要对利益格局进行调整，对一些理念进行突破。

第一，必须对造成市场分隔的根本原因进行应对。如前所述，目前我国的市场分隔主要是由地区的财政利益，以及官员的晋升供给引起的。针对这一问题，我们首先要改革我国的财政体制，利用税收和转移支付让各地的收支更为平衡。其次，应当对我国的官员考核体制进行变革，在评价官员政绩时，不再是唯 GDP 论，并且要将区域合作、区域贸易作为考核的一个标准。如果能做到这几点，就可以较好地根除地方保护和区域封锁。

第二，可以从产能过剩行业入手，逐步开放竞争、打破垄断。要打破行业垄断并非易事。这不仅涉及对法律的修改，还会牵扯到很多的利益，其阻力是可想而知的，比较可行的一个方法是先在一些产能过剩的行业实现突破。目前，很多垄断较为严重的行业存在着产能过剩问题，存在着倒逼改革的契机。可以考虑利用“去产能”的机会，处理一些低绩效的国有垄断企业，同时放开市场，让绩效更好的民营企业进入。如果能够实现比较好的成效，就可以对其他行业形成良好的示范带头作用。

第三，应当推进国有企业的改革进程，让国有企业和非国有企业成为平等竞争的主体。保护国有企业的利益，是造成市场分隔和行业垄断的重要原因。因此要彻底治理市场分隔和行业垄断问题，就必须对国有企业实施根本性的改革。一方面，应当积极推进对国有企业的混合所有制改革，在国有控股和参股的公司中建立起有效的公司治理结构；另一方面，国家应当停止一贯的直接管企业、管资产的国有企业管理模式，改为以资本监管为主、不再过多干预国有企业经营的管理模式。只有如此，国有企业才有可能真正转变为一个纯粹的市场参与者，公平地参与市场竞争。

第四，应当对产业政策进行全面反思，逐渐从纵向产业政策转向横向产业政策。实践已经证明，纵向产业政策的绩效乏善可陈，它往往并不能达成原有的目标，反而会阻碍竞争，造成严重的资源错配。对此我们应当改变观念，将干预市场、驾驭市场的理念转变为支持市场、扩展市场的理念，并将现有的以纵向为主的产业政策体系转变为以横向为主的产业政策体系。如果能做到这一点，那么就能在相当程度上减少市场分隔和行业垄断现象，从而较大地改进我国的资源配置效率，让我国的经济效率得到较大提升。

总之，建设公平竞争的市场是一项艰难的改革，既需要平衡各方面利益（部门利益、地方利益），更需要改变政府官员的反竞争思维。

## 参考文献

Aghion, P., Dewatripont, M., Du, L., Harrison, A., Legros, P., Industrial Policy and Competition, *American Economic Journal: Macroeconomics*, 7 (4), 1 –32.

Beath, J., 2002, UK Industrial Policy: Old Tunes on New Instruments? *Oxford Review of Economic Policy*, 18 (2), 221 –239.

Chen, Y., Hu, M., Szulga, R., The Tyranny of Numbers Revisited and the Case of China's Manufacturing Growth: Factor Allocation, Structural Adjustment and Productivity Dynamics. *Issues & Studies*, 2014, 50, 77 –109.

Chen Y., Hu W., Szulga R., Xue, Bo., 2016, Cultural Differences and Interprovincial Trade in China: Effect of Surname Distance and Its Mechanisms. *Pacific Economic Review*, Forthcoming.

Chang, H., 1994, *The Political Economy of Industrial Policy*, St. Martin's Press.

Cowling, K., and Mueller, D., 1978, The Social Cost of Monopoly Power, *Economic Journal*, 88 (352), 727 –748.

Daskin, A., 1991, Deadweight Loss in Oligopoly: A New Approach, *Southern Economic Journal*, 58 (1), 171 –185.

Dixit, A., and Stern, N., 1982, Oligopoly and Welfare, A Unified Presentation with Applications to Trade and Development, *European Economic Review*, 19 (1), 123 –143.

Foreman-Peck, J., and Frederico, G., 1999, *European Industrial Policy: The Twentieth-*

*Century Experience*, Oxford University Press.

Graham, H., 1986, *European Industrial Policy*, Croom Helm.

Geroski, P., 1989, European Industrial Policy and Industrial Policy in Europe, *Oxford Review of Economic Policy*, 5 (2), 20 – 36.

Harberger, A., 1954, Monopoly and Resource Allocation, *American Economic Review*, 44 (2), 77 – 87.

Johnson, C., 1984, *The Industrial Policy Debate*, Institute for Contemporary Studies.

Krugman, P., and Obstfeld, M., 2005, *International Economics: Theory and Policy*, Addison-Wesley.

Montinola G., Qian Y., Weingast B., 1995, Federalism, Chinese Style: The Political Basis for Economic Success in China. *World Politics*, 48 (1), 50 – 81.

OECD, 1975, *Objectives and Instruments of Industrial Policy: A Comparative Study*, Pairs.

Parsley, D., and Wei, S., 2001, Limiting Currency Volatility to Stimulate Goods Market Integration: A Price Based Approach, *NBER Working Paper*, No. 8468.

Price, C., 1981, *Industrial Policies in the European Community*, London: Macmillan.

Robinson, J., 2009, Industrial Policy and Development: A Political Economy Perspective, paper prepared for the 2009 World Bank ABCED conference in Seoul June 22 – 24.

Rodrik, D., 2004, Industrial Policy for the Twenty-First Century, *KSG Working Paper*, No. RWP04 – 047, Harvard University.

Qian, Y., and Xu, C., 1993, Why China's Economic Reforms Differ: the M-form Hierarchy and Entry/Expansion of the Non-state Sector, *Economics of Transition*, 1 (2), 135 – 170.

Sharp, M., 1998, What is Industrial Policy and Why is It Necessary? Paper Prepared for TSER Project on Science, Technology and Broad Industrial Policy.

Tyson, T., and Zysman, J., 1984, American Industry in International Competition: Government Policies and Corporate Strategies, *California Management Review*, 25 (3), 27 – 52.

Warwick, K., 2013, Beyond Industrial Policy: Emerging Issues and New Trends, *OECD Science, Technology, and Industry Policy Papers*, No. 2.

Wachter, W., and Wachter, S., 1981, *Toward a New U. S. Industrial Policy*? Philadelphia: University of Pennsylvanian Press.

Xu, C., 2011, The Fundamental Institutions of China's Reforms and Development, *Journal of Economic Literature*, 49 (4), 1076 – 1151.

陈清泰，2016，《对我国产业政策的反思与改革》，《比较》第6辑。

陈永伟，2016，《文化差异对省际贸易的影响及其作用机制研究—基于姓氏距离的考察》，《经济学报》第3期。

江飞涛、李晓萍，2010，《直接干预市场与限制竞争：中国产业政策的取向与根本缺陷》，《中国工业经济》第9期。

江飞涛、李晓萍，2015，《当前中国产业政策转型的基本逻辑》，《南京大学学报（哲学人文社会科学版)》第3期。

江小涓，1995,《经济转轨时期的产业政策：对中国经验的实证分析与前景展望》，上海三联出版社。

焦国华、江飞涛、陈舸，2007,《中国钢铁企业的相对效率与规模效率》,《中国工业经济》第10期。

黎文靖、郑曼妮，2016,《实质性创新还是策略性创新—宏观产业政策对微观企业创新的影响》,《经济研究》第4期。

刘鹤、杨伟民，1999,《中国的产业政策：理论与实践》，北京：中国经济出版社。

刘培林，2005,《地方保护和市场分隔的损失》,《中国工业经济》第4期。

刘小玄，2017,《中国式的垄断：条条，块块与国有企业》，载于威廉·科瓦西奇、林至人、德雷克·莫里斯编《以竞争促增长：国际视角》，北京：中信出版社。

李平、简泽、江飞涛，2012,《进入退出、竞争与中国工业部门的生产率—开放竞争作为一个效率增进过程》,《数量经济技术经济研究》第9期。

陆铭、陈钊、严冀，2004,《收益递增、发展战略与区域经济的分割》,《经济研究》第1期。

陆铭、陈钊，2009,《分割市场的经济增长—为什么经济开放可能加剧地方保护?》,《经济研究》第3期。

孟庆玺、尹兴强、白俊，2016,《产业政策扶持激励了企业创新吗？—基于“五年规划”变更的自然实验》,《南方经济》第12期。

王晓晔，1996,《社会主义市场经济条件下的反垄断法》,《中国社会科学》第1期。

吴敬琏，2016,《反思产业政策》,《比较》第6辑。

巫永平、吴德荣，2010,《寻租与中国产业发展》，北京：商务印书馆。

小宫隆太郎、奥野正宽、铃木兴太郎编，1988,《日本的产业政策》，北京：国际文化出版公司。

叶林祥、李实、罗楚亮，2011,《行业垄断，所有制与企业工资收入差距》,《管理世界》第4期。

岳希明、李实、史泰丽，2010,《垄断行业高收入问题探讨》,《中国社会科学》第3期。

岳振宇、杨树龙，2005,《论行政性进入壁垒的法律规制—以规制我国的审批许可制度为中心》,《行政论坛》第2期。

于华阳、于良春，2008,《行政垄断形成根源与运行机制的理论假说—基于制度需求供给视角》,《财经问题研究》第1期。

郑毓盛、李崇高，2003,《中国地方分隔的效率损失》,《中国社会科学》第1期。

周黎安，2007,《中国地方官员的晋升锦标赛模式研究》,《经济研究》第7期。

周亚虹、蒲余路、陈诗一、方芳，2015,《政府扶持与新产业发展—以新能源为例》,《经济研究》第6期。

**图书在版编目（CIP）数据**

比较．第 91 辑 / 吴敬琏主编．—北京：中信出版社，2017.8
ISBN 978-7-5086-7944-0

I. ①比… II. ①吴… III. ①比较经济学 IV. ① F064.2

中国版本图书馆 CIP 数据核字（2017）第 182936 号

**比较·第九十一辑**

主　　编：吴敬琏
策 划 者：《比较》编辑室
出 版 者：中信出版股份有限公司
经 销 者：中信出版股份有限公司 + 财新传媒有限公司
承 印 者：北京华联印刷有限公司
开　　本：787mm × 1092mm 1/16　　印　　张：14.5　　字　　数：200 千字
版　　次：2017 年 8 月第 1 版　　印　　次：2017 年 8 月第 1 次印刷
书　　号：ISBN 978-7-5086-7944-0
定　　价：28.00 元